DIREITO INTERNACIONAL PÚBLICO

Dados Internacionais de Catalogação na Publicação (CIP)
(Câmara Brasileira do Livro, SP, Brasil)

Roque, Sebastião José
  Direito internacional público / Sebastião José
Roque. -- São Paulo : Ícone, 2010. -- (Coleção
elementos de direito)

  ISBN 978-85-274-1124-0

  1. Direito internacional público I. Título.
II. Série.

10-06553   CDU-341

Índices para catálogo sistemático:

1. Direito internacional público   341

Sebastião José Roque

Bacharel, mestre e doutor em Direito pela Universidade de São Paulo;
Advogado, árbitro e mediador;
Professor de Direito;
Presidente do Instituto Brasileiro de Direito Comercial "Visconde de Cairu";
Presidente da Associação Brasileira de Arbitragem – ABAR;
Especialização nas Universidades de Bolonha, Roma e Milão e na de Panthéon Sorbonne de Paris;
Professor da Universidade de Cosenza (Itália);
Autor de várias obras jurídicas.

DIREITO INTERNACIONAL PÚBLICO

© Copyright 2010
Ícone Editora Ltda.

Coleção Elementos de Direito

Capa e diagramação
Richard Veiga

Revisão
Cláudio J. A. Rodrigues
Juliana Biggi
Marsely De Marco Dantas

Proibida a reprodução total ou parcial desta obra, de qualquer forma ou meio eletrônico, mecânico, inclusive através de processos xerográficos, sem permissão expressa do editor (Lei nº 9.610/98).

Todos os direitos reservados para:
ÍCONE EDITORA LTDA.
Rua Anhanguera, 56 – Barra Funda
CEP: 01135 000 – São Paulo/SP
Fone/Fax.: (11) 3392 7771
www.iconeeditora.com.br
iconevendas@iconeeditora.com.br

ODE AO ACADÊMICO

O PODER DA MENTE

Pobre de ti se pensas ser vencido,
Tua derrota é um caso decidido.
Queres vencer mas como em ti não crês
Tua descrença esmaga-te de vez.
Se imaginas perder, perdido estás.
Quem não confia em si marcha para trás.
A força que te impele para a frente
É a decisão firmada em tua mente.

Muita empresa esboroa-se em fracasso
Inda antes de dar o primeiro passo.
Muito covarde tem capitulado
Antes de haver a luta começado.
Pensa em grande e teus feitos crescerão;
Pensa em pequeno e irás depressa ao chão.
O querer é poder arquipotente
É a decisão firmada em tua mente.

Fraco é quem fraco se imagina.
Olha ao alto quem ao alto se destina.
A confiança em si mesmo é a trajetória
Que leva aos altos cimos da vitória.
Nem sempre quem mais corre a meta alcança,
Nem mais longe o mais forte o disco lança.
Mas se és certo em ti, vai firme, vai em frente
Com a decisão firmada em tua mente.

S. J. Roque

Índice

1. O DIREITO INTERNACIONAL, 13
1.1. Conceito, 15
1.2. O Direito Internacional Público, 21
1.3. O Direito Internacional Privado, 23
1.4. A importância no mundo atual, 24
1.5. Monismo e dualismo, 25

2. ORIGEM E EVOLUÇÃO HISTÓRICA, 31
2.1. A origem, 33
2.2. A Idade Média, 35
2.3. A Idade Moderna, 37
2.4. O Direito Internacional moderno, 40

3. FONTES DO DIREITO INTERNACIONAL, 41
3.1. O sentido de fontes do direito, 43
3.2. Os tratados internacionais, 45
3.3. O costume, 46
3.4. Os princípios gerais do direito, 48
3.5. A doutrina, 56
3.6. A jurisprudência, 56

4. TRATADOS INTERNACIONAIS, 59

4.1. Atos jurídicos internacionais, 61

4.2. Atos emanados de organizações internacionais, 66

4.3. Atos unilaterais, 68

4.4. Tratados internacionais, 69

    4.4.1. Conceito, 69

    4.4.2. As partes do tratado, 70

    4.4.3. Classificação dos tratados internacionais, 71

    4.4.4. Vigência e aplicação do tratado, 73

    4.4.5. Validade do tratado no plano interno, 78

    4.4.6. A Convenção sobre o Direito dos Tratados, 79

    4.4.7. Condições de validade do tratado, 80

    4.4.8. Interpretação dos tratados, 82

5. ARBITRAGEM – A SOLUÇÃO PACÍFICA DE CONTROVÉRSIAS, 85

5.1. Conceito e características da arbitragem, 87

5.2. Tipos de arbitragem, 89

5.3. A Convenção do Panamá, 90

5.4. A Lei 9.307/96 – Lei da Arbitragem, 94

5.5. A sentença arbitral, 96

5.6. Os árbitros, 98

5.7. Execução de sentenças arbitrais estrangeiras, 100

5.8. Regulamentação internacional, 102

5.9. O Barão do Rio Branco, 103

5.10. A Corte Permanente de Arbitragem, 103

6. SOLUÇÃO PACÍFICA DE CONTROVÉRSIAS: CORTE INTERNACIONAL DE JUSTIÇA, 105

6.1. Natureza jurídica, 107

6.2. Direito invocado, 108

6.3. Organização, 108

6.4. Competência da Corte, 109

6.5. Pareceres consultivos, 111

6.6. Normas processuais da Corte, 112

7. REGIME JURÍDICO DO CAPITAL ESTRANGEIRO NO BRASIL, 115

7.1. Regulamentação e controle, 117
7.2. Conceito de capital estrangeiro, 118
7.3. Princípio de isonomia, 118
7.4. Registros, 120
7.5. Remessa de lucros, 120
7.6. Propriedades no exterior, 122
7.7. Disposições cambiais, 123
7.8. Reciprocidade, 124
7.9. Empresas multinacionais, 124

8. FMI E BANCO MUNDIAL, 127

8.1. O Tratado de Bretton Woods, 129
8.2. O FMI, 130
8.3. A organização do FMI, 132
8.4. Natureza jurídica, 133
8.5. Foro competente, 134
8.6. DES – Direitos Especiais de Saque, 134
8.7. O Banco Mundial, 135
8.8. O BIRD – Banco Internacional de Reconstrução e Desenvolvimento, 137
8.9. A AID – Agência Internacional de Desenvolvimento, 137
8.10. A CFI – Corporação Financeira Internacional, 137

9. A UNIÃO EUROPEIA, 139

9.1. A origem da União Europeia, 141
9.2. A CECA, 142
9.3. Fundação da União Europeia, 142
9.4. Objetivos da UE, 144
9.5. Meios de ação, 145
9.6. Moeda europeia, 147
9.7. Órgãos da UE, 148
9.8. Direito Comunitário, 149
9.9. Legislação comunitária, 151
9.10. A CJUE – Corte de Justiça da União Europeia, 152

9.11. Competência da Corte, 152
9.12. União Europeia e Mercosul, 154

10. OMC – ORGANIZAÇÃO MUNDIAL DO COMÉRCIO (Ex-GATT), 157

10.1. Conceito, 159
10.2. Tarifas, 160
10.3. Objetivos, 161
10.4. Proteção nacional, 162
10.5. Interdição do *dumping*, 163
10.6. Fórum de consultas, 163
10.7. Liberalização das importações, 164
10.8. Organização, 164
10.9. O Brasil na OMC, 166
10.10. Histórico, 167
10.11. O regulamento *antidumping*, 169
10.12. O processo *antidumping*, 173

11. DIREITOS DOS TRANSPORTES INTERNACIONAIS, 177

11.1. Relevância do transporte, 179
11.2. Direito Aeronáutico Internacional, 180
11.3. Direito Marítimo Internacional, 185
11.4. O transporte ferroviário, 188
11.5. Os transportes lacustre, fluvial e hidroviário, 189
11.6. O transporte rodoviário, 190

12. INTEGRAÇÃO ECONÔMICA DA AMÉRICA LATINA: MERCOSUL, 191

12.1. A criação do Mercosul, 193
12.2. Objetivos, 194
12.3. Os órgãos do Mercosul, 195
12.4. O Poder Legislativo, 197
12.5. Harmonização legislativa, 197
12.6. O Poder Judiciário, 199
12.7. O programa de abertura comercial, 200
12.8. Produtos protegidos, 203

13. ORGANIZAÇÕES INTERNACIONAIS, 207
13.1. Conceito e relevância, 209
13.2. Espécies de organizações internacionais, 210
13.3. Instituição de uma organização internacional, 213
13.4. CCI – WIPO – EFTA – BENELUX – UNCTAD – ALCA, 214

14. ONU – ORGANIZAÇÃO DAS NAÇÕES UNIDAS, 219
14.1. Histórico e objetivos, 221
14.2. Propósitos e princípios, 222
14.3. Órgãos da ONU, 224
14.4. Agências especializadas, 228

15. RELAÇÕES DIPLOMÁTICAS, 231
15.1. A Convenção de Viena sobre Relações Diplomáticas, 233
15.2. O pessoal da embaixada, 234
15.3. Funções diplomáticas, 237
15.4. A *persona non grata*, 239
15.5. Privilégios e imunidades diplomáticos, 240
15.6. Órgãos de relações entre Estados, 245

16. AS RELAÇÕES CONSULARES, 247
16.1. A Convenção de Viena sobre Relações Consulares, 249
16.2. Classificação dos agentes consulares, 249
16.3. As funções consulares, 250
16.4. Prerrogativas e imunidades do consulado, 252
16.5. Prerrogativas e imunidades do pessoal consular, 254
16.6. Obrigações dos consulares, 257
16.7. Vigência dos privilégios e imunidades, 258

17. DIREITO INTERNACIONAL DO TRABALHO, 261
17.1. Conceito, 263
17.2. OIT – Organização Internacional do Trabalho, 264
17.3. Proteção ao trabalho do menor, 267
17.4. Descanso semanal remunerado, 268
17.5. Proteção salarial, 268
17.6. Comitê de Liberdade Sindical, 270
17.7. Comissão de Peritos, 271

17.8. Proteção ao trabalho da mulher, 273

17.9. Discriminação contra a mulher, 276

17.10. Vigência e aplicação do DIT no Brasil, 280

17.11. Término da relação de trabalho por iniciativa do empregador, 281

18. BANCO INTERAMERICANO DE DESENVOLVIMENTO, 287

18.1. Categoria do BID, 289

18.2. Funções básicas, 290

18.3. A organização financeira, 292

18.4. Política operativa básica, 292

18.5. Os objetivos estratégicos, 294

1. O DIREITO INTERNACIONAL

1.1. Conceito
1.2. O Direito Internacional Público
1.3. O Direito Internacional Privado
1.4. A importância no mundo atual
1.5. Monismo e dualismo

1.1. Conceito

Este é o nosso primeiro colóquio sobre Direito Internacional e, naturalmente, o primeiro assunto será uma análise de com o que se ocupa a matéria. Interpretaremos inicialmente o termo "internacional" pela sua origem etimológica, que nos dá um conceito simplista da questão: internacional significa "entre nações".

Estamos, assim, às voltas com um assunto que deverá envolver no mínimo duas nações. Diremos então que, se houver uma negociação entre Brasil e outro país, poderemos estar nos ocupando de um problema de direito internacional. É o que sucede com os entendimentos que nosso país tem mantido com nossos credores sobre a dívida externa, ou com os contatos entre os Presidentes do Brasil, Argentina, Paraguai e Uruguai sobre o MERCOSUL. É o que aconteceu também com Argentina e Inglaterra na disputa das Ilhas Malvinas.

O Direito Internacional, contudo, não atua apenas quando estão em jogo negociações entre dois ou mais Estados, como acontece nos tratados internacionais. Ele ainda é exercido quando um cidadão ou uma empresa privada estabelece algum acordo obrigacional com outra, situada em outro país, que obrigue a aplicação do sistema jurídico dos países em que essas pessoas estejam localizadas.

Examinaremos agora a posição do direito. É tradicional o costume de os juristas dividirem o direito em dois grandes ramos: público e privado. O direito público é o que regula o relacionamento do Estado com outro Estado, de um órgão público com outro órgão público, ou entre o Governo e a pessoa privada. Desde que, porém, num dos polos da relação jurídica esteja situada uma pessoa de direito público, serão aplicadas as normas do direito público. É o que ocorre com o Direito Internacional Público.

Quando, entretanto, os dois polos de uma relação jurídica forem ocupados por pessoas privadas, vigoram as normas do Direito Privado, como o Direito Civil, o Direito Empresarial ou o Direito Internacional Privado.

Assim, também, sucede no Direito Internacional. Há normas de Direito Internacional Público que regulam o relacionamento de governos de vários países. Há, entretanto, normas de Direito Internacional Privado, quando houver questões jurídicas envolvendo pessoas privadas que estabeleceram compromissos vinculados à legislação de mais de um país.

Faremos melhor impressão de como opera o Direito Internacional, se examinarmos alguns casos reais, que tiveram que ser resolvidos com a aplicação de normas de um país ou internacionais normas internacionais.

1. Em certa ocasião, dois países, a Síria e o Egito, decidiram fundir-se e formar um só país, denominado RAU – República Árabe Unida. A Síria tinha adquirido um imóvel no Rio de Janeiro, em que instalou seu consulado. Com a unificação, lá passou a funcionar o consulado da RAU e, tempos depois, assumiu aquele consulado um diplomata nascido no Egito. Anos após, a RAU se desfez, voltando a distinção entre os dois países, e o cônsul, que era egípcio, instalou naquele imóvel o consulado do Egito, afastando a Síria. A Síria, proprietária do imóvel, exerceu ação de despejo contra o consulado do Egito, perante a Justiça do Rio de Janeiro, invocando a Lei do Inquilinato do Brasil, fulcrando seu pedido no dispositivo legal adotado no Brasil e na maioria dos países, de que, para regular problemas referentes a imóveis, vigora a lei do país em que o imóvel estiver situado. Eis aí questão de difícil solução; a justiça de primeiro grau declarou-se incompetente e ela acabou sendo submetida à apreciação do Supremo Tribunal Federal. Se o juiz concedesse o despejo, conforme prevê a lei, a polícia teria que invadir o

imóvel, o que seria invasão de território estrangeiro, pois no imóvel em que estiver sediado um consulado é considerado território estrangeiro; seria um ato de guerra. Além do mais, a polícia teria que pegar o cônsul de um país estrangeiro e lançá-lo na rua, à força, quando o Brasil mantém relações diplomáticas com esse país.

O nosso excelso Pretório decidiu, porém, baseado nas convenções internacionais, que também era incompetente, pois o Brasil não pode impor sua lei a Estado soberano; e era um poder superior a ele para submetê-lo a julgamento. O problema foi resolvido fora da Justiça brasileira, sendo submetido à Corte Permanente de Arbitragem, que resolveu a questão a favor da Síria, sendo solucionada a questão.

2. Examinemos outro exemplo. Uma empresa de engenharia brasileira foi contratada para construir uma estrada de ferro no Iraque, país em que vigora o direito muçulmano. Mais de mil empregados da construtora foram do Brasil àquele país para a construção da estrada. Em certa ocasião, surgiu um grave problema: diversos deles foram presos pela polícia iraquiana por porte de entorpecentes, tendo sido aberto processo criminal contra eles. As leis do Iraque são muito severas e punem o porte de drogas com a morte: enforcamento em praça pública. Está assim criado um problema jurídico internacional bastante delicado para ambos os países. Como repercutiria no Brasil o enforcamento de nove cidadãos brasileiros pela justiça do Iraque? O problema foi resolvido pela justiça iraquiana, fazendo com que os faltosos fossem deportados para o Brasil e julgados pela justiça brasileira, com base no critério do domicílio, ainda declarado como sendo no Brasil.

3. Ainda nessa ocasião, foi levantado outro litígio com leis conflitantes. Um mecânico brasileiro, que havia levado sua esposa para o Iraque, separou-se dela e casou-se perante a autoridade local com uma cidadã iraquiana. As leis daquele país permitiam a bigamia, o que tornaria válido aquele casamento. A esposa brasileira empreendeu ação anulatória daquele casamento,

17

alegando ser o marido dela já casado e a lei do Brasil não permitindo esse casamento; invocando a lei da nacionalidade do faltoso. Além do mais, empreendeu ação criminal por bigamia. A questão também foi resolvida com a remessa à justiça brasileira, tomando como elemento de conexão a nacionalidade e o domicílio do réu. Alegou ainda a justiça iraquiana norma do direito processual brasileiro pela qual o réu deve ser processado no seu domicílio, e o indiciado tinha o domicilio declarado no Brasil, encontrando-se no Iraque apenas de passagem.

4. Acontecimento diferente, envolvendo representante de governo estrangeiro, não foi julgado com os mesmos critérios, devido a outras circunstâncias. O cônsul do Chile, em Santos, agrediu a bofetadas sua secretária, uma brasileira, por motivos de serviços particulares dele. Foi ele amoldado na lei nacional, porquanto seus atos foram praticados no Brasil, produzindo efeitos no Brasil e numa cidadã brasileira, tendo ele infringido a lei brasileira com prejuízos a uma vítima brasileira. Apresentou ele exceção de imunidade diplomática, assegurada pela Convenção de Viena sobre Relações Consulares, não aceita pela justiça brasileira.

5. Outro conflito agora um pouco distante foi o das Ilhas Malvinas. A Argentina quis impor sua jurisdição sobre elas, mas a Inglaterra julgou esse poder como seu. Como discutir a soberania que deve ser exercida nessa região? Pela lei argentina ou pela inglesa? Teremos que invocar a legislação dos dois países, ou de outros, como também convenções internacionais e bulas papais, como o Tratado de Tordesilhas, a bula *Inter Coetera* e o princípio internacional do *Uti possidetis*.

Inúmeros outros eventos sucedem, em que a justiça brasileira se vê obrigada a levar em consideração a lei estrangeira ou decisões da justiça estrangeira. Se morre no Brasil um cidadão brasileiro, deixando herança com bens situados no Brasil, estaremos defronte de um caso que o Direito Internacional chama de normal ou típico, pois a este caso aplica-se exclusivamente a legislação brasileira; estando vinculado a um único sistema jurídico.

Digamos, porém, que morre no Brasil um cidadão brasileiro, abrindo o inventário perante a Justiça de São Paulo. Esse brasileiro é, contudo, casado com mulher francesa e o casal possuía bens na França e na Alemanha. Possuía ainda ações de uma sociedade anônima inglesa. Os filhos do casal vão concorrer a essa herança, que será dividida de acordo com nosso Código Civil. As decisões da Justiça brasileira deverão ter efeitos na França, na Alemanha e na Inglaterra. Estamos agora diante de um caso que o Direito Internacional classifica como "anormal" ou "atípico", pois a ele se aplicam diversos sistemas jurídicos. Não é nada fácil solucionar esse problema, uma vez que nossa legislação reconhece que tais casos ficam excluídos de sua exclusiva abrangência. Assim é que o artigo 8º da Lei de Introdução ao Código Civil diz que para qualificar os bens e regular as relações a ele concernentes, será aplicada a lei do país em que estejam situados. No caso retrocitado, são cidadãos brasileiros que, pela legislação brasileira, adquiriram direitos sobre bens regidos pela legislação de três países, visto que tais bens estão situados nesses países.

Na observação de outro caso, iremos nos deparar com a aplicação de convenções internacionais ou leis estrangeiras. Digamos que uma empresa brasileira exporte mercadorias para uma empresa uruguaia. Por esse tipo de operação, fatalmente será estabelecida entre ambas as empresas um contrato de compra e venda internacional e um contrato de câmbio, pois a mercadoria deverá ser paga em peso uruguaio ou em dólar; estará a exportadora aplicando nessa operação uma moeda instituída por uma lei estrangeira. Por esse aspecto já surgiu um fato anormal, vale dizer, enquadrado no Direito Internacional. A mercadoria vendida, por sua vez, é enviada por transporte rodoviário com seguro garantido por uma seguradora inglesa até a fronteira e por outra seguradora após transpassar a fronteira, ou essa mercadoria é enviada por via marítima, com a cláusula FOB. Cláusula FOB não é um dispositivo legal brasileiro, mas uma praxe internacional normatizada pela CCI – Câmara de Comércio Internacional, sediada em Paris. Essas normas são aceitas e adotadas em quase todos os países, sendo divulgadas e aplicadas em nosso país até nas práticas internas. As duas empresas, a brasileira e a uruguaia, estão colocando em prática normas internacionais, constituindo mais um aspecto para caracterizar a operação há pouco citada, como um contrato internacional.

Aumenta ainda o elenco de casos que nos levam à interpretação do Direito Internacional citando um fato real acontecido na cidade de Montevidéu. Um brasileiro, guiando seu carro, abalroou outro carro também dirigido por um brasileiro, causando-lhe danos materiais e pessoais. Houve inquérito instaurado pela polícia uruguaia, abrindo-se processo contra o causador do acidente, que foi julgado e condenado por infração das leis de trânsito do Uruguai. As duas partes eram brasileiras e residiam em São Paulo. A vítima moveu processo de reparação de danos materiais no foro central de São Paulo, sendo o réu demandado por infringir as leis uruguaias de trânsito e haver causado danos a outrem, segundo o inquérito realizado sob autoridade e leis uruguaias. Esse inquérito instruiu o processo. Viu-se então obrigada a Justiça brasileira a fazer a aplicação de leis e documentos estrangeiros no Brasil.

Por tudo que acabamos de relatar, sentimos que o Direito Internacional é muito complexo e muito vasto é seu campo de aplicação, de tal forma que se torna difícil dar uma definição da matéria. Faremos, contudo, um conceito mais ou menos estável e preciso desta matéria, ao dizer que o Direito Internacional é o conjunto de normas jurídicas adotadas ou legisladas, princípios jurídicos, costumes, tratados internacionais e outras fontes, que se aplicam em dois grandes campos: público e privado.

É conveniente ressaltar na interpretação do Direito Internacional Público o seu caráter hodierno: a aceitação das organizações internacionais como sujeito de direito, a consideração dos atos por elas praticados como atos jurídicos internacionais e a sua importância crescente no plano do Direito Internacional. Este não mais se resume em estabelecer normas de relações entre si, mas entre elas e as organizações internacionais ou estas entre si. Além disso, transformaram-se elas em órgãos legisladores e controladores, estabelecendo normas a serem observadas por seus países-membros e exercendo controle da observância dessas normas. Como sugestivo exemplo, apontamos a OIT – Organização

Internacional do Trabalho, cujo estudo faremos no final deste compêndio. Essa característica tende a firmar e desenvolver-se. O número de organizações internacionais aumenta a cada instante e vemos surgir o MERCOSUL, de profunda influência na atual política externa brasileira. Enquanto isso, as já existentes alargam cada vez mais seu poder e sua abrangência. Os Estados vão assim abrindo mão de parcelas de sua soberania, transferindo tais parcelas para as organizações internacionais, que falam e agem em nome deles. Exemplo frisante dessa transferência de soberania é o que se observa na União Europeia, que começou como Mercado Comum Europeu, mudando-se depois para Comunidade Econômica Europeia e depois para União Europeia.

1.2. O Direito Internacional Público

A função do direito é regulamentar o funcionamento da sociedade. Estabelece normas que regulam o comportamento humano, visando assegurar a paz social e a segurança coletiva. Essas normas aplicam-se não só aos cidadãos, mas também às pessoas jurídicas. As empresas mercantis, por exemplo, mantêm relacionamento entre si, gerando conflitos que exigem solução de acordo com normas estabelecidas pelo direito.

Há muitos tipos de sociedades e cada uma delas depende de normas gerais e específicas. Existe, então, uma sociedade formada por países espalhados pelos cinco continentes. A ONU é formada por mais de 400 países, e a tendência é o desmembramento de países em outros, como aconteceu nos últimos anos com o continente africano. Esses países se relacionam entre si, formando uma sociedade internacional. Encontramos em Brasília um elevado número de embaixadas, cada uma tendo seu representante legal, acreditado junto ao governo brasileiro.

O relacionamento entre países, tal como acontece com os cidadãos, não pode se processar sem normas definidas, sem um direito estabelecido. E o Direito Internacional Público é o conjunto de normas positivas, costumes, princípios, tratados internacionais e outros elementos jurídicos que tenham por objetivo regular o relacionamento entre países. Ao se falar em internacional, não se pode mais considerar a origem etimológica do termo, mas se trata do relacionamento entre Estados soberanos e não mais entre nações.

A este respeito, é conveniente distinguir bem os termos utilizados na apreciação dos problemas internacionais: povo, nação e Estado. Povo é o conjunto de pessoas que vivem num determinado lugar e que convivem por contiguidade, ou seja, como moram nas proximidades, são obrigadas a conviver e ter problemas comuns. Assim, o povo brasileiro é formado por todas as pessoas que vivem no Brasil, entre as quais os estrangeiros, sem consideração de origem, nacionalidade, religião, raça, cor ou outras discriminações.

A nação tem sentido mais restrito. É o conjunto de pessoas unidas por caracteres comuns, como origem, raça, religião e outros fatores semelhantes. É o que acontece com as tribos indígenas do Brasil, com os ciganos, os judeus e várias outras comunidades existentes em nosso país. O Brasil não se caracteriza por uma multiplicidade de nações, como vários países da Europa. Consta que na antiga União Soviética conviviam 62 nações, cada uma com seu idioma, caracteres raciais e religião diferentes. Na Suíça há três nações, cada uma com seu idioma. O caso mais sugestivo era o da antiga Iugoslávia, hoje fracionada, onde havia seis nações, com idiomas variados, costumes, religiões e até alfabetos diferentes, mas formando um só país, um só Estado. Vê-se destarte que um grupo de nações pode formar um mesmo povo.

O Estado tem um sentido jurídico. Pode-se dizer que o Estado é a nação juridicamente organizada; é a estrutura jurídica de um povo. O Estado se caracteriza por ter uma constituição e um sistema jurídico definido, submetidos coercitivamente ao povo que habita o território por ele ocupado. O Estado exerce a jurisdição sobre seu povo, em seu território. Legalmente, o Estado é uma "pessoa jurídica de direito público externo", pela definição que lhe dá o artigo 40 de nosso Código Civil de 2002, que assim diz:

> (...) as pessoas jurídicas são de direito público interno,
> ou externo, e de direito privado.

Perante nosso direito, e podemos estender a consideração ao direito dos demais países, o Estado é, portanto, uma pessoa jurídica de direito público externo. O Direito Internacional Público cuida das normas para essas pessoas. Não se ocupa do relacionamento de pessoas naturais (ou físicas) nem de pessoas privadas, embora o objetivo final do direito seja o homem, o cidadão.

Envolvem o Direito Internacional Público, ainda, as normas internacionais estabelecidas pelos tratados (chamados também de convenções), firmados entre os Estados. São inúmeros os tratados internacionais de que o Brasil faz parte, como a Convenção de Varsóvia sobre transportes aéreos, a Convenção de Genebra sobre letras de câmbio e notas promissórias, a convenção sobre cheques, a Convenção de Viena sobre Relações Diplomáticas, e a congênere sobre relações consulares, a Convenção de Viena sobre Tratados, o Tratado de Bretton Woods criador do FMI e do Banco Mundial e tantas outras que estudaremos nesse trabalho.

Entram no seu estudo as organizações internacionais como a ONU, a OEA, a Organização Mundial de Saúde, a Cruz Vermelha Internacional, o ICAO – Internacional Civil Aviation Organization, a IATA – Internacional Air Travel Association, o Comitê Marítimo Internacional, a WIPO – World Intellectual Property Organization, o COI – Comitê Olímpico Internacional. As mais importantes serão aqui analisadas.

1.3. O Direito Internacional Privado

Em obra paralela, iremos nos ocupar do direito sobre o relacionamento de entidades privadas, localizadas em países diferentes ou que estabeleçam acordos amoldados em dois ou mais sistemas jurídicos. Ajustam-se, neste caso, como privadas, as pessoas jurídicas de direito público, mas que exerçam atividades próprias de pessoas privadas ou adquiram a forma societária das empresas mercantis. Será o caso, no Brasil, da Petrobrás e do Banco do Brasil. Há porém íntima conexão entre o direito Internacional Público e o Privado e muitos problemas surgem numa zona cinzenta, em que se torna difícil dizer até onde seja de direito público ou de direito privado.

1.4. A importância no mundo atual

Os estudos de Direito Internacional não têm sido muito cultivados no Brasil, mas, nos últimos anos, nota-se sensível incremento no cultivo do Direito Internacional e assuntos afins, como a economia internacional e as negociações internacionais, bem como os estudos de comércio exterior. O ensino do Direito Internacional era reservado a algumas faculdades de direito, a princípio, uma minoria, mas foi aumentando paulatinamente o rol das faculdades que o adotam. Em dezembro de 1994, todavia, surge uma portaria do MEC estatuindo o "currículo mínimo" de matérias com ensino obrigatório nas faculdades de direito. Entre elas, figura o Direito Internacional que se tornou, assim, matéria obrigatória nos cursos de ciências jurídicas e sociais.

Diversas universidades criaram faculdade de comércio exterior, de relações internacionais e outras relacionadas a operações internacionais. Jornais de grande circulação criaram um caderno especial de noticiário internacional. Os presidentes da república que o Brasil tem tido nos últimos anos passam grande parte de seu tempo em viagens internacionais, celebrando acordos de natureza variada, principalmente na área econômica. Nota-se nos canais de TV a incidência constante de noticiário internacional.

As causas do aumento do interesse são várias e fáceis de serem notadas. O Brasil é um país que se integra cada vez mais no concerto universal e no sistema americano. Tudo se internacionaliza, mormente a economia mundial. A todo o momento, nosso país firma tratados com outros Estados. Os inúmeros empréstimos levantados pelo Brasil junto a países estrangeiros forçaram nosso país a intenso intercâmbio com eles. Evidenciou-se o consagrado princípio de que nenhum homem é uma ilha, mas todos fazemos parte de um arquipélago. Impressionante o número de brasileiros encontrados em todos os países importantes e mesmo nos mais modestos. De país de imigração tornou-se o Brasil, nos últimos trinta anos, país de emigração, fazendo com que milhares de brasileiros saiam do país, levando consigo a lei brasileira e outros vínculos com seu país de origem.

Outro aspecto que provocou, nos últimos anos, profundo impulso no Brasil para os países foi o decidido apoio oficial para as operações comerciais e econômicas com outros países, especialmente na conquista de novos mercados para nossos produtos. Nosso país passou por crise acentuada, que atingiu a indústria brasileira, cujos reflexos até hoje permanecem. Fechavam-se muitas empresas e outras tiveram aumentado seu período de ociosidade; acompanhou a crise a dispensa em massa de empregados, gerando desemprego e aviltando os salários. Ante essa situação, o Poder Público criou financiamentos especiais, incentivos fiscais e outros dispositivos para estimular a exportação de mercadorias e conquistar novos mercados. As empresas instaladas no Brasil incrementaram assim suas exportações, conseguindo, destarte, equilibrar sua balança de pagamentos, diminuir o índice de desemprego e estimular sua exportação, com o consequente aumento da produção. O desenvolvimento das exportações provocou fatalmente o aumento das importações, a criação de empresas comerciais exportadoras (*trading companies*), as empresas mistas nacionais-estrangeiras (*joint ventures*) e profundas modificações na nossa estrutura mercantil

Em traços rápidos e singelos compreendemos, assim, as razões do desenvolvimento dos estudos de Direito Internacional no Brasil e a importância que vem adquirindo em nosso meio. Diga-se ainda que é ampla e enorme a aplicação do Direito Internacional, abrangendo todos os ramos do direito, existindo, pois, o Direito Internacional do Trabalho, o Direito Empresarial Internacional, o Direito Penal Internacional, o Direito Civil Internacional, e assim por diante.

1.5. Monismo e dualismo

As relações entre o direito interno e o externo, ou seja, o direito nacional e o direito internacional, provocaram vias de discussões, a ponto de se haver formado duas teorias conflitantes entre si, discussões que não chegaram até agora a um consenso entre os juristas. As duas teorias receberam o nome de monismo e dualismo. As dúvidas ficaram concentradas em algumas perguntas.

1. Existe um único sistema jurídico, englobando nele a legislação nacional e a internacional?
2. Existem dois sistemas autônomos, independentes, sendo um o sistema jurídico nacional e outro o sistema jurídico internacional?
3. Se houver dois sistemas separados, isto é, o dualismo, em caso de conflito de leis, qual deles deve prevalecer?
4. Afora o monismo e o dualismo, haverá outros sistemas alternativos?
5. Qual é o sistema aceito pelo direito brasileiro?

MONISMO

Perante esta teoria só existe uma ordem jurídica, que engloba o direito interno e o externo: o direito é um só. O direito interno e o externo são elementos de uma única ordem jurídica, de um único ordenamento. O próprio monismo apresenta, entretanto, duas variantes, de acordo com a primazia do direito interno ou do externo. Neste caso, o Direito Internacional será mero desdobramento do direito nacional.

A vertente do monismo com a primazia do direito nacional considera o Estado como ente soberano e essa soberania não admite a interferência de uma lei que não tenha sido emanada de seus órgãos. A lei que vigora no Estado representa sua vontade e por isso deve ser criada pelo seu poder legislativo.

Já o monismo com predominância do direito interno baseia-se na teoria de Kelsen ao estabelecer uma pirâmide de leis. No topo dessa pirâmide de leis existe a norma *fundamental*, que é uma norma máxima, colocada acima dos Estados, portanto, a norma internacional. A norma fundamental é um princípio jurídico superior de Direito Internacional, baseada na máxima tradicional *pacta sunt servanda* (os compromissos são para serem cumpridos). Esse princípio rege o relacionamento entre Estados.

A teoria monista com predominância do Direito Internacional foi criação de Kelsen logo após a segunda guerra mundial, quando se iniciou a era da globalização, a criação da ONU e a reconstituição das relações entre Estados. Já tinha sido prevista anteriormente por juristas franceses como Leon Duguit e Politis. Kelsen deu o nome de GRUNDNORM à norma fundamental, expondo-a em uma de suas obras, denominada *As Relações de Sistema entre Direito Interno e o Direito Internacional Público*. Em sua obra-prima *Teoria Pura do Direito*, Kelsen resume, em poucas palavras, sua opinião a respeito desse tipo de monismo:

> *Se esta norma, que fundamenta os ordenamentos jurídicos de cada um dos Estados, é considerada como norma jurídica positiva – e é o caso, quando se concebe o Direito Internacional como superior a ordenamentos jurídicos estatais únicos, abrangendo esses ordenamentos de delegação – então a norma fundamental, no sentido específico aqui desenvolvido, de norma não estabelecida, mas apenas pressuposta, não mais se pode falar em ordenamentos jurídicos estatais únicos, mas apenas como base do Direito Internacional.*

DUALISMO

Descrita e sistematizada pelo internacionalista italiano DIONIZIO ANZILOTTI, em sua obra *Direito Internacional no Juízo Interno*, esta teoria considera a existência de duas ordens jurídicas: a interna e a externa, porque elas têm fundamentos de validade distintos e destinatários distintos. O direito interno cuida de relacionamento entre pessoas pertencentes a um Estado, ou entre um Estado e seus cidadãos. Por outro lado, o Direito Internacional cuida do relacionamento entre um Estado e outros Estados.

Há diversidade também de origem das normas. A lei interna é elaborada por um poder interno do Estado em que ela vai vigorar. Interpreta a vontade independente e soberana desse Estado. Por seu turno, o Direito Internacional é elaborado por vários Estados e interpreta a vontade de todos os que elaboram a lei e não de um só.

A norma nacional é criada para ser aplicada nos limites territoriais de um Estado, enquanto a internacional dirige-se para fora dos limites territoriais. Pode-se dizer que a norma interna começa onde termina a norma internacional. É possível, contudo, que a lei internacional se incorpore ao direito de um país, transformando-se em lei nacional. Trata-se, porém, de outra situação; a lei internacional passou a ser lei nacional. Destarte, um tratado internacional não se aplica diretamente na órbita de um Estado, mas só quando se incorporar no direito interno.

Não há dúvidas de que o Brasil adota o dualismo, malgrado seja um pouco mitigado. Há duas ordens jurídicas independentes. O direito estrangeiro ou internacional aplica-se internamente, mas só pode ser aplicada no Brasil mediante a observância de certos trâmites previstos em nosso ordenamento jurídico. Essa questão foi amplamente exposta em nossa obra *Direito Internacional Privado*, mas faremos um breve apanhado desta questão em termos de Direito Internacional Público. A teoria do dualismo adotada pelo Brasil considera a existência de dois direitos autônomos e separados: o direito interno e o externo. Segundo essa teoria e nosso ordenamento jurídico, o tratado internacional celebrado pelo Brasil com outros países obriga o país perante eles, mas não os brasileiros, vale dizer, o tratado não tem aplicação no âmbito interno do Brasil.

Pode, entretanto, transformar-se em lei nacional, aplicando-se internamente no Brasil. Essa incorporação se dá por meio de um processo legislativo, constituído de dois passos, a saber: a convenção deve ser aprovado pelo Congresso Nacional por meio de um decreto legislativo e promulgada por um decreto executivo pelo Presidente da República. Como sugestivo exemplo, podemos apontar a *Convenção de Genebra sobre Letras de Câmbio e Notas Promissórias*: ela foi celebrada em 1930 por vários países, entre eles o Brasil. Essa convenção obrigava o Brasil e não os brasileiros, isto é, não tinha aplicação no território nacional, não produzia efeitos no Brasil, mas só no plano internacional.

Todavia, essa convenção foi aprovada pelo Congresso Nacional, graças ao Decreto legislativo 54, de 1963, e foi promulgada pelo Decreto 57.663, de 24.1.1966. Transformou-se então em lei brasileira e vigora até hoje em nosso país.

Há, entretanto, duas exceções, que foram introduzidas pela Emenda Constitucional 45: quando se tratar de direitos humanos, o tratado internacional ratificado pelo Brasil tem validade imediata no direito brasileiro, incorporando-se automaticamente. Trata-se, porém, de caso restrito e não geral: apenas quando se tratar de direitos humanos. Outra questão prevista na nova redação constitucional diz respeito ao Tribunal Penal Internacional, que se torna competente para julgar crimes contra os direitos humanos, que independe de decreto presidencial para ser aceito. E trata de cláusulas pétreas de nossa Constituição.

2. ORIGEM E EVOLUÇÃO HISTÓRICA

2.1. A origem
2.2. A Idade Média
2.3. A Idade Moderna
2.4. O Direito Internacional moderno

2.1. A origem

Os estudos históricos são muitas vezes considerados como desnecessária perfumaria, talvez pela incorreta interpretação do conceito de história. Igualmente no estudo do direito, nem sempre é bem recebido o estudo da origem e evolução histórica das instituições jurídicas, ressaltando-se a relevância dos aspectos dogmáticos, em vez dos históricos. Em nossa interpretação, julgamos impossível deixar de lado a história no estudo do Direito Internacional Público, como ainda de qualquer ramo do direito. A história não é apenas a sucessão de fatos pelo tempo, mas procura inquirir suas causas e efeitos, as relações que os ligam. As instituições jurídicas são estabelecidas e vão se modificando com as transformações sociais, que são fatores históricos.

Essa íntima correlação entre o Direito Internacional Público e os fatos históricos é mais íntima do que ocorre com outros ramos do direito. Muitos eventos da história universal são a causa ou a consequência das instituições jurídicas internacionais. Uma declaração de guerra, um tratado de paz, o surgimento de uma organização internacional, são, ao mesmo tempo, fatos históricos e atos jurídicos internacionais. O Tribunal de Nuremberg, instituído após a última guerra para julgar os dirigentes da Alemanha derrotada, o tratado de Versalhes e o de Vestfália, que resolveu a Guerra dos Trinta Anos, a Revolução Francesa e a criação da ONU são alguns acontecimentos que influíram decisivamente na evolução do Direito Internacional.

Naturalmente, quando se fala no direito, a primeira atenção se volta para a antiga Roma. O Direito Internacional, no entanto, não foi cultivado pelos romanos, pois os estrangeiros não eram considerados cidadãos romanos. O Direito Civil, o *Jus Civilis Romanorum*, também chamado *Jus Quiritum*, conforme o próprio nome diz, era o direito dos *quirites* ou cidadãos romanos, uma minoria em Roma.

O *Jus Gentium* era outro ramo do direito romano e se antepunha ao *Jus Civilis Romanorum* por regulamentar o relacionamento entre cidadãos romanos e estrangeiros (*peregrini*) ou destes entre si. Não era, porém, um direito internacional, mas direito interno de Roma; não pode ser considerado como base do moderno Direito Internacional, malgrado seja considerado por alguns como inspirador do primeiro nome do Direito Internacional: "Direito das Gentes".

Também não pode ser considerado como fonte do Direito Internacional o *Jus Feciale*, de efêmera duração. Era o direito aplicado pelo "Colégio dos Feciais", um conselho constituído por vinte respeitáveis cidadãos romanos (*quirites*), para assessorar e decidir sobre relacionamento entre Roma e os estrangeiros, mormente em questões de guerra e paz. Assim, a declaração de guerra a um povo estrangeiro fazia-se por decisão e iniciativa do Colégio dos Feciais, que também eram chamados de pontífices. Os conceitos adotados pelo *Jus Feciale* tinham conotação mais religiosa e moral do que jurídica.

Fundamento importante, não só do Direito Internacional como de todo o direito, foi, porém, o *Jus Naturale*, cultivado desde o princípio do Império Romano e criador da maioria dos princípios gerais do direito, ainda hoje aplicados em todos os ramos do direito e especialmente no Direito Internacional. O direito não é da criação humana, mas surge com o próprio homem. Conforme o próprio nome indica, é constituído pela natureza humana, mas surge com o próprio homem. Conforme o nome indica, é constituído pela natureza humana. Revela-se pelos sentimentos e pela razão, objetivando o ideal de Justiça. O direito natural não é passageiro nem regional, como o direito positivo; é universal e eterno. Os cultores do Direito Natural formaram uma escola do direito, no decorrer do tempo, chamada de Escola Jusnaturalista, que ainda hoje encontra adeptos. Foram jusnaturalistas os grandes vultos iniciais do Direito Internacional, como Francisco Vitória, Francisco Suárez, Albérico Gentili, Samuel Puffendorf, Chistian Wolf e outros que os seguiram.

2.2. A Idade Média

A Idade Média pouco apresentou de sugestivo para que surgisse o Direito Internacional. A queda do Império Romano trouxe como consequência a queda da influência do direito romano. A ocupação da Europa pelos bárbaros, que não possuíam um direito elaborado, abafou o surgimento de novas teorias. Não tinham surgido os novos países europeus e sem relacionamento entre países não há necessidade de regulamentação para ele. Os textos legais, documentos jurídicos, pergaminhos e outras fontes do direito romano foram levados pelos juristas para Constantinopla. A cultura se recolheu aos conventos religiosos e a formação educacional das classes dominantes era a da cavalaria e do manejo das armas.

Foi a Idade Média, todavia, uma época de guerras entre as novas nações que começavam a surgir na Europa, as cidades-estado e vários reinos. Muitos tratados de paz foram celebrados, constituindo um vasto repositório de documentos jurídicos, cuja influência para a formação do Direito Internacional não pode ser descartada. Fator mais importante, porém, foi o desenvolvimento das navegações e do comércio marítimo, gerando inúmeros tipos de transações econômicas entre vários países que se formavam. Surgiram destarte três ramos do moderno direito: O Direito Internacional, o Direito Empresarial (a princípio com o nome de Direito Mercantil) e o Direito Marítimo, constituindo, a princípio, um único ramo.

Parece ter sido no final da Idade Média a época de elaboração das chamadas "Compilações Marítimas", autênticos códigos retratando normas, pareceres, usos e costumes, decisões judiciais, que começaram a sistematizar o Direito Internacional, que era predominantemente de comércio marítimo. São inúmeras essas compilações, sendo as principais:

ROLOS DE OLERON – São pergaminhos contendo normas de direito marítimo, principalmente sobre o comércio internacional de vinhos, encontrados enrolados numa ilha chamada Oleron. Essas normas e decisões judiciais eram aplicadas no Atlântico, no Mediterrâneo e até no mar Báltico.

CONSULATO DEL MARE – Ao que tudo indica, foi elaborado em Barcelona (Espanha). Descreve todos os institutos marítimos aplicados na época e constituiu autêntico código adotado pelo comércio marítimo, predominando no Mar Mediterrâneo. Deve ser obra do Consulato Del Mare, um tipo de corporação de mercadores marítimos sediada em Barcelona, que mantinha uma corte de arbitragem para julgar e dirimir pendências referentes ao comércio marítimo. Existe ainda hoje. A obra foi elaborada em latim, mas existem versões em vários idiomas, sendo a primeira encontrada na língua catalã, o que nos leva a concluir que esse código tenha sido elaborado em Barcelona.

GUIDON DE LA MER – Regulamentava o comércio marítimo, principalmente o seguro marítimo. Vigorava nas costas da França e no Mediterrâneo. Ao que parece, foi elaborado na cidade de Rouen, no norte da França.

JUS HANSEATICUM MARITIMUM – Foi o Código da Hansa, ou Liga Hanseática, uma espécie de união comercial entre Estados europeus, mormente germânicos. Embora tenha surgido no século XVII, deve ter sido compilado bem antes.

COLEÇÃO DE WISBY – Trata-se de compilação marítima, versão dos Rolos de Oleron, adotada na cidade de Wisby e outras cidades nórdicas, que desenvolviam intenso comércio marítimo.

TÁBUAS AMALFITANAS – Foi importante código de direito marítimo aplicado por mais de dois séculos em todo o mar Mediterrâneo, elaborado na cidade de Amalfi, por volta de 1302. Hoje uma pequena cidade turística, perto de Nápoles, Amalfi foi importante centro de navegação no final da Idade Média, verdadeira potência marítima, tendo predominado nas transações mercantis entre a Europa e os países muçulmanos. Tinha considerável frota mercante e reforçou-se quando o navegador amalfitano Flávio Gioia criou a bússola, dando maior perfeição tecnológica à frota de sua cidade. Graças ao seu poder mercantil, Amalfi impôs as normas das Tábuas Amalfitanas a todos os países do Mediterrâneo. O principal exemplar das Tábuas Amalfitanas encontra-se no Museu Cívico da cidade.

2.3. A Idade Moderna

O Direito Internacional, nos moldes atuais, foi estruturado, porém, no início da Idade Moderna. Seus precursores foram dois religiosos espanhóis: Francisco Vitória e Francisco Suárez. Surgiram depois, como sistematizadores, o holandês Hugo Grócio e o italiano Albérico Gentili, e, mais tarde, Samuel Puffendor, Ricardo Zouch, Christian Wolf, Cornélio van Bynkshoek, Emmerich de Vattel e Georg Friedrich Martens. Foram ao todo dez, sendo chamados de os "dez decênviros".

O padre dominicano espanhol FRANCISCO VITÓRIA (1480-1546), nascido na cidade de Vitória, foi professor de duas das mais importantes universidades daquela época: Salamanca e Paris. Sua obra primordial chama-se *Relectiones Theologicae*. Ao conjunto de suas ideias deu o nome de *jus inter omnes gentes*. Essa designação foi adotada, então, para o Direito Internacional, tendo vigorado até o século passado, por sugestão levantada pelo jurista e filósofo inglês Jeremy Benthan. Interessante é notar que o nome Direito das Gentes, inspirado por Francisco Vitória, parece estar voltando. O Estudo do Direito Internacional constava já no programa estabelecido pelo decreto imperial que criou os cursos jurídicos no Brasil e nas duas primeiras faculdades de direito neste país, no memorável dia 11 de agosto de 1827. A primeira aula do curso de direito no Brasil foi ministrada em São Paulo, em 1.3.1828, tendo como local o colégio da Congregação Franciscana, no largo de São Francisco, em São Paulo, e foi uma aula de "Direito das Gentes", nome com que foi incluído no programa. Proferiu a aula inaugural o Conselheiro Brotero.

Francisco Vitória defendeu a liberdade dos mares, quando alguns países se julgavam donos das águas marítimas, incluindo a própria Espanha. Adotou o princípio da não intervenção e da autodeterminação dos povos, questão constantemente invocada em nossos dias. Jusnaturalista, Vitória propugnava também pelo direito positivo, mas ele deve chocar-se com o Direito natural. Combateu a guerra, admitindo-a por motivos justos e claramente definidos.

Para Vitória o mundo era constituído de muitos Estados, formando uma comunidade internacional, com relacionamento pautado pelos princípios do Direito Natural e regras positivas. Opôs ao imperialismo o nacionalismo, assim considerado como o direito de cada nação possuir sua legislação e forjar uma sociedade de nações. Defendeu a liberdade dos mares, o livre-comércio e o entendimento entre os países. O grande valor de Francisco Vitória foi o de agitar ideias, afrontando a política externa do seu país, no relacionamento com os povos conquistados pelos espanhóis, mormente os índios da América.

Outro religioso espanhol, FRANCISCO SUAREZ (1548-1617), notabilizou-se como grande pensador e seguiu o pensamento de Vitória quanto à ação colonizadora da Espanha. Lecionou não só em Salamanca, mas também em Paris, Coimbra e Roma. Sua obra principal, *De Legibus ac Deo Legislatore* (1613), é um verdadeiro tratado de filosofia e teologia; afirmando que cada nação, cada Estado constitui-se em um membro da comunidade internacional e faz parte do gênero humano. Não pode um país prescindir da colaboração de outro, pois ninguém pode bastar-se sozinho. Por esta razão, impõe-se a criação de um sistema jurídico que dirija o relacionamento entre os povos de todo o mundo.

Suarez recomendou a adoção de princípios e normas que garantissem o equilíbrio e o respeito entre os europeus e os índios da América. Levantou-se contra o tratamento dado aos indígenas americanos, numa época em que vigorava a prepotência e a intolerância. Em breve, as teorias de Suarez foram divulgadas e enaltecidas na Europa, embora o tratamento dado aos índios até hoje venha condenando-os ao extermínio.

ALBÉRICO GENTILI (1551-1608) deu importante contribuição, junto com Vitória e Suarez, na criação do moderno Direito

Internacional. Enquanto os dois pensadores espanhóis permaneciam muito ligados à filosofia e à teologia, Gentili desgarrou-se dessa influência, permanecendo mais no campo jurídico. Com Gentili surgiu o Direito Internacional mais autêntico e mais jurídico, embora fosse, como Vitória e Suarez, também cultor do Direito Natural. Gentili teve três obras importantes: *De Legationibus*, em que estabelece as normas diplomáticas entre países, como a imunidade de jurisdição; *Hispanicae Advocationis*, em que defende o direito de asilo; e *De Juri Belli* (A respeito do direito de guerra), em que discorre sobre as guerras. Acusado de ideias protestantes, Gentili fugiu da Itália, refugiando-se na Inglaterra, tornando-se professor da Universidade de Oxford.

O holandês Hugo Grócio foi, porém, o verdadeiro sistematizador do Direito Internacional. Devemos abrir um parêntese para esclarecer que, quando falamos em Direito Internacional, referimo-nos tão somente ao público, uma vez que o Direito Internacional Privado só viria a surgir no início do século XX. Pensador profundo e homem de ação, esse jurista sistematizou os vários institutos abrangidos pelo Direito Internacional. Em sua obra principal, *De Jure Belli ac Pacis*, Grócio combate a escravidão, que era adotada naquela época belicosa, combateu a guerra e preconizou para ela normas que garantissem os direitos humanos e assegurassem a paz. Dividiu o Direito Internacional em direito de guerra e direito de paz. É o primeiro estudo sistemático do Direito Internacional com normas de direito voluntário que não estivessem em contradição com o Direito Natural.

Obra mais simples, mas de grande repercussão, foi o seu *Mare Liberum*, contendo a defesa da liberdade dos mares pelos princípios jurídicos. Nota-se nesta obra a defesa dos interesses de seu país, a Holanda, que estava desenvolvendo intensa navegação marítima, numa época em que a Inglaterra se julgava dona dos mares, como ainda Espanha e Portugal. Teve ainda outra obra, *De Jure Praedae*, dando o parecer a uma consulta da Cia. das Índias Ocidentais sobre o apresamento de navios em alto-mar. Como se sabe, a Companhia das Índias Ocidentais foi quem empreendeu a conquista holandesa no Nordeste do Brasil.

2.4. O Direito Internacional moderno

Cumpre salientar que o Direito Internacional, como aliás todos os ramos do direito, sofreu substanciais modificações, de acordo com as modificações sociais, políticas e econômicas da comunidade internacional. A principal modificação foi o surgimento de inúmeras entidades internacionais, como a ONU, que se transformaram em sujeitos de direito, em órgãos legisladores, e coordenam as atividades e o comportamento dos países.

Assim sendo, não apenas os Estados soberanos são sujeitos de direito, mas também as organizações internacionais, cujo estudo se torna imprescindível para a interpretação dessa ciência jurídica. Muitas vezes, elas representam países ou até um supraestado. É o que acontece com a União Europeia, criada como Mercado Comum Europeu, passando depois para Comunidade Econômica Europeia e recentemente para União Europeia. Fala e age a União Europeia como se fosse um país, promulga leis que vigoram nos países-membros e estabelece tratados com outros grupos de países. A União Europeia vem inspirando a formação de blocos semelhantes, como o nosso MERCOSUL. Eis um dos motivos pelo quais sofreram os estudos dos fenômenos internacionais sensível evolução. O moderno Direito Internacional passou a ser o direito que regula o comportamento dos países na comunidade internacional, bem como das organizações que a eles se equiparam.

Outro aspecto a ser considerado na interpretação do Direito Internacional é que ele se aplica a todos os ramos do direito, como no Direito do Trabalho, no Direito Penal; no primeiro com a aplicação das normas expedidas pela OIT – Organização Internacional do Trabalho, com a grande mobilização de mão de obra e com a valorização do trabalho humano, e o segundo com o tráfico internacional de drogas, o crime organizado, a lavagem de dinheiro de um país em outro, o terrorismo. Nos demais ramos do direito também se nota a aplicação do Direito Internacional, como no Direito das Sucessões, do Direito do Comércio Exterior, no Direito Econômico e Tributário e tantos outros.

3. FONTES DO DIREITO INTERNACIONAL

3.1. O sentido de fontes do direito
3.2. Os tratados internacionais
3.3. O costume
3.4. Os princípios gerais do direito
3.5. A doutrina
3.6. A jurisprudência

3.1. O sentido de fontes do direito

A palavra fonte designa o lugar de onde flui a nascente d´água; por extensão, designa de onde provém alguma coisa, como por exemplo, a fonte de notícias, a fonte de um incêndio. É o lugar onde nasce, de onde brota. É sinônimo de nascente, manancial. Na ciência jurídica, a fonte de direito possui um significado especial e importante, ao designar a procedência do direito, assumindo diversos ângulos, dos quais dois são os principais: as fontes de cognição do direito e as fontes de produção do direito.

As fontes de cognição do direito representam o conjunto de documentos ou fatores diversos sobre os quais os juristas vão-se basear para elaborar sua doutrina ou as hipóteses. Essas hipóteses serão expostas, às vezes, à Justiça, para comparar a solução proposta a um litígio. Podem ser chamadas de fontes para interpretação do direito, pois é por essas fontes que um jurista fará seu estudo para interpretação do direito e das soluções que apontará para uma contenda judicial.

Outros juristas admitem outras duas acepções das fontes do direito: formais e materiais. As fontes formais revelam o direito; faz com que ele seja conhecido. Correspondem mais ou menos às fontes de cognição. As fontes materiais fazer surgir o direito; são as criadoras do direito, como, por exemplo, as transformações sociais. Correspondem às fontes de produção do direito.

A Lei de Introdução ao Código Civil aponta, no art. 4º, as outras fontes para interpretação do direito nacional, às quais um juiz pode se apegar para as decisões judiciais. São elas: a lei, os costumes, a analogia e os princípios gerais do direito. Embora não tenham sido incluídas nesse elenco, apontam os juristas mais duas fontes: a doutrina e a jurisprudência.

As fontes de produção do direito são as realidades e os fatores que levam à criação das leis e do direito. A principal fonte de produção é o costume. Normalmente, as leis regulamentam práticas consuetudinárias que pelos tempos começaram a exigir uma regulamentação legal. Assim ocorreu no Brasil com as leis que regulamentaram o arrendamento mercantil e a alienação fiduciária. O costume exigiu depois a regulamentação do *franchising* (franquia), que ocorreu no final de 1994, e está exigindo a do estacionamento de veículos, da transferência de tecnologia e outros vários de caráter internacional, costumeiramente utilizados no Brasil (crédito documentário, *know how, turn key* ou *clé em main, factoring*).

As fontes predominantes do Direito Internacional são mais ou menos as mesmas do direito interno, mas há variações e não se aplicam com a mesma intensidade em ambos os ramos do direito: nacional e internacional. A Lei de Introdução ao Código Civil indica, no artigo 4º, as fontes do direito interno, mas para o Direito Internacional, as fontes são indicadas no artigo 38 do Estatuto da Corte Internacional de Justiça. Contudo, esse dispositivo não estabelece um *numerus clausus*, mas outras fontes podem ser incluídas no elenco. É de bom alvitre transcrever o artigo 38 da CIJ:

> *1. A Corte, cuja função é decidir de acordo com o Direito Internacional as controvérsias que lhe forem submetidas, aplicará:*
>
> *A – as convenções internacionais, quer gerais, quer especiais, que estabeleçam regras expressamente reconhecidas pelos estados litigantes;*
>
> *B – o costume internacional, como prova de uma prática geral aceita como sendo de direito;*
>
> *C – os princípios gerais do direito reconhecidos pelas nações civilizadas;*

D – sob ressalva da disposição do artigo 59, as decisões judiciais e a doutrina dos publicistas mais qualificados das diferentes nações, como meio auxiliar para a determinação das regras do direito.

2 – A presente disposição não prejudicará a faculdade da Corte de decidir uma questão ex aequo et bono, se as partes assim concordarem.

Vemos, assim, que o artigo 38 da CIJ estabelece como fontes de direito, as convenções internacionais, o costume e os princípios gerais do direito em primeiro escalão, e a jurisprudência e a doutrina em escala inferior. Podemos, por nossa conta, incluir a arbitragem e o direito comparado. Justifica-se a ausência dessas duas fontes no artigo 38 em vista de não haver naquela época o direito comparado, que só se realçou com o direito da União Europeia; e a arbitragem porque não tinha ainda elaborado sugestiva jurisprudência de suas decisões. Por outro lado, podemos excluir a lei como fonte de direito internacional, mesmo porque a lei não foi incluída como uma das fontes no artigo 38. A razão de a lei não ter sido incluída, quando constitui a fonte primordial no direito interno, é a de que não existe um legislador internacional, ou seja, um Poder Executivo ou um Poder Legislativo internacional, capazes de fazerem leis de aplicação em diversos países. As convenções internacionais não constituem leis propriamente ditas; não são emanadas de um poder legislativo ou executivo e não são impostas coativamente aos cidadãos ou aos países, tanto que qualquer país pode retirar-se das convenções internacionais.

É conveniente falar um pouco dessas fontes.

3.2. Os tratados internacionais

Falaremos muito desta questão e faremos um pormenorizado estudo dos tratados internacionais, em capítulo específico. Os tratados (também chamados convenções) constituem a fonte primordial. Surgem de reuniões de determinados países para estabelecer normas a serem seguidas pelos países participantes sobre qualquer questão que vier criar conflitos na área internacional. Normalmente, as convenções reúnem grande número de países, mas é possível que seja estabelecida entre só dois países, sendo, por isso, chamado de tratado bilateral.

São inúmeras as convenções de que o Brasil participa e os assuntos são variados: transporte aéreo, transporte marítimo, exploração e zelo pelo mar, exploração do espaço aéreo, segurança, proteção ambiental, combate ao terrorismo, ao tráfico de drogas ou de escravas brancas. A mais famosa é a Convenção de Genebra, que regulamentou no mundo inteiro a Letra de Câmbio e a Nota Promissória. Algumas das convenções a que o Brasil aderiu são publicadas numa obra do professor Vicente Marotta Rangel, denominada *Direito e Relações Internacionais*.

3.3. O costume

A segunda fonte, apontada no item "b" do artigo 38 do Estatuto da CIJ, é o costume, que, aliás, é também a segunda fonte apontada no artigo 4º da Lei de Introdução ao Código Civil para o direito interno. O artigo 38 conceitua o costume como "uma prática geral aceita como sendo do direito". Ao falar do costume, vamos considerá-lo como a prática reiterada de um determinado comportamento, aceito pela sociedade em que ele é praticado. Estamos aqui falando tanto do costume interno como externo, pois ambos são da mesma natureza jurídica, mas variam pela abrangência espacial, ou seja, o costume internacional tem um âmbito de aplicação mais amplo, pois atinge o território de dois ou mais Estados independentes. Observa-se, portanto, numa comunidade internacional, pelo menos, num conjunto de Estados.

O costume é encarado por dois elementos que o constituem: o objetivo e o subjetivo. O elemento objetivo é o comportamento de uma pessoa de forma reiterada e aparente, constante, dando a impressão de uma diretriz traçada. Quando essa prática se verifica, faz uma comunidade esperar por um comportamento coletivo.

O elemento subjetivo é esse estado de espírito de uma comunidade, reconhecendo e aceitando aquela prática constante de atos. Afirmam diversos jurisconsultos que o costume é a primeira fonte de direito; este não surge *a priori*. De fato, uma sociedade adota determinados tipos de comportamento, até que sente a necessidade de normatizar aqueles costumes, transformando-os em leis. Até que essas leis sejam promulgadas, o costume constitui o próprio direito, que é chamado de Direito Consuetudinário ou Direito Costumeiro.

O Direito Consuetudinário é muito importante nos países que não adotam o direito originário da antiga Roma. É o que acontece nos países de sistema jurídico anglo-saxão, como a Inglaterra, EUA, Canadá e outros. Os EUA, por exemplo, têm um direito legislado muito restrito; há pouco número de leis. Vigora mais o direito baseado nos costumes, que é chamado de *common law*.

Há, porém, certos costumes que não são suficientes para constituir um direito eficaz, ante a complexidade de certos problemas que ele vai regulamentar. Quando assim acontece, o Direito Consuetudinário torna-se direito legislado, ocorrendo, portanto, uma transformação. Justifica-se o brocardo jurídico: *Consuetudo parem vim habet cum lege* (o costume parece ter força igual à da lei).

Vários requisitos são exigidos para que o costume tenha força de lei: precisa ser constante, uniforme, contínuo, quer no tempo, que no espaço. A CIJ já decidiu que não constitui costume a prática de atos, mesmo que sejam repetidos, se forem eles praticados de forma irregular e esporádica. Subjetivamente, o costume precisa ser aceito e respeitado pelo grupo social (*tacitus consensus popoli* = consenso tácito do povo). Não chega a constituir costume a prática reiterada de certos atos com algumas características de costumeiros, mas que a maioria da população critica e repele.

Outrossim, o costume deve ser uma prática não vedada pela lei. Assim, não é possível que a prática de jogo do bicho possa ser fonte de direitos e obrigações só porque todo mundo joga regularmente, nem o tráfico internacional de drogas, por ser comum, pode ser considerado costume gerador de direitos.

3.4. Os princípios gerais do direito

Não se chega a um denominador comum na consideração do que seja a expressão: "Princípios Gerais do Direito". Afirmam uns que seja o primitivo direito romano expresso nas máximas dos grandes jurisconsultos da antiga Roma; outros que sejam a filosofia do direito; outros o Direito Natural; outros que sejam as causas do direito. O artigo 4º da Lei de Introdução ao Código Civil adota-os, mas não estabelece parâmetros para ele, deixando a cargo da doutrina cogitar o verdadeiro sentido dos princípios. Diz o artigo 4º da Lei de Introdução ao Código Civil:

> *(...) quando a lei for omissa, o juiz decidirá o caso de acordo com a analogia, os costumes e os princípios gerais do direito.*

Assim também faz o artigo 38 da Corte Internacional de Justiça, ao apontar os princípios gerais do direito como uma das fontes primordiais do Direito Internacional.

Destarte, estando a cargo de quem estuda criteriosamente o direito examinar o conceito dos princípios gerais do direito, preferimos optar pela primeira das considerações acima expostas. Consideraremos como princípios gerais do direito os fundamentos mais elevados do direito, estabelecidos na antiga Roma e expressos nos brocardos, máximas, aforismos que nos legou o direito romano. Alguns estão no Digesto, como normas estabelecidas; outros foram base de raciocínio elaboradas por jurisconsultos famosos, como Ulpiano, Modestino, Papiniano, Gaio, Paulo e outros. Para fazermos melhor ideia, procuraremos aqui expor alguns deles, com breve interpretação.

EX AEQUO ET BONO (de acordo com o equitativo e o que é bom para todos)

O julgamento leva em consideração aquilo que estiver de acordo com a equidade natural e o justo. A equidade natural é uma regra do bom senso e de uma justiça suprema, dando razão a quem a tem, mas reservando algum direito a quem perde a questão. Procura não aplicar a regra do "tudo ou nada", mas temperar a justiça, de tal forma que possa agradar a todos. A Lei de Introdução ao Código Civil, no artigo 5º, adota esse princípio, embora com outras palavras:

Na aplicação da lei, o juiz atenderá aos fins sociais a que ela se dirige e às exigências do bem comum.

ACCESSORIUM SEQUITUR PRINCIPALE, ou *ACCESSORIUM SEQUUNTUR SUUM PRINCIPALE* (O acessório segue o principal).

É muito utilizado no Direito Contratual e no Direito das Coisas, como em outros ramos do direito. Está expresso também no direito interno, segundo o artigo 287 de nosso Código Civil:

Salvo disposição em contrário, na cessão de um crédito abrangem-se todos os seus acessórios.

Esse princípio fundamenta ainda os artigos 233, 1232 e 1392 do Código Civil.

ALLEGARE NIHIL ET ALLEGARE NON PROBARE PARIA SUNT (Falar e não provar é o mesmo que não falar)
ACTORE NON PROBANTE, REUS ABSOLVITUR (O autor não provou, o réu está absolvido)

Esses dois princípios, com o mesmo sentido, são muito invocados principalmente no Direito Processual. O juiz julga a questão de acordo com as provas que constam dos autos. O que falam as partes deve ser corroborado pelas provas. No Direito Internacional, como nos demais ramos do direito, esses princípios também vigoram.

ALLEGATIO PARTIS NON FACIT JUS (Alegação das partes não faz o direito)

É paralelo aos anteriores. As partes de uma questão processual defendem o que julgam ser seu direito, mas só terá poder de lei a decisão judicial.

CEDANT ARMAE TOGUE (Cedam as armas à toga)

No estado de direito a força não deve prevalecer sobre a lei; na solução dos conflitos humanos as armas e a força devem ser substituídas pelo direito. É também um brado contra as pressões que forças possam fazer sobre a Justiça.

ALIUD EST DARE, ALIUD PROMITTERE (Uma coisa é dar, outra prometer)
FRA IL DIRE ED IL FARE C'È DI MEZZO IL MARE (Entre o dizer e o fazer há o mar)

Dar gera transferência de propriedade, prometer gera obrigação.

BENEFICIUM JURIS NEMINI EST DENEGANDI (Não se pode denegar a ninguém o benefício da lei)

Todos têm o direito de invocar a lei em seu favor. É proverbial esta máxima do praxista português Lobão: "Perante a Justiça pede quem quer, prova quem pode, arrazoa quem sabe". Sente-se esse princípio no inciso XXXVI, do artigo 5º de nossa Constituição: "a lei não excluirá da apreciação do Poder Judiciário lesão ou ameaça a direito".

CONFESSIO EST PROBATIO OMNIBUS MELIOR (A confissão é a melhor de todas as provas.
CONFESSIO PRO JUDICATO HABETUR (A confissão é tida como coisa julgada)

Realça o valor da confissão como prova, razão por que ela é chamada "rainha das provas".

CAUSA PRAECEDERE EFFECTUM DEBET (A causa deve preceder ao efeito)

CAUSA COGNOSCITUR AD EFFECTUM (conhece-se a causa pelo efeito)

As consequências de um ato jurídico adicionam um juízo de valor a esse ato. No Direito Penal, por exemplo, se não for conhecido o autor de um crime, deve-se inquirir a quem beneficiaram os efeitos desse crime.

DA MIHI FACTUM, DABO TIBI JUS (Dá-me o fato, dar-te-ei o direito)

O direito surge dos fatos e aplica-se aos fatos. De acordo com os fatos jurídicos, escolhe-se o direito a eles aplicado.

DE MINIMIS NON CURAT PRAETOR (O pretor não cuida de coisa irrelevante)

Os objetivos mais elevados do direito não devem ser absorvidos pelos pormenores. Num processo, será desvio da questão (*ignoratio elenchi*) discutir um pormenor que não tenha relevância com seu objetivo.

DORMENTIBUS NON SUCCURRIT JUS (O direito não socorre aos que dormem)

É o fundamento da prescrição. O direito é um instrumento de ação e deve ser defendido com ela, quem não o exerce e não luta por ele, perde sua capacidade defensiva.

DURA LEX SED LEX (A lei é dura, mas é a lei)

Radicaliza a aplicação da lei, baseando-se nos seus rigores. Não leva em consideração a equidade ou benefícios sociais que a lei deva atingir. Fundamentado nesse princípio, Draco elaborou um código na antiga Grécia, caracterizado pelo excessivo rigor nas penas. Choca-se esse princípio com o artigo 5º da LICC, há pouco falado.

ES MODUS IN REBUS (Haja com moderação nas coisas)

De certa maneira, contrapõe-se ao anterior. Preconiza a moderação e a equidade, esta última também conhecida como princípio ex aequo et bono. Procura refrear os extremismos.

JURIS PRAECEPTA SUNT HAEC: HONESTE VEVERE, NEMINEN LAEDERE, SUUM CUIQUE TRIBUERE (Os preceitos jurídicos são estes: viver honestamente, a ninguém prejudicar, atribuir a cada um o que lhe é devido)

Interpretado por muitos juristas como o mais importante dos princípios gerais do direito, foi formulado por Ulpiano e consta das "Institutas". Consideram alguns como o verdadeiro conceito do direito. Viver honestamente é a observância das leis e dos costumes. A ninguém prejudicar é fazer uso da liberdade, de nossos semelhantes. Atribuir a cada um o que lhe é devido representa o cumprimento das obrigações para com aqueles que sejam credores dessas obrigações.

NEMO AUDITUR PROPRIAM TURPITUDINEM ALLEGANS (Ninguém pode alegar a própria torpeza em sua defesa)

Ninguém pode invocar perante a justiça um ato imoral que tiver praticado para fazer dele um princípio de ação; fazer de uma indignidade uma justificativa para reclamar direitos.

NEMO INAUDITUS DAMNARI POTEST (Ninguém deve ser condenado sem saber)

É princípio de defesa processual, pelo qual uma pessoa não pode ser julgada sem ser comunicada do julgamento e lhe seja oferecida oportunidade de defesa)

NEMO ESSE JUDEX IN CAUSA PROPRIA POTEST (Ninguém deve ser juiz em causa própria)

O juiz, ou seja, quem vai julgar, deve ficar entre as partes e acima delas, não podendo ter qualquer interesse no julgamento. Se o julgamento de uma questão trouxer vantagem ou prejuízo ao juiz, estará julgando em causa própria. Caso uma das partes sinta essa situação, poderá opor exceção contra o exercício das funções jurisdicionais, anulando o julgamento.

NON OMNE QUOD LICET HONESTUM EST (nem tudo que seja lícito é honesto)

Não há perfeita coincidência entre o direito e a moral. Uma ação desonesta pode não ser prevista ou vetada pela lei. É possível ainda que uma lei estabeleça uma relação jurídica injusta. As leis da África do Sul garantiam direitos excessivos a brancos e os negavam aos negros; essa discriminação praticada durante largas décadas era legal, porque era estabelecida por lei, mas choca-se contra a consciência moral da humanidade.

OBSERVANTIA LEGUM SUMMA LIBERTAS (A observância da lei é a suma liberdade)

Quem anda dentro da lei não será importunado por ela. Quem cumpre suas obrigações e age honestamente não será incomodado pela polícia e pela justiça, a não ser excepcionalmente.

PACTA SUNT SERVANDA (Os compromissos são para serem cumpridos)

Todo aquele que assume uma obrigação está constrangido a cumpri-la, sob pena de assumir a responsabilidade pela inadimplência. Esse princípio é amiúde invocado nos tratados internacionais.

RES INTER ALIOS JUDICATA ALIIS NECQUE NOCET NE-CQUE PRODEST (A coisa julgada entre as partes não prejudica nem beneficia terceiros)

A decisão tomada pelo juiz num processo produz efeitos para as partes nele envolvidas. Não poderá, entretanto, ter efeitos *erga omnes*, ou seja, criar obrigações para terceiros não envolvidos nesse processo. Esse princípio está previsto para questões da CIJ, segundo seu estatuto.

SIMUL ESSE ET NON ESSE NON POTEST (Não é possível ser e não ser ao mesmo tempo e nas mesmas condições

Equivale ao princípio lógico de identidade: uma coisa deve ser idêntica a si própria. Uma afirmação pode ser verdadeira ou falsa, mas não verdadeira e falsa ao mesmo tempo e nas mesmas condições.

SUMMUM JUS SUMMA INJURIA (A maior justiça é a maior injustiça)

O direito não pode ser levado a ferro e fogo. Se for aplicado com excessivo rigor, será transformado em injustiça. Contrapõe-se aos rigores da *DURA LEX SED LEX*. Há um princípio do direito francês que lhe é semelhante: *un droit porté très loin devient une injustice* (Um direito levado ao extremo torna-se uma injustiça). Tem o mesmo sentido do princípio *Es modus in rebus*.

UBI SOCIETAS UBI JUS (Onde estiver a sociedade, estará o direito).

Determina a função da lei, que é a de regulamentar o funcionamento da sociedade. A lei surge da sociedade que deve existir. Onde houver um só homem, não poderá haver direito. No plano do Direito Internacional, se houvesse um só país, não haveria esse direito, pois ele se destina a regular a sociedade de Estados.

VERBA VOLANT SCRIPTA MANENT (A palavra voa, o escrito permanece)

É o princípio que justifica o direito legislado, a lei escrita. Afirmam alguns que a palavra "lei" origina de *legere* (ler), dado ao caráter escrito da lei. Está no direito dos tratados, que só se podem estabelecer por escrito; não há tratado internacional verbal.

VOX POPOLI VOX DEI (A voz do povo é a voz de Deus)

Ressalta a força dos costumes, a vida normal do povo abrangido pela lei. Ao mesmo tempo em que a lei regulamenta a sociedade, sofre a influência dela. Não se refere esse princípio propriamente à opinião pública, mas ao comportamento público.

O segundo parágrafo do artigo 38 faz expressa referência a um princípio especial, além dos princípios gerais, ou seja, o da equidade (*ex aequo et bono* (conforme a equidade e a justiça); abre para a CIJ o leque de sua liberdade e autoridade, autorizando-a a decidir usando o livre julgamento, com a aplicação conveniente de critérios mitigados. De alguma forma, é paralelo ao disposto no artigo 5º da lei de Introdução ao Código Civil, que abre à Justiça a possibilidade de decidir visando aos fins sociais e ao bem comum.

Cumpre ressaltar que no plano internacional certos princípios não são levados com grande intensidade como no plano nacional. É o que acontece com o princípio de ordem pública. Há até mesmo certos doutrinadores que afirmam não existir ordem pública internacional. Permanece, contudo, o respeito ao interesse público e social, que se sobrepõe ao interesse das partes num tratado. Vigora, por isso, o princípio de que *Jus publicum privatorum pactis derrogare non potest* (Acordo entre as partes não pode derrogar um princípio de ordem pública.

3.5. A doutrina

A doutrina não foi apontada no artigo 4º da Lei de Introdução ao Código Civil, mas consta do Estatuto da CIJ. Não deixa, contudo, de constituir fonte de direito no plano interno, e no plano externo adquire importância bem maior. Sua importância já era ressaltada no direito romano, em que sobressaíram como doutrinadores, os jurisconsultos papiniano, Gaio, Ulpiano e Modestino. Era também conhecida como *communis opinio*. Aliás, mesmo nos tempos do Império Romano, esses quatro juristas, juntamente com Paulo, eram chamados de "Tribunal dos Mortos", pois a sua opinião era considerada como uma jurisprudência, uma lei.

A doutrina consta de pareceres, teses, opiniões de professores, tratados de juristas, expostos normalmente em livros publicados e artigos em jornais ou em revistas especializadas. É a interpretação da lei que é feita pelos juristas, apontando o sentido dos dispositivos legais, suas virtudes e seus defeitos, indicando a correta aplicação da lei.

No Brasil, ficaram famosos os pareceres doutrinários de Vicente Rao, Pontes de Miranda e Temístocles Cavalcanti. Na área do Direito Internacional são respeitadas as opiniões de Haroldo Valladão, Celso D. Albuquerque Mello, Amílcar de Castro. Como doutrinadores estrangeiros, no Direito Internacional, realçam-se Hugo Grócio, Albérico Gentili, Francisco Suarez, Francisco Vitória, Dionizio Anzilotti, Roberto Ago, Antonio Sanchez Bustamante y Sirven, Santi Romano.

3.6. A jurisprudência

Da mesma forma que a doutrina, a jurisprudência não constou do artigo 4º da Lei de Introdução ao Código Civil, mas consta do artigo 38 do Estatuto da CIJ. Realmente, há muitas objeções à jurisprudência como fonte de direito e à sua eficácia, mas não há dúvida de que se faz pesar nas decisões judiciais, principalmente em questões internacionais. A CIJ, ao tomar conhecimento da questão e adotar uma decisão, sempre revê as decisões anteriores que tomou a respeito de questões análogas.

A jurisprudência é o conjunto de decisões tomadas pela Justiça superior, formando opinião mais ou menos uniforme sobre determinada questão. É diferente da doutrina, pois esta é a opinião dos que interpretam o direito, dos estudiosos, enquanto a jurisprudência é a opinião dos magistrados, dos que aplicam a lei. Por essa razão, muitos negam à jurisprudência a condição de fonte de direito, porquanto o magistrado não o cria, mas o aplica. Todavia, o juiz, ao prolatar uma sentença, faz doutrina. Interpreta os fatos, atribuindo-lhes um valor e encontra a norma que a eles se aplica; justifica o porquê de sua decisão. Elabora a dogmática jurídica.

No plano nacional, a jurisprudência é formada pelas decisões da justiça superior, também chamada de justiça do segundo grau ou de segunda instância, ao julgar as decisões dos juízes de primeiro grau. A CIJ, entretanto, é o único órgão judicante, razão pela qual suas decisões são irrecorríveis a um órgão diverso, sendo facultado, todavia, o pedido de revisão pela própria CIJ.

No Brasil, a maioria das decisões jurisprudenciais de caráter internacional é tomada pelo Superior Tribunal de Justiça e são publicadas em sua revista, ou pelo Supremo Tribunal Federal, que detinha antigamente a competência única.

4. TRATADOS INTERNACIONAIS

4.1. Atos jurídicos internacionais
4.2. Atos emanados de organizações internacionais
4.3. Atos unilaterais
4.4. Tratados internacionais
    4.4.1. Conceito
    4.4.2. As partes do tratado
    4.4.3. Classificação dos tratados internacionais
    4.4.4. Vigência e aplicação do tratado
    4.4.5. Validade do tratado no plano interno
    4.4.6. A Convenção sobre o Direito dos Tratados
    4.4.7. Condições de validade do tratado
    4.4.8. Interpretação dos tratados

4.1. Atos jurídicos internacionais

Segundo a opinião de muitos mestres, o direito é o conjunto de normas que regem o comportamento do ser humano na sociedade em que vive. O comportamento, por sua vez, é o conjunto de atos praticados por uma pessoa física ou jurídica, que possa atingir outras pessoas. O termo liga-se etimologicamente a ação, agente, agir, acionar, dando ideia de uma atividade. Um ato se caracteriza por ser a manifestação da vontade de uma pessoa; deverá, portanto, ter um agente, um autor. Por isso, um ato é praticado: ainda que não corresponda à vontade do agente, seja um ato involuntário, sempre será praticado, sempre terá um agente. Não se confunde o ato com o fato; este último não tem agente, não é praticado por decisão de uma pessoa, não conta com a vontade de alguém.

O objeto de nosso estudo é o ato jurídico internacional, como um gênero (ato) e dois atributos (jurídico e internacional). Pressupõe-se, portanto, que haja um ato jurídico internacional e outro nacional. O direito pátrio tinha a mesma posição quando se regia pelo Código Civil de 1916, mas o novo Código adotou outra terminologia. No plano internacional, contudo, deveremos nos ater ao sistema adotado antigamente, expresso no artigo 81 do código revogado, que dava uma definição de ato jurídico, nesses termos:

> *Todo ato lícito, que tenha por fim imediato adquirir, resguardar, transferir, modificar ou extinguir direitos, se denomina ato jurídico.*

O artigo 82 do antigo código complementa o sentido do ato jurídico, apontando-lhe as condições que devem garantir sua eficácia:

> *A validade do ato jurídico requer agente capaz, objeto lícito e forma prescrita ou não defesa em lei.*

Nosso código atual adota outra orientação: não traz a definição de atos jurídicos, o que nos parece acertado, pois definir não é função da lei, mas da doutrina. Mudou ainda a terminologia, dividindo os atos em: atos jurídicos lícitos, atos ilícitos e negócios jurídicos.

Dogmaticamente, porém, não introduziu modificações sensíveis que possam afetar os atos internacionais: considera o ato jurídico como fruto da atividade humana, que produza efeitos de direito, ou seja, afete os direitos e obrigações de uma ou mais pessoas. Esse ato, entretanto, deve ser praticado por uma pessoa com capacidade jurídica para praticá-lo. Assim, um menor de idade, uma empresa irregular, uma pessoa que não tenha poderes especiais para agir em nome de uma sociedade.

Outro aspecto subjetivo do ato é que ele tenha uma manifestação volitiva, ou seja, demonstre o exercício da vontade. Ainda outra característica do ato jurídico é a de que ele seja praticado por agente capaz, tenha objeto lícito e forma prescrita em lei. Nesses aspectos, pode-se chegar a uma distinção entre o ato jurídico nacional e internacional. O ato jurídico internacional é sempre formal, o que não acontece com o nacional; além disso, o ato jurídico internacional só pode ser praticado por uma pessoa jurídica de direito internacional. Também nesta questão nosso Código Civil oferece alguns subsídios no artigo 42:

> *São pessoas jurídicas de direito público externo os Estados estrangeiros e todas as pessoas que forem regidas pelo direito internacional.*

A primeira distinção que se faz de um ato jurídico internacional é que seu agente seja obrigatoriamente uma *Pessoa Jurídica de Direito Público Externo.* Destarte, o agente do ato jurídico internacional é um Estado independente, um país, como o Brasil. O representante legal do Brasil é o chefe do Poder Executivo ou alguém a quem ele outorgue poderes para tanto. Os atos internacionais são praticados pelo Brasil, embora sejam por seu representante legal, o Presidente da República, pelos poderes que lhe foram outorgados pela Constituição Federal, conforme se vê no artigo 84:

> *Compete privativamente ao Presidente da República:*
>
> *...*
>
> *VII – manter relações com Estados estrangeiros e acreditar seus representantes diplomáticos;*
>
> *VIII – celebrar tratados, convenções e atos internacionais, sujeitos ao referendo do Congresso Nacional;*
>
> *IX – decretar o estado de defesa e o estado de sítio;*
>
> *...*
>
> *XIX – declarar guerra, no caso de agressão estrangeira, autorizado pelo Congresso Nacional ou referendado por ele, quando ocorrida no intervalo das sessões legislativas, e nas mesmas condições, decretar, total ou parcialmente, a mobilização nacional;*
>
> *XX – celebrar a paz, autorizado ou não com o referendo do Congresso Nacional;*
>
> *...*
>
> *XXII – permitir, nos casos previstos em lei complementar, que forças estrangeiras transitem pelo território nacional ou nele permaneçam temporariamente.*

Contudo, a principal característica do ato jurídico internacional é a sua vinculação a duas ou mais legislações. Ao ser interpretado, a ele devem ser aplicados princípios e normas peculiares a dois ou mais sistemas jurídicos. Reflexo dessa subordinação ao direito de vários países são os efeitos que um ato jurídico praticado por um país provoque em outros países.

Tome-se por exemplo o acontecimento das Ilhas Malvinas. A Argentina invadiu aquelas ilhas, aprisionando seus habitantes:

esse ato provocou efeitos na Inglaterra, que se sentiu agredida. A Inglaterra lavrou um "protesto" contra aquele ato; esse protesto produziu efeitos na Argentina, que daí por diante poderia esperar a reação inglesa. Alguns países "notificaram" a Argentina sobre a não aprovação daqueles atos. São todos atos jurídicos internacionais, por possuírem características desse tipo, ou seja:

– foram praticados por Estados independentes;
– os atos praticados por um país produziram efeitos em outros;
– os atos ficam submetidos à lei de vários países;
– são manifestação de vontade dos países agentes;
– esses atos são regulamentados por convenções internacionais.

Vê-se, pois, que um ato jurídico internacional não pode ser praticado por uma pessoa física nem por pessoa jurídica de direito privado, mas por pessoa jurídica de direito público externo. Contudo, essa pessoa é representada por pessoas físicas de diversas categorias. Quem representa um país de regime presidencial, como o Brasil, é o Presidente da República; na maioria dos países europeus pelo Primeiro Ministro, e noutras o Rei.

O Chefe de Estado pode delegar as funções de representante legal de seu país a outra pessoa, como o Ministro das Relações Exteriores. Outros funcionários do Poder Executivo ainda podem responder por um país, como os embaixadores, cônsules, adidos, ou pessoas especialmente designadas com a finalidade de representar um país. A atividade dos agentes diplomáticos é regulamentada pela Convenção de Viena sobre Relações Diplomáticas, de 1961, aprovada pelo Decreto número 56.435/65, e a dos agentes consulares pela Convenção de Viena sobre Relações Consulares de 1963, aprovada pelo Decreto Legislativo número 6/67 e promulgada pelo Decreto número 61.078/67. Logo adiante, faremos o estudo mais pormenorizado dessas questões.

Conforme se viu, a validade do ato jurídico requer forma prescrita ou não defesa em lei. Os atos jurídicos, em princípio, são regidos pela liberdade, sem precisar de forma determinada; são chamados, por isso, de informais ou não solenes. Todavia, alguns atos só podem ser praticados nos moldes estabelecidos pela lei;

é o caso de uma hipoteca, do casamento, do testamento e alguns outros atos, como também certos contratos. Tratando-se de atos jurídicos nacionais, os atos informais são a regra e os formais a exceção.

Esse critério não se aplica aos atos jurídicos internacionais. Pela relevância desses atos, são eles obrigados a obedecer a certas formalidades, algumas exigidas pela própria Constituição do país que os praticar. A maioria dos atos internacionais formaliza-se por meio de um instrumento estabelecido pelas normais internacionais. Um país soberano poderá praticar qualquer ato que quiser pois não há um poder sobre ele; pode ele, pois, praticar atos informais, mas estes constituem exceção e sem influência sobre outros países. Para que possam produzir efeitos sobre outros países, com a criação de direitos para o país-agente, será exigido o ato por instrumento adequado, como o "protocolo", a ratificação, a aprovação, o protesto, bem como o referendo e a aprovação de outros poderes, consoante está exposto no artigo 84 de nossa Constituição. Como exemplo sugestivo, podemos citar uma convenção internacional que o Brasil tenha subscrito. É preciso ser um instrumento escrito e revestido de diversas outras formalidades. Além da observância das exigências, uma convenção internacional, assinada pelo Brasil, deverá ser aprovada pelo Poder Legislativo, ou, mais precisamente, pelo Congresso Nacional, pode meio de um decreto legislativo; precisa, ainda, ser promulgada por um decreto do Poder Executivo.

Consideram-se três tipos de atos internacionais:

– atos unilaterais;
– tratados (ou convenções) internacionais;
– atos emanados de organizações internacionais.

Antes de discorrer sobre esses atos, será conveniente estabelecer uma distinção prévia sobre eles. O ato unilateral, como o nome faz supor, é a manifestação de vontade de um só Estado. O tratado é a conjugação de vontade de dois ou mais Estados; será como um tipo de contrato, no plano nacional. O ato emanado de organizações internacionais apresenta elementos dos dois anteriores: é unilateral, por ser praticado por uma só pessoa, mas essa pessoa representa vários Estados.

4.2. Atos emanados de organizações internacionais

Um dos fatores que revolucionaram o Direito Internacional moderno foi a proliferação de organizações internacionais, entre as quais realça-se a ONU. Diversas outras organizações já existiam antes da ONU, mas, por serem regionais ou especializadas, não tinham grande expressão. Paulatinamente, porém, foram se avultando na sociedade internacional. Algumas organizações têm poderes legislativos: elaboram normas a serem seguidas pelos países. Os Estados-membros delegam a elas alguma parcela de seu poder individual, a fim de que sejam tutelados os interesses coletivos. Outras exercem controle sobre as atividades dos Estados, fazem mediação entre eles, atuando com funções judiciárias. Outras ainda desenvolvem funções políticas ou tecnológicas, enquanto outras, funções econômicas ou mercantis, como é o caso da OPEP, que constitui verdadeiro cartel do petróleo.

Exemplo sugestivo é o que ocorre na aviação comercial. Foram criadas duas organizações supervisoras do transporte aéreo internacional: o ICAO (*International Civil Aviation Organization*) e a IATA (*International Air Traffic Association*). O ICAO é um órgão oficial, constituído de países que tenham empresas de aviação comercial; suas decisões impõem-se aos países-membros, independentemente de ratificação por eles. A IATA é formada por empresas de aviação, sendo, pois, um órgão de Direito Internacional Privado, mas suas normas devem ser seguidas pelas empresas de aviação de todos os países.

O Estatuto da Corte Internacional de Justiça não inclui os atos emanados das organizações internacionais como fonte de direito, posto que só nos últimos anos eles se realçaram. Hoje, entretanto, a própria CIJ constitui-se em importante organização internacional, cujas decisões impõem-se e exercem profunda influência no mundo inteiro, obrigando países, já que é um órgão da ONU. A Câmara de Comércio Internacional – CCI, sediada em Paris, elabora normas que regulamentam operações econômicas a que se submetem os países, como por exemplo, os INCOTERMS e os Créditos Documentários.

Os atos praticados por essas organizações formaram então o elenco de atos internacionais, junto com os atos unilaterais e os tratados. Distinguem-se dos atos unilaterais, porquanto suas decisões independem de ratificação pelos Estados; os atos são votados pelos Estados, mas não assinados por eles. Os atos emanados de organizações internacionais apresentam dois tipos principais: regulamento interno e resoluções. O regulamento interno é o estatuto básico da organização e funcionamento de uma organização internacional, define seus poderes, sua estrutura, as condições para ingresso nela, os objetivos e modos de ação. Concerne, portanto, ao funcionamento interno da organização internacional.

As resoluções são medidas tomadas pela organização internacional com efeitos sobre os países-membros, que se obrigaram a aceitá-las desde o momento em que nela ingressaram. Como sugestivo modelo, podem ser citadas as resoluções do Conselho de Segurança ou da Assembleia-Geral da ONU, que produzem efeitos em todo o mundo. Há três tipos primordiais de resoluções, baseados no sistema de sanção e força obrigante: decisões, diretivas e recomendações. As decisões são dotadas de força obrigante e de sanções previstas na própria decisão. É o caso das decisões do Conselho de Segurança da ONU, segundo o artigo 42 da Carta das Nações Unidas. As diretivas são resoluções providas de força obrigante, mas deixam aos Estados-membros a faculdade de adotar os modos necessários à aplicação das decisões. Como exemplo, podemos fazer referência às diretivas adotadas pela União Europeia, previstas no artigo 184 do Tratado de Roma, de 1957. Este foi o tratado que criou a União Europeia. As "recomendações" não têm força obrigante nem preveem sanções, no caso de não serem observadas; tem o caráter de aconselhamento, de orientação. Muitas vezes, porém, produzem efeitos sobre os Estados-membros, posto que as recomendações visam ao interesse coletivo da comunidade internacional

4.3. Atos unilaterais

Os atos unilaterais são praticados por uma só pessoa, por uma só parte. Constituem declaração de vontade de um só Estado, criando para ele obrigações; geram, contudo, direitos para outras pessoas. Exemplo é a concessão de asilo político concedido pelo governo brasileiro ao destituído presidente do Paraguai. Corresponde o ato unilateral ao que, no plano interno, é chamado de "declaração unilateral de vontade", porém produz efeitos perante outros Estados. São os mais comuns: reconhecimento, protesto, notificação e renúncia.

O "reconhecimento" é o ato pelo qual um Estado acata o direito de outro Estado; atende a um pedido deste. É o que aconteceu recentemente quando o Brasil reconheceu como legítimo o novo governo argentino, resultando da eleição de sua presidenta. A Argentina comunicou a posse da presidenta e pediu seu reconhecimento, sento atendida.

O "protesto" é ato de sentido oposto ao do reconhecimento. Pelo protesto, um governo nega o direito ou a pretensão de outro. Manifesta sua não concordância com o ato praticado por outro Estado. Foi o que aconteceu quando a Argentina invadiu as Ilhas Malvinas. A Inglaterra lavrou seu protesto, alegando sua soberania sobre aquelas ilhas.

A "notificação" é a manifestação expressa e formal da vontade de um Estado; é um tipo de comunicação oficial. Pela notificação, um Estado emite sua opinião a respeito de problema ou ato de outro Estado.

A "renúncia" é o ato pelo qual um Estado abre mão de um direito.

Vamos citar alguns exemplos. Um país que deseje entrar em guerra contra outro, deverá fazer-lhe uma notificação, chamada "declaração de guerra". Deve também fazer outra notificação, chamada "ruptura de relações diplomáticas". Um outro exemplo pode ser indicado: se um país tomar conta de um território abandonado, uma *res nullius*, deverá dar notificação a todos os demais países. É também considerado ato jurídico o silêncio. Assim, se um país ocupa um território abandonado, notifica outros países e estes não protestam, interpreta-se como aprovado o ato. Aplica-se também no plano internacional o princípio do direito romano em vigor no plano nacional: *qui tacet cum loqui potuit e debuit consentire videtur* = quem cala quando deve e pode falar, parece consentir.

Os atos unilaterais praticados de forma continuada constituem o costume. Este aspecto é mais importante no plano internacional. No plano nacional, o costume é uma das fontes do direito, reconhecido na doutrina e pelo artigo 4º da Lei de Introdução ao Código Civil. Carece, porém, de menor importância no plano nacional, pois o direito interno é essencialmente legislado. No direito internacional, todavia, o costume é fonte primacial de direito, formando o direito consuetudinário.

4.4. Tratados internacionais

4.4.1. Conceito

O tratado internacional, ou convenção internacional, palavras de idêntico valor, é uma modalidade de ato jurídico internacional. Tendo-se em vista ser o tratado internacional um ato de importância cada vez maior e estar-se avolumando cada vez mais a celebração de tratados, somos obrigados a dedicar-lhe um estudo especial. Nota-se a alta consideração pelos tratados no direito brasileiro pela sua inclusão nos programas de estudo das faculdades de direito e nos concursos públicos. O tratado internacional é um acordo entre dois ou mais países; é um ato coletivo, em contraste com o unilateral, sendo este praticado por um só Estado. Pode ser bilateral ou plurilateral.

É chamado também de convenção, embora alguns juristas os considerem atos distintos, mas essa discriminação tende a desaparecer. Tratado ou convenção é um acordo, uma avença, celebrado por dois ou mais Estados, a fim de criar, modificar, resguardar ou extinguir direitos entre si, regidos pelo Direito Internacional. Resultam de declaração de vontade, dando vida a uma variedade numerosa de acordos, sobre as mais diversas situações jurídicas.

A terminologia aplicada no direito dos tratados é também rica, pois muitos atos formam o tratado, surgindo então, conforme o uso e circunstâncias, nomes vários, como tratado, convenção, protocolo, declaração, compromisso, troca de notas, estatuto, *modus vivendi*, e várias outras. Essa nomenclatura é utilizada sem normas fixas e sem preocupação de uniformidade, tanto que a Convenção de Viena sobre Tratados, de 1969, no artigo 2º, dá um conceito de tratado, reconhecendo seu conteúdo qualquer que seja sua denominação; como se trata de uma definição adotada oficialmente, é recomendável sua transcrição:

> *Pela expressão "tratado" entende-se um acordo internacional concluído por escrito entre Estados e regido pelo Direito Internacional, em um instrumento único ou em dois ou mais instrumentos conexos, qualquer que seja sua denominação particular.*

É, como se vê, um ato formal, como devem ser os atos jurídicos internacionais. Ao dizer "regido pelo Direito Internacional" refere-se principalmente à Convenção que lhe deu esse conceito, vale dizer, a Convenção de Viena sobre o Direito dos Tratados, de 1969.

4.4.2. As partes do tratado

Consideram-se tratados internacionais apenas os acordos firmados entre Estados soberanos, ou seja, pessoa jurídica de direito público externo. Não se inclui nesta categoria de ato jurídico um contrato celebrado entre um Estado e uma empresa privada. A Petrobrás, por exemplo, celebrou contrato com o Governo de Angola para a perfuração de poço de petróleo e da Bolívia para a exploração de gás; trata-se de contratos internacionais e não de tratados. Apenas são tratados os atos regidos pelo Direito Internacional; assim, um país estrangeiro adquire um imóvel em Brasília para instalar sua embaixada. É uma operação regida pelo direito interno do Brasil, que regula o contrato de compra e venda de imóveis; é apenas um contrato de compra e venda de imóvel, regido apenas pelo direito brasileiro. Não se pode nem ao menos dizer que seja um contrato internacional.

Necessário então que as partes sejam capazes, que sejam sujeitos de Direito Internacional Público, agindo nessa qualidade. Não será tratado um acordo entre dois países, para a construção de uma estrada de ferro, por não ser regido pelo Direito Internacional e os Estados estão agindo como empresários. Dois Estados da Comunidade Britânica celebram acordo entre si, ou com a Coroa; agem como membros de uma comunidade restrita, sem vinculação com a comunidade internacional e com o Direito Internacional: não é, pois, um tratado. Por outro lado, pode-se considerar tratado, o Acordo de Latrão, firmado entre a Itália e a Santa Sé, por ter sido esta considerada como pessoa jurídica de direito público internacional.

Perante o moderno Direito Internacional, entretanto, não só os Estados possuem essa capacidade, mas também organizações internacionais. A própria Convenção de Viena foi promovida pela ONU. É sintoma da soberania dos Estados a faculdade de poder firmar compromissos de caráter internacional, mas têm eles, todavia, também a faculdade de delegar parte dessa soberania a organização internacional. Foi o que aconteceu na Guerra do Golfo Pérsico, em que a ONU agiu como representante de países intervenientes na guerra contra o Iraque.

4.4.3. Classificação dos tratados internacionais

A classificação dos tratados internacionais se faz sob diversos prismas. Quanto ao número de pessoas, pode ele ser bilateral ou plurilateral, segundo sejam dois ou mais os signatários do tratado.

São "fechados" quando só fizerem parte deles os celebrantes originais, e "abertos" quando forem suscetíveis de adesão por outros Estados.

Quanto à matéria do tratado, ou seu objetivo, pode ser militar, civil, empresarial, cultural, econômico, administrativo, de arbitragem e tantos outros. Casos típicos de tratados militares são os que instituíram a OTAN – Organização do Tratado do Atlântico Norte e o pacto de Varsóvia, que tanta influência exerceram nos tempos da "guerra fria", entre os EUA e a antiga União Soviética. Tratado econômico de magna importância para nós foi o de Assunção, criando o Mercosul. São trabalhistas as numerosas convenções promovidas pela OIT, cujo estudo faremos à parte.

A classificação mais importante dos tratados internacionais é a que visa a sua natureza jurídica; classificam-se assim em dois tipos primordiais: tratado-contrato e tratado-lei.

Os tratados-contratos são os que possuem as características de um contrato interno; visam à conciliação de interesses conflitantes entre as partes. Geralmente são bilaterais. Por exemplo, um tratado entre Brasil e Argentina para estabelecer um sistema de trocas de mercadorias (*countertrade*), de banana por trigo. O Brasil é um grande produtor de bananas e a Argentina é uma grande consumidora dessa fruta. A Argentina, por sua vez, é grande produtora de trigo e o Brasil consumidor desse cereal. Vê-se, pois, que os dois países têm interesses conflitantes: um quer o que não tem. As partes colimam fins diferentes e opostos. São geralmente bilaterais ou com poucos intervenientes, pois é muito difícil conciliar interesses conflitantes de muitos Estados. São normalmente desse tipo os tratados comerciais, os que versam sobre estabelecimento de fronteiras, de aliança e outros.

O tratado-lei visa a objetivos comuns das partes intervenientes e não tem interesses conflitantes. Edita como norma de direito objetivamente válida. Assim, o tratado que criou a OPEP – Organização dos Países Exportadores de Petróleo. Os países signatários visavam todos ao mesmo objetivo: controlar o comércio internacional de petróleo. Normalmente é estabelecido por vários países; foi o caso da Convenção de Genebra para o estabelecimento da LUG (Lei Uniforme de Genebra), que regulamenta a Letra de Câmbio e a Nota Promissória. Para a adoção dessa lei, os países interessados reuniram-se numa conferência: todos colimavam o mesmo fim. Outro exemplo, foram as convenções que criaram a ONU, a União Europeia e o MERCOSUL.

Um aspecto que também diferencia o tratado-contrato de um tratado-lei é o local em que ambos são celebrados, embora nem sempre coincida esse aspecto. Via de regra, o tratado-contrato é negociado e celebrado na capital de um dos dois países celebrantes, em negociações restritas e, às vezes, secretas. O tratado-lei, por ser firmado entre muitos países, processa-se em qualquer cidade e suas reuniões são públicas. Muitos tratados-leis foram celebrados nas cidades de Haia (Holanda), Genebra (Suíça) e Viena (Áustria). Não existem razões jurídicas para a escolha dessas cidades; talvez porque se situa em Haia a Academia de Direito Internacional, e Genebra, por estar situada em país de tradicional neutralidade, ante os grupos políticos mundiais e numa região de idioma francês, praticamente o idioma oficial do Direito Internacional. As convenções sobre Direito do Trabalho lá são realizadas comumente, por estar nessa cidade a sede da OIT – Organização Internacional do Trabalho.

4.4.4. Vigência e aplicação do tratado

Os tratados criam direitos e obrigações exclusivamente para os participantes, sejam os que celebraram, sejam os que tenham dado adesão posteriormente. É um princípio de Direito Internacional. Para os países-partes, a eficácia normativa do tratado revela-se no momento da assinatura num tratado bilateral, ou da convenção que o estabeleceu. Em outros casos, dependerá de ratificação. Assim, por exemplo, a Convenção de Viena sobre Direito dos Tratados foi concluída em 23.5.1969, desde esse dia passou a vigorar para os países convencionados, inclusive o Brasil. Comumente, o próprio tratado traz em uma de suas últimas cláusulas o momento em que entrará em vigor.

Casos há, porém, em que um Estado participe de um tratado pela adesão; valerá para ele a data em que aderiu. A adesão é ato unilateral de um Estado não participante da conclusão de um tratado, mas concretiza sua vontade de aderir a ele. A organização internacional promotora do tratado encarrega-se então de comunicar essa adesão aos demais participantes. Segundo o artigo 15 da Convenção sobre o Direito dos Tratados, realizada em Viena, de 1969, necessário se torna que o tratado seja do tipo "aberto", ou seja, nele conste a "cláusula de adesão".

Casos raros existem em que um estado venha a obrigar Estados não participantes. É quando regulamenta um costume internacional já consagrado, ou um princípio jurídico aceito universalmente. É o que acontece com os tratados plurilaterais que formulam normas de direito humanitário já sedimentadas na sociedade internacional, como a Convenção de Genebra de 1925, proibindo o emprego de gases asfixiantes, tóxicos e similares em caso de guerra, ou de armas bacteriológicas. A vigência de um tratado cessa para um país em certos casos. É ele soberano para participar de um tratado, como é soberano para dele afastar-se. Se assim quiser manifestar-se unilateralmente, poderá retirar-se pela "denúncia". A maioria dos tratados comportam esse meio de retirada, que se opera por um ato jurídico internacional unilateral: a manifestação de vontade de uma parte à outra.

A cláusula de denúncia deve ser prevista na convenção e estabelece a modalidade de forma e de tempo que deve acompanhar o exercício dessa faculdade. A denúncia realiza-se pela notificação, manifestando a vontade de cancelar o compromisso. Essa notificação é um pré-aviso, dando um prazo a que haja manifestação das partes convencionantes. Decorrido esse prazo, o Estado aceita a denúncia, não mais está o Estado denunciante aos efeitos do tratado.

Cessa a vigência do tratado pela sua extinção, para a qual várias causas são previstas. Se o tratado for estipulado por tempo determinado, extingue-se com a expiração do prazo, salvo se for renovado ou prorrogado por mais um período, não se exigindo formalidades para que o fim do prazo produza automaticamente seus efeitos. Se for concluído sob condição resolutiva, extingue-se no momento em que ela se realiza. Se o tratado for por tempo indeterminado, ou seu período ainda não venceu, poderá ser extinto por mútuo concurso das partes, declarando-o extinto, ou substituindo-o por outro.

Se for tratado bilateral, a denúncia o extingue, como é natural. É possível ainda que se extinga um Estado componente do tratado, a menos que haja sucessão de um Estado por outro. No mais, aplicam-se as causas da perda de eficácia dos tratados, observadas quanto aos plurilaterais.

Para ambos, porém, há causas discutíveis e excepcionais para provocar a invalidade dos tratados. É a hipótese da admissibilidade da extinção de um tratado em vista da superveniência de condições de fato substancialmente diversas daquelas que tenham servido de fontes ao tratado. Trata-se de considerar nos tratados internacionais a teoria da cláusula *rebus sic standibus*. Esta cláusula deve ser prevista no tratado para que possa ser invocada, mas o artigo 62 da Convenção de Viena aceita-a em casos excepcionais e bem definidos, com três elementos claramente observados.

Tomemos por exemplo um tratado para o combate à AIDS, firmado por vários países, obrigando-os ao pagamento de um contribuição anual e a adotar exame médico para todas as pessoas que entrem ou saiam de seu território. Entretanto, encontrou-se um processo de cura dessa doença e ela foi extirpada. O objetivo do tratado tornou-se inócuo, dando base a qualquer Estado para denunciá-lo por propor sua extinção, que não se opera, porém, automaticamente.

Vejamos como os requisitos fáticos da cláusula *rebus sic standibus* encontram-se presentes em casos como esse. O primeiro é o de que o tratado foi celebrado quando as circunstâncias eram contemporâneas a sua celebração e foi fato determinante dela. Foi a propagação da AIDS a condição que mais influiu na manifestação de vontade dos países pactuantes para que o tratado tivesse vida. O segundo requisito é o de que as mudanças nas condições sejam fundamentais, de tal forma, que afetem profundamente a eficácia do tratado. Este requisito está presente na hipótese aventada, pois a presença e a posterior ausência da causa do tratado são condições que fulminam a validade dele. O terceiro requisito da *rebus sic standibus* é a imprevisibilidade das novas condições; se estas seriam de esperar, próprio tratado deveria prever a solução. Ocorre, assim, a impossibilidade da execução de um tratado. É o caso do tratado de paz com Alemanha, Itália e Japão, para unirem-se na última guerra mundial; foi celebrado em 1945, quando muitos países estavam em guerra. Há sessenta anos, porém, esses países estão em paz. Para que serve então esse tratado?

Em resumo, o artigo da Convenção de Viena restringe a invocação do princípio *rebus sic standibus* para a denúncia de tratados. Esse princípio aplica-se quando, por fatores externos e aleatórios, as circunstâncias modificam-se de tal modo que as obrigações não mais poderão ser cumpridas. Perante a Convenção de Viena, uma mudança fundamental das circunstâncias que tenha sucedido àquelas existentes no momento da conclusão de um tratado, e que não foi prevista pelas partes, não pode ser invocada como causa da terminação ou de retirada do tratado.

Há, todavia, duas exceções:

a) que a existência dessas constitua base essencial do consentimento das partes em se obrigarem pelo tratado:

b) essa mudança tenha por efeito transformar radicalmente o alcance das obrigações que ainda devam ser cumpridas em virtude do tratado.

Vamos citar mais um exemplo, desta vez não hipotético, mas real, de aplicação do princípio *rebus sic standibus*. Durante a última guerra mundial (1939-1945), o Brasil celebrou tratado bilateral com os Estados Unidos da América, pelo qual os EUA construíram uma base aérea em Natal, para que seus aviões pudessem fazer escala para as operações de guerra no norte da África, contra a Alemanha. Terminada a guerra, em 1945, o Brasil denunciou a Convenção e pediu a incorporação da base aérea ao patrimônio brasileiro. Fundamentou a denúncia, alegando que houve modificação profunda e essencial no conjunto de circunstâncias que tinham ditado a celebração do tratado.

Não constitui motivo para denúncia de um tratado o rompimento de relações diplomáticas ou consulares entre Estados-membros nem mesmo um possível estado de beligerância. Por exemplo, a Convenção de Genebra sobre a Letra e Câmbio e a Nota Promissória foi estabelecida poucos anos antes da Grande Guerra e diversos países convencionados entraram na guerra; nenhum deles, porém, denunciou a Convenção.

O tratado só terá validade se não afrontar o Direito Internacional. O artigo 53 declara ser nulo o tratado que, na época de sua conclusão, esteja em conflito com uma norma imperativa de direito internacional (*jus cogens*). Uma norma imperativa de direito internacional geral é aceita e reconhecida como uma norma da qual não se admite derrogação e que só pode ser modificada por uma nova norma de direito internacional. Se aparecer uma nova norma imperativa de direito internacional (*jus cogens*), qualquer tratado existente que estiver em conflito com essa norma torna-se nulo e termina. Assim, um tratado estabelecido sobre determinada questão revoga outros que tratem da mesma questão, a fim de que não haja sobreposição e conflito de normas jurídicas sobre o mesmo assunto. Aliás, esse princípio expresso no artigo 64 da Convenção de Viena está também previsto na legislação interna de todos os países como está presente no artigo 2º da Lei de Introdução ao Código Civil:

> *A lei posterior revoga a lei anterior, quando expressamente o declare, quando seja com ela incompatível ou quando regule inteiramente a matéria de que tratava a lei anterior.*

Um Estado poderá invocar a nulidade de um tratado se notar nele a existência de grave "vício de consentimento", ou seja, defeitos fundamentais de ato jurídico, que deturpe a vontade do agente. Nosso novo Código Civil, de 2002, descreve nos artigos 138 a 165 os defeitos dos negócios jurídicos, apontando seis tipos dc vícios: erro ou ignorância, dolo, coação, estado de perigo, lesão, fraude contra credores. São mais ou menos os mesmos previstos na Convenção de Viena, que também aponta o vício de "corrupção de representante de um Estado".

Em correlação com um contrato, aplica-se também a um tratado o princípio da *exceptio non adimpleti contractus*. Uma violação substancial de um tratado bilateral, por uma das partes, dá o direito a outra parte de invocar a violação como causa de terminação ou suspensão da aplicação do tratado, total ou parcialmente. Tratando-se de tratado multilateral, a violação por uma das partes dá as outras o direito de adotar sanções contra o ofensor.

4.4.5. Validade do tratado no plano interno

O tratado internacional produz o efeito de obrigar as partes contraentes como tais, vale dizer, como pessoa jurídica de direito público internacional. Da estipulação de um tratado não implica que suas normas sejam obrigatórias também para os cidadãos pertencentes aos Estados conveniados, pessoas de direito privado interno, seja pessoa física ou jurídica. Há, pois, separação entre o ordenamento jurídico nacional e internacional e um princípio às vezes contestado, mas doutrinariamente já instituído, contra a teoria do monismo dos ordenamentos nacional e internacional. Se o Brasil celebrar tratados com outros países, o acordo obriga o Brasil, e não os brasileiros.

Todavia, muitos tratados internacionais afetam os cidadãos de um país convencionado, implicando uma execução interna. É a hipótese de um acordo sobre as tarifas aduaneiras; os cidadãos devem pagar esses gravames de acordo com as bases do tratado internacional, embora não o conheçam. Impõem assim a incorporação de um tratado no sistema jurídico nacional; fica o Estado compromissado a adaptar suas normas internas às normas do tratado.

Cada país tem seu sistema legislativo de "recepção" do Direito Internacional, incorporando-o ao seu direito. No Brasil, essa incorporação processa-se por dois decretos. Primeiramente, há necessidade de ser o tratado internacional aprovado pelo Congresso Nacional, graças a um decreto legislativo. Em seguida, deverá o tratado ser promulgado por um decreto do Poder Executivo.

Foi o que aconteceu com a Convenção de Genebra para a adoção de uma lei uniforme em matéria de letras de câmbio e de notas promissórias. Essa convenção foi realizada em 1930, e o Brasil a ela aderiu em 1942. Obrigou-se o Brasil a observar a LUG (Lei Uniforme de Genebra) no plano internacional, mas os brasileiros não se compromissaram a aplicá-la internamente. Entretanto, essa convenção foi aprovada pelo Poder Legislativo por meio do Decreto Legislativo e o Poder Executivo promulgou-a pelo Decreto 57.663/66, transformando-o em lei nacional. Assim sendo, passou a ser a LUG a lei que regulamenta a letra de câmbio e a nota promissória no Brasil. Acontece o mesmo com muitas outras convenções internacionais, transformadas em normas jurídicas brasileiras.

4.4.6. A Convenção sobre o Direito dos Tratados

Temos invocado amiúde a Convenção sobre o Direito dos Tratados, celebrada em Viena (Áustria), em 1969, estabelecendo normas a respeito dos tratados internacionais. É a lei básica a esse respeito. Essa convenção representa o coroamento de vários anos de estudos e de trabalhos preparatórios elaborados pela Comissão de Direito Internacional da ONU. Por ter sido promovida pela ONU, ser relativamente recente e participar dela grande número de países, constitui norma da ONU e necessário se torna seu seguimento, caso um tratado tenha que ser registrado na ONU, ou seja, invocado perante ela.

Essa convenção compõe-se de um preâmbulo de 85 artigos e de uma alegação final. Os 85 artigos constituem oito capítulos, dos quais faremos breve menção:

I — (arts. 1 a 5) — Contêm as normas que fixam a esfera de aplicação da Convenção e definem o significado dos termos empregados. Declara ainda a irretroatividade dessa convenção.

II — (arts. 6 a 25) — Cuidam da entrada em vigor dos tratados, de sua elaboração e das formas de manifestação do consentimento.

III — (arts. 26 a 38) — Referem-se à obrigatoriedade, aplicação e interpretação dos tratados, inclusive no que tange à criação de direitos e obrigações para terceiros Estados.

IV — (arts. 42 a 72) — Ocupam-se da finalidade, extinção e suspensão da eficácia dos tratados, os possíveis vícios que possam afetar a validade de um tratado.

VI — (arts. 73 a 75) — Regulam algumas questões particulares referentes à aplicabilidade da Convenção, como os casos de sucessão de Estados, de possível situação de beligerância entre eles.

VII — (arts. 76 a 80) — Trazem as normas concernentes à correção de erros no texto dos tratados, o depósito, a notificação e a comunicação de atos inerentes à conclusão e à vida dos tratados, ao registro e à publicação.

VIII — (arts. 81 a 85) — Contêm as disposições finais aplicáveis aos acordos multilaterais, como a assinatura, a adesão, a ratificação e o depósito desse tratado na ONU.

4.4.7. Condições de validade do tratado

O art. 104 de nosso Código Civil prevê algumas condições para a validade de um negócio jurídico; necessário que tenha objeto lícito, pois se ele se contrapõe à lei, não será ato jurídico, mas ato ilícito. Outra condição é requerer agente capaz, isto é, que o mesmo seja praticado por pessoa apta a fazê-lo.

O aspecto subjetivo mais importante de um ato jurídico é que ele contenha uma manifestação de vontade, consubstanciada num consentimento. Alguns afirmam que o objeto de um ato jurídico, para ser lícito, tem que ser possível, pois impor um encargo impossível de ser cumprido afronta o direito, por constituir uma coação; assim como um contrato que impõe a uma parte extrair leite de pedra.

Estendendo esse critério para o plano internacional, encontraremos os mesmos pressupostos para os tratados, reconhecidos inclusive pela Convenção de Viena, em número de quatro.

— capacidade das partes;
— competência dos representantes;
— consentimento mútuo;
— objeto lícito e possível.

Diz o art. 6° que todo Estado tem capacidade para concluir tratados. No mundo moderno, contudo, não só Estados possuem tal capacidade, mas também organizações internacionais. A própria Convenção de Viena foi promovida pela ONU. É sintoma da soberania dos Estados a faculdade de poder firmar compromissos de caráter internacional. Têm eles, todavia, também a faculdade de delegar parte dessa soberania a uma organização internacional.

Tendo um Estado capacidade para firmar tratados, é preciso que essa capacidade seja outorgada a seu representante legal. O art. 84 da Constituição Federal confere competência privativa ao Presidente da República para firmar tratados, mas ele poderá delegá-la a outras pessoas, mormente ao Ministro das Relações Exteriores.

Já foi dito que um ato jurídico internacional só pode ser praticado por pessoa jurídica de direito público externo. Sendo pessoa jurídica, precisa ela, numa convenção, estar representada por pessoa física com poderes legais para representar a pessoa coletiva. O art. 1º denomina "plenos poderes" a essa delegação, esclarecendo que "plenos poderes" significa um documento expedido pela autoridade competente de um Estado e pelo qual são designadas uma ou várias pessoas para representar um Estado para a negociação, a adoção ou a autenticação do texto de um tratado, para exprimir o consentimento do Estado em obrigar-se por um tratado ou para praticar qualquer outro ato relativo a um tratado.

Naturalmente, o Chefe de Estado não precisa apresentar o documento de plenos poderes, pois eles são inerentes ao seu cargo; é o Chefe de Estado que transfere tais poderes a outrem. Os poderes dos representantes estão previstos no art. 7º. Se um Estado estiver representado num tratado por pessoa incompetente, ele será nulo *pleno jure*, ao teor do art. 8º.

O consentimento é a manifestação da vontade do Estado, que deve ser límpida, categórica, inequívoca, indubitável. Não pode ser eivada dos vícios previstos pela própria convenção: erro, dolo, coação e corrupção do representante de outro Estado. O consentimento de um Estado em obrigar-se por um tratado por ser manifestado pela assinatura, troca de instrumentos que constituem o tratado, ratificação, aceitação, aprovação ou adesão, ou por quaisquer outros meios, se assim for acordado.

Quanto ao quarto requisito, o de ter o tratado objeto lícito e possível, é o que já falamos, que o tratado só terá validade se não afrontar o Direito Internacional, suas normas imperativas (*jus cogens*). O objeto possível é condição difícil de ser infringida, pois vários países não iriam convocar reunião para estabelecer compromisso impossível de ser cumprido.

Questiona-se quanto ao formalismo do tratado: se é um ato jurídico formal ou informal. Sendo ato praticado por Estados soberanos entre si, o tratado é um ato informal, pois ninguém pode impor a eles qualquer formalidade na sua forma de praticar um ato jurídico. Todavia, a Convenção de Viena diz que o tratado deve ser escrito e esse requisito já é uma formalidade. Ninguém obriga um Estado a seguir a Convenção de Viena, mas se ele quiser registrar um tratado na ONU e invocá-lo perante ela, deverá, então, ater-se à forma prescrita nos acordos internacionais.

4.4.8. Interpretação dos tratados

Aplica-se a todo tratado o princípio já tradicionalmente adotado do *pacta sunt servanda*: todo tratado em vigor obriga as partes e deve ser cumprido por elas de boa-fé. Há ainda uma discriminação entre o direito nacional e o internacional, predominando o primeiro. Poderá um país aplicar um tratado internacional no seu plano interno, transformando suas disposições em lei nacional. Por outro lado, não pode invocar as disposições de seu direito interno para justificar o descumprimento de um tratado.

Vigora nos tratados internacionais o princípio da irretroatividade, não podendo suas disposições obrigar um país em relação a um ato ou fato anterior ou a uma situação que deixou de existir antes da entrada em vigor do tratado em relação a essa parte. Salvo, porém, algum artigo em contrário, pois os Estados são livres para decidir.

Um tratado deve ser interpretado de boa-fé, segundo, o sentido comum de seu contexto e à luz de seu objeto e finalidade. Essa interpretação se faz de todo o seu contexto, ou seja, o texto de seus artigos e mais o preâmbulo e os anexos. A própria Convenção de Viena traz um preâmbulo retratando seu objetivo, causas da convenção, os princípios que a regem e a proposta de se criar um direito dos tratados. Como anexos do tratado, incluem-se outros acordos posteriormente celebrados à sombra dele próprio, relativos à sua interpretação ou à aplicação de sua disposições. Podem ser utilizados meios suplementares de interpretação, em particular aos trabalhos preparatórios do tratado e às circunstâncias de sua conclusão. A interpretação do tratado é feita pelo seu texto original, geralmente em francês, que prevalece sobre as demais versões.

Também na interpretação dos tratados aplica-se o princípio de *pacta sunt servand*, que está expresso no art. 26 da Convenção de Viena:

> *Todo tratado obriga as partes e deve ser executado por elas de boa-fé.*

5. ARBITRAGEM – A SOLUÇÃO PACÍFICA DE CONTROVÉRSIAS

5.1. Conceito e características da arbitragem

5.2. Tipos de arbitragem

5.3. A Convenção do Panamá

5.4. A Lei 9.307/96 – Lei da Arbitragem

5.5. A sentença arbitral

5.6. Os árbitros

5.7. Execução de sentenças arbitrais estrangeiras

5.8. Regulamentação internacional

5.9. O Barão de Rio Branco

5.10. A Corte Permanente de Arbitragem

5.1. Conceito e características da arbitragem

A arbitragem é um sistema de solução pacífica de controvérsias internacionais e nacionais, rápido e discreto, quer de direito público, quer de privado. Consiste na criação de um julgador não pertencente à jurisdição normal, escolhido pelas partes conflitantes, para dirimir divergências entre elas. É a escolha de um juiz não togado, ou de um tribunal constituído de desembargadores, mas de advogados avulsos ou pessoas consideradas como capazes de conhecer e decidir uma questão que esteja prestes a ser submetida à Justiça.

A Constituição de 1988 consagra, no artigo 4º, que o Brasil se rege, nas suas relações internacionais, por vários princípios, apontando no inciso VII a solução pacífica de conflitos, como a mediação, as negociações, o recurso à Corte Internacional de Justiça – CIJ, mas a primordial maneira de solução final de conflitos é a arbitragem.

O Brasil, desde o início como nação independente, recorreu à arbitragem para a solução de seus litígios com outros países. Começou com nosso desmembramento do Império Lusitano, criando vários conflitos com Portugal. Decidiram ambos os países submeter as suas questões ao julgamento arbitral de outros países, solucionando todas elas. O Brasil, por sua vez, já atuou como árbitro na solução de conflitos entre outros países. Apresentamos várias passagens em nossa história em que a arbitragem solucionou nossos problemas; aliás, não só o Brasil recorreu à arbitragem, mas inúmeros outros países, até mesmo na Idade Média ou na Antiguidade. Os principais deles dizem respeito às nossas fronteiras, como o território do Acre, que pertencia à Bolívia. Um tribunal arbitral, presidido pelo Núncio Apostólico no Brasil (representante do Vaticano), decidiu em favor do Brasil, e o Acre foi adicionado ao nosso território.

Em 1863, o embaixador da Inglaterra no Brasil, William Christie, criou vários conflitos com o governo brasileiro. Os dois Estados submeteram essa questão chamada de "Questão Christie", à solução arbitral do rei Leopoldo da Bélgica, que decidiu a favor do Brasil. Houve questões de limites entre o Brasil e Argentina, resolvidas pelo Presidente Cleveland dos EUA a favor do Brasil; a fronteira do Amapá e a Guiana Francesa, resolvida pelo conselho presidido pelo Presidente da Suíça, que também decidiu a favor do Brasil. O Brasil só não foi vitorioso na arbitragem, em 1904, na questão dos limites com a Guiana Inglesa, que foi decidida contra nosso país pelo rei da Itália, Vittorio Emmanuel. Consta que a coletividade italiana de São Paulo enforcou na Praça da República um boneco simbolizando o rei da Itália.

Por outro lado, se o Brasil se submeteu a arbitragens, também funcionou como árbitro na solução de controvérsias entre outras nações. Um litígio entre EUA e Inglaterra a respeito do navio Alabama foi submetido a um tribunal arbitral de que o Brasil fez parte. O Brasil ainda participou do julgamento arbitral numa questão entre EUA e Inglaterra sobre o mar de Bhering, e também numa questão entre Argentina e Chile sobre fronteiras entre os dois países.

A arbitragem tem várias características abaixo relevadas:

A – é estabelecida pelo acordo das partes e elas são quem definem o objeto do litígio e o direito aplicável a ele;

B – a entrega da solução do litígio aos árbitros livremente escolhidos pelas partes;

C – compromisso das partes para o acatamento da decisão arbitral, segundo o princípio *pacta sunt servanda*;

D – podem as partes estabelecer um prazo para a sentença arbitral.

5.2. Tipos de arbitragem

Dois tipos de arbitragem distinguem-se: a voluntária ou facultativa e a permanente ou obrigatória. A arbitragem voluntária ou facultativa surge de compromisso entre as partes, para a solução de um problema que já surgiu. Não há um acordo anterior entre as partes, pois o problema não foi previsto. A convenção arbitral para a instauração desse tipo de julgamento é chamada de "compromisso". É também chamada de arbitragem *ad hoc*, por ser criado um juízo arbitral para aquele caso.

A arbitragem permanente ou obrigatória decorre de um ajuste prévio entre as partes, prevendo que, se houver divergência entre elas, será submetida à solução arbitral. Já são previstos os potenciais problemas a resolver, razão pela qual o acordo antecede a eles, ao contrário da arbitragem voluntária, em que o acordo surge após os problemas a serem resolvidos. O acordo ou convenção entre as partes para a instauração desse tipo de arbitragem é chamado de "cláusula compromissória", visto ser uma cláusula inserida num contrato.

Sob o ponto de vista do poder judicante, ou seja, do árbitro, pode ser a arbitragem por um juízo específico, também chamado *ad hoc*, ou por tribunal permanente. A arbitragem *ad hoc* realiza-se por árbitros designados para julgar especificamente uma questão; são árbitros efêmeros e serão liberados após o julgamento, vale dizer, o tribunal se extingue no momento em que julgar a questão.

A arbitragem realizada por tribunal permanente utiliza-se de organismos estáveis, que não dependem de uma só questão. O principal deles é a Corte Permanente de Arbitragem, criada em 1899, e sediada em Haia (Holanda). Importante também é a Comissão Interamericana de Arbitragem Comercial – CIAC, criada em 1933, com sede em Bogotá (Colômbia). Esses organismos resolvem pendências entre países, sendo pois entidades de Direito Internacional Público.

No que tange à arbitragem aplicada no âmbito do Direito Internacional privado, vários órgãos internacionais se realçam, entre os quais a *Corte Internacional de Arbitragem*, pertencente à *Câmara de Comércio Internacional*, sediada em Paris.

No âmbito brasileiro, a arbitragem teve notável impulso a partir de 1996, devido à promulgação da Lei 9.307/96, chamada Lei da Arbitragem, ou Lei Marco Maciel, em homenagem ao então Vice-Presidente da República, que coordenou a campanha pela nova regulamentação dada à arbitragem. Surgiram numerosos tribunais arbitrais, hoje em número superior a duzentos, principalmente para a resolução de divergências empresariais, como é o caso da *Arbitragio – Câmara de Mediação e Arbitragem em Relações Negociais* e várias instituições específicas, como a Associação Brasileira de Arbitragem – ABAR, o CONIMA – Conselho Nacional das Instituições de Mediação e Arbitragem, e o Comitê Brasileiro de Arbitragem. Antes mesmo da Lei da Arbitragem, as câmaras de comércio já utilizavam a arbitragem, bem como as bolsas, como a Bolsa de Valores Mobiliários, a Bolsa de Cereais, a Bolsa de Mercadorias e a Bolsa de Futuros.

5.3. A Convenção do Panamá

Resta-nos falar sobre a arbitragem tal como está no nosso direito. Embora estejamos tratando de questão internacional, não será fora de propósito falar sobre a aplicação de um instituto internacional no Brasil e como se introduziu no nosso direito. A arbitragem nunca foi estranha ao direito brasileiro e constava no antigo e revogado Código Comercial, que era de 1850, no Código Civil de 1916 e nas diversas versões do Código de Processo Civil. Todavia, as disposições do Código Civil e do Código de Processo Civil foram revogadas pela Lei da Arbitragem em 1996. Esta Lei introduziu também algumas modificações no Código de Processo Civil. O Código Civil de 2002 não prevê a arbitragem, por ter sido posterior à lei específica.

A arbitragem passou a ter regulamentação própria graças a uma lei específica de 24.9.1996, a Lei 9.307/96. Esta lei eliminou certos entraves do Código Civil e do Código de Processo Civil, responsáveis pela dificuldade de adoção da arbitragem entre nós. O novo direito brasileiro sobre a arbitragem iniciou-se, porém, com o Decreto legislativo 90, de 6.6.95, aprovando o texto da CONVENÇÃO INTERAMERICANA SOBRE ARBITRAGEM COMERCIAL INTERNACIONAL, concluída em 30.1.75, na cidade do Panamá.

A Convenção do Panamá passou a fazer parte de nosso direito com o Decreto Legislativo 90/95 e sua promulgação pelo Decreto 1.902/96. Como foi promovida pela OEA – Organização dos Estados Americanos, vigora para todos os países da América. Segundo o artigo 1º dessa Convenção Interamericana sobre Arbitragem Comercial Internacional, é válido o acordo das partes, em virtude do qual se obrigam a submeter à decisão arbitral as divergências que possam surgir ou que tenham surgido entre elas com relação a um negócio de natureza mercantil. O respectivo acordo constará de documento assinado pelas partes, ou troca de cartas, telegramas ou comunicações por telex.

Há liberdade das partes para a escolha dos árbitros. A nomeação dos árbitros será feita na forma em que convierem as partes. Sua designação poderá ser delegada a um terceiro, seja pessoa física ou jurídica. Os árbitros poderão ser nacionais ou estrangeiros. Não ficou preceituado que haja um ou mais árbitros no juízo, razão pela qual se subentende ter ficado a critério das partes fixar o número de árbitros.

O direito a ser aplicado também será resolvido pelas partes. Na falta de acordo expresso entre elas, a arbitragem será efetuada de acordo com as normas de procedimento da Comissão Interamericana de Arbitragem Comercial.

O ponto de maior importância no que tange à arbitragem não foi descurado pela Convenção: a força executiva das decisões arbitrais. As sentenças ou laudos arbitrais são impugnáveis segundo a lei ou nas normas processuais aplicáveis terão força de sentença judicial definitiva. Sua execução ou reconhecimento poderá ser exigido da mesma maneira que a das sentenças proferidas por tribunais ordinários nacionais ou estrangeiros, segundo as leis processuais do país em que forem executadas e o que for estabelecido a tal respeito por tratados internacionais.

Poderá, entretanto, haver impugnação pela parte contra a qual será executada a sentença arbitral, mas essa impugnação terá fundamentos restringidos pela Convenção. Somente poderão ser denegados o reconhecimento e a execução da sentença, por solicitação da parte contra a qual for invocada, se esta provar perante a autoridade competente do Estado, em que forem pedidos o reconhecimento e a execução, as seguintes falhas:

A – que as partes no acordo estavam sujeitas a alguma incapacidade da lei que lhes é aplicável, ou que tal acordo não é válido perante a lei a que as partes o tenham submetido, ou se nada tiver sido indicado a esse respeito, em virtude da lei do país em que tenha sido proferida a sentença;

B – que a parte contra a qual se invocar a sentença arbitral não foi devidamente notificada da designação do árbitro ou do processo de arbitragem ou não pôde, por qualquer outra razão, fazer valer seus meios de defesa;

C – que a sentença se refere a uma divergência não prevista no acordo das partes de submissão ao processo arbitral; não obstante, se as disposições da sentença que se referem às questões submetidas à arbitragem puderem ser isoladas das que não foram submetidas a ela, poderá ser dado reconhecimento e execução às primeiras;

D – que a constituição do tribunal ou o processo arbitral não se ajustaram ao acordo celebrado entre as partes ou, na falta de tal acordo, que a constituição do tribunal arbitral ou o processo arbitral não se ajustaram à lei do Estado onde se efetuou a arbitragem.

E – que a sentença ainda não é obrigatória para as partes ou foi anulada ou suspensa por uma autoridade competente do Estado onde a mesma foi proferida, ou de conformidade com a lei.

Pode-se, também, denegar o reconhecimento e a execução de uma sentença arbitral, se a autoridade competente do Estado em que se pedir o reconhecimento e a execução comprovar:

A – que, segundo a lei desse Estado, o objeto da divergência não é suscetível de solução por meio de arbitragem;

B – que o reconhecimento ou a execução da sentença seriam contrários à ordem pública do mesmo Estado.

Pelo que se nota, a Convenção incorporou os princípios mais evidentes da arbitragem internacional. Por outro lado, essa Convenção delimita a aplicação da arbitragem a questões entre empresas, ou como ela chama, de "natureza mercantil". Em segundo lugar, é prevista apenas para contratos internacionais, ou questões internacionais afora os contratos. Como não previu a Convenção a maneira de se considerar um contrato como internacional, essa classificação poderá seguir os critérios do estatuto da Comissão Interamericana de Arbitragem Comercial – CIAC e demais manifestações do Direito Internacional. Como exemplo, podemos considerar internacional o contrato a que seja aplicado o direito de dois ou mais países, vale dizer, um contrato vinculado a vários sistemas jurídicos. Outro critério seria o de considerar internacional o que contar com partes domiciliadas em vários países ou houver moedas diferentes.

Assim, como características da Convenção, encontraremos os seguintes:

1. aplica-se apenas a questões empresariais internacionais;
2. os árbitros são escolhidos pelas partes;
3. o direito aplicável também é escolhido pelas partes;
4. as sentenças são irrecorríveis no tocante ao mérito;
5. as controvérsias submetidas à arbitragem podem já ter sido instauradas, ou que venham a acontecer.

Repetimos que a Convenção do Panamá transformou-se em lei nacional, ao ser aprovada pelo Decreto Legislativo 90/96 e promulgada pelo Decreto 1.902/96.

5.4. A Lei 9.307/96 – Lei da Arbitragem

As normas internacionais sobre a arbitragem, consagradas na Convenção do Panamá, ingressaram no Brasil por meio de uma lei efetiva, clara e pormenorizada. Foi a Lei 9.307, de 23.9.1996, dispondo sobre a arbitragem no plano interno. Deve ela ser analisada neste compêndio de Direito Internacional, mesmo porque a própria Lei permita a invocação do Direito Internacional pelo juízo brasileiro.

As partes envolvidas no litígio a ser submetido à arbitragem deverão ser capazes de contratar e poderão valer-se da arbitragem para dirimir litígios relativos a direitos patrimoniais disponíveis. Dá a entender que esse sistema jurisdicional aplica-se mormente a assuntos contratuais, malgrado não o limite de forma tão radical.

Os direitos discutidos ficam bem restritos: deverão ser patrimoniais e disponíveis, ou seja, direitos dos quais possam as partes discutir, compensar ou renunciar. São mais as questões empresariais, pois as empresas não têm questões sentimentais, mas interesses a tratar. Se uma empresa julgar conveniente perdoar uma dívida, tem plena liberdade de renunciar ao seu crédito. A arbitragem encontraria, por exemplo, muitos óbices no campo do Direito de Família, no qual se discutem direitos de menores (incapazes de contratar), direito a alimentos, maternidade, pátrio poder e outros direitos inerentes à pessoa humana.

Há no Brasil alguns estorvos em relação também ao Direito do Trabalho, por julgarem alguns juristas certos direitos trabalhistas como indisponíveis, tais sejam o direito a férias, ou ao aviso prévio, ou ao fundo de garantia. Além disso, sói acontecer controvérsia trabalhista com forte conteúdo afetivo, colocando o aspecto patrimonial em segundo plano. Todavia a arbitragem predomina, com amplo sucesso, na área trabalhista em certos países, como EUA e Japão. No processo trabalhista brasileiro há discussão, compensação e renúncia, fazendo-se, em juízo, acordo global sobre as verbas trabalhistas. A OIT admite a solução arbitral para as lides trabalhistas internacionais e nacionais, como a recente Convenção número 158.

O sistema brasileiro, instituído pela Lei 9.307/96, faculta às partes envolvidas no litígio a escolha do direito a ser invocado no julgamento arbitral. Poderão as partes escolher, livremente, as regras do direito que serão aplicadas na arbitragem, desde que não haja violação aos bons costumes e à ordem pública. A arbitragem pode ser de direito ou equidade (segundo o princípio *ex-aequo et bono*), conforme consta também no artigo 38 da CIJ – Corte Internacional de Justiça. Poderão as partes convencionar que a arbitragem se realize com base nos princípios gerais do direito, nos usos de costumes e nas regras internacionais de comércio. É de se ressaltar que nossa lei prevê a aplicação das normas internacionais no julgamento arbitral no país.

As controvérsias a serem submetidas à arbitragem poderão já estar reveladas ou então poderão ser potenciais, ou seja, não existem ainda, mas poderão existir no futuro. Há, pois, dois tipos de arbitragem de acordo com dois tipos de controvérsias: existentes ou não existentes. Em conformidade com o tipo de litígio, haverá, então, dois tipos de acordo para a instituição da arbitragem: a cláusula compromissória e o compromisso. As partes interessadas podem submeter a solução de seus litígios ao juízo arbitral mediante convenção de arbitragem, assim entendida a cláusula compromissória e o compromisso arbitral (art. 3º).

A cláusula compromissória é a convenção por meio da qual as partes em um contrato comprometem-se a submeter à arbitragem os litígios que possam vir a surgir, relativamente a tal contrato. A cláusula compromissória deve ser estipulada no próprio contrato ou em documento à parte. Na cláusula compromissória, as partes poderão apontar algum órgão arbitral ou entidade especializada para resolver litígios que possam surgir entre elas. É, portanto, a cláusula compromissória o acordo pelo qual as partes optam pela arbitragem permanente ou obrigatória, ou seja, elas se obrigam antecipadamente à forma de resolução do litígio.

O compromisso é outra espécie de acordo entre as partes para a preconização da arbitragem. Diferente da cláusula compromissória, o compromisso visa a solucionar um litígio já existente no momento da celebração do acordo, vale dizer, antecede ao contrato. Pode ele ser judicial ou extrajudicial.

O compromisso judicial é o que ocorre quando as partes já estejam discutindo suas divergências na Justiça. Decidem então retirar a lide da esfera judicial e passá-la à arbitragem. Pode ser feito por termo nos autos do processo. As duas partes fazem o acordo em audiência judicial, lavrando termo pelo qual decidem extinguir o processo, transferindo a questão para o juízo arbitral. Os autos são retirados do fórum e remetidos ao órgão arbitral. Nosso Código de Processo Civil foi modificado para a inclusão de um inciso indicando o compromisso como um dos modos de extinção de um processo.

Poderá, então, o compromisso arbitral ser extrajudicial, constando de instrumento particular, com duas testemunhas, ou por instrumento público. Não há necessidade de homologação judicial. Se a lide já estiver instaurada na Justiça, deverá esse processo ser encerrado a pedido das partes para evitar a duplicidade de jurisdição. Deverá o compromisso arbitral ser bem claro e explícito, para evitar impugnações futuras. A lei preceitua vários requisitos para esse documento: deve conter a matéria que será objeto da arbitragem e o direito aplicável; o nome e qualificação completa das partes e dos árbitros, e, se for o caso, a identificação da entidade à qual as partes delegarem o julgamento ou a indicação dos árbitros. Deverá ainda ser fixado o local em que se realizará o julgamento arbitral. A Lei não exige, mas se torna necessário estatuir um prazo para ser dada a sentença. Não tendo sido convencionado esse prazo no compromisso arbitral, ocorrerá a decadência no prazo de seis meses, embora seja possível a prorrogação de comum acordo entre as partes e os árbitros.

5.5. A sentença arbitral

A sentença arbitral é a decisão tomada pelo juízo arbitral. Se houver árbitro único, deve ser assinada por ele se houver um tribunal, todos os membros deverão assinar. Se um deles não quiser ou puder assinar, o presidente certificará a ausência na própria sentença. Deverá a sentença trazer a data e o local em que foi proferida, pois a cláusula compromissória e o compromisso arbitral normalmente indicam prazo para ela e, se for proferida após o prazo, estará sujeita à anulação.

A sentença submete-se a certos requisitos obrigatórios, seguindo mais ou menos as normas e princípios do Direito Processual. Por esta razão, somos de parecer de que o presidente do tribunal seja um advogado, embora a Lei não o exija. Assim, deverá o prolator da sentença arbitral ter noção de prazo e de sua importância, pois a sentença será proferida no prazo estipulado pelas partes. Se nada tiver sido estipulado a esse respeito, o prazo para apresentação da sentença é de seis meses, embora possa ser prorrogado. Tem-se em vista que uma das características da arbitragem é a sua celeridade, que contrasta com a morosidade natural da Justiça comum.

Trata-se de um documento formal, em termos semelhantes aos de uma sentença judicial. Deverá ser o relatório, em que o árbitro ou a câmara arbitral fará um resumo da questão submetida a julgamento, o nome das partes envolvidas e suas alegações. Após o relatório, vem a decisão, da qual serão revelados os fundamentos, analisando-se as questões de fato e de direito, mencionando-se exclusivamente se os árbitros julgaram por equidade e os dispositivos em que os árbitros julgaram por equidade e os dispositivos em que os árbitros resolverão as questões submetidas a eles.

Fato importante em nosso sistema jurídico é o de possuir a sentença plena eficácia, como se fosse uma sentença judicial. É de cristalina clareza a efetividade de arbitragem, exposta no artigo 31 da Lei 9.307, de 23.9.96:

> *A sentença produz, entre as partes e seus sucessores, os mesmos efeitos da sentença proferida pelos órgãos do Poder Judiciário e, sendo condenatória, constitui título executivo.*

Assim sendo, se, por exemplo, uma sentença condenar alguém a pagar determinado valor monetário, terá o caráter de uma nota promissória: poderá ser executada por meio da Justiça. Contudo, a sentença arbitral é um documento privado e estará sujeita a possível anulação judicial, se não for proferida nos termos legais. Se for executada, poderá o executado opor embargos, ou, antes mesmo da execução, poderá ela ser contestada na Justiça. O Judiciário, por outro lado, não se ocupará do mérito da questão julgada arbitralmente, mas poderá examinar os aspectos extrínsecos da questão, a obediência às normas processuais, as imperfeições técnicas da sentença.

A sentença deverá obedecer a diversos requisitos, contendo o relatório com os demais requisitos já referidos. A transgressão a essas exigências poderá servir de argumento para potencial processo de anulação. Fatos graves deverão determinar a nulidade da sentença: se for nulo o compromisso arbitral; se foi emanada de quem não podia ser árbitro; se foi proferida fora dos limites da convenção de arbitragem; se não decidiu todo o litígio submetido à arbitragem; se ficou comprovado que foi proferida por prevaricação, concussão ou corrupção passiva; e se foi proferida fora do prazo dado pelo acordo das partes.

Constitui ainda infração grave o julgamento à revelia ou desrespeito aos princípios mais elementares do Direito Processual, como o do contraditório, da igualdade das partes, da imparcialidade do juiz e de seu livre convencimento.

Se no decurso do procedimento, as partes celebraram um acordo quanto ao litígio, fica ele encerrado, lavrando-se a sentença com a declaração desse acordo. A sentença dá fim à arbitragem, devendo o juiz enviar cópia às partes. Malgrado seja irrecorrível, qualquer das partes poderá pedir que seja esclarecido algum ponto obscuro ou duvidoso, ou que julgue ter sido omitido, bem como seja corrigida alguma falha técnica, como as datilográficas.

5.6. Os árbitros

Os árbitros são os juízes escolhidos pelas partes e presume-se, pois, que sejam da confiança delas. São os juízes que comporão o juízo arbitral, mas não será obrigatória sua formação em ciências jurídicas. Aliás, há certas questões que não exigem solução por advogados, como questões tecnológicas, médicas e outras especificadas. Importante afirmação é a do artigo 18: *"o árbitro é juiz de fato e de direito, e a sentença que proferir não fica sujeita a recurso ou a homologação pelo Poder Judiciário"*. As decisões arbitrais são, pois, irrecorríveis, embora possam ser anuladas.

Em princípio, qualquer pessoa pode ser árbitro, sofrendo restrições normais. Há, entretanto, impedimentos, os mesmos que nosso Código de Processo Civil apresenta para os juízes, como: ser parte no processo, se interveio como mandatário da parte, oficiou como perito, funcionou como órgão do Ministério Público, ou prestou depoimento como testemunha, quando no processo estiver postulando, como advogado da parte, o seu cônjuge ou qualquer parente seu, consanguíneo ou afim, em linha reta; ou na linha colateral até o segundo grau; se for parente, consanguíneo ou afim, de alguma das partes, em linha reta ou, na colateral, até o terceiro grau, ou cônjuge de alguma delas; ou, ainda, se for órgão de direção ou de administração de pessoa jurídica, parte na causa.

Reputa-se ainda fundada a suspeição do árbitro quando ocorrerem ligações previstas para os juízes no artigo 135 do Código de Processo Civil, a saber: se for amigo íntimo ou inimigo capital de qualquer das partes; se alguma das partes for credora ou devedora do árbitro, de seu cônjuge ou de parentes destes, em linha reta ou colateral até o terceiro grau; se for o árbitro herdeiro presuntivo, donatário ou empregador de alguma das partes; se receber dádivas antes ou depois de iniciado o juízo arbitral, aconselhar alguma das partes acerca do objeto da causa, ou subministrar meios para atender às despesas do litígio; ou, ainda, se for interessado no julgamento da causa, em favor de uma das partes. Poderá, ainda, o árbitro declarar-se suspeito por motivo íntimo.

A este respeito, impõe-se a consulta ao nosso Código de Processo Civil, no capítulo denominado "DO JUIZ", principalmente na seção "Dos Impedimentos e Suspeição", compreendendo os artigos 134 a 138. É a própria Lei da Arbitragem que no artigo 14 remete ao código processual as disposições sobre impedimentos.

Os árbitros, quando no exercício de suas funções ou em razão delas ficam equiparados aos funcionários públicos, para os efeitos da legislação penal: é o que estatui o artigo 17. Acreditamos que venham a surgir algumas normas regulamentadoras da Lei 9.307/96, mormente no que tange aos árbitros. Julgamos conveniente a adoção de um estatuto para os árbitros e de uma associação deles, estabelecendo algumas exigências, como a participação em curso específico sobre a arbitragem.

5.7. Execução de sentenças arbitrais estrangeiras

Nesse aspecto, não houve modificações no regime antigo. Os dispositivos legais anteriores não foram revogados, uma vez que eram compatíveis com as convenções internacionais. Apesar de já regulada a forma de execução das sentenças arbitrais estrangeiras, a nova lei procurou ser completa, transcrevendo e adaptando as antigas normas. Vigora a exterritorialidade da lei, considerando-se a sentença arbitral estrangeira como direito estrangeiro a ser aplicado no Brasil. Para melhor compreensão deste problema, e para maior aprofundamento, será recomendável consulta à nossa obra de Direito Internacional Privado, no capítulo referente à aplicação do direito estrangeiro no Brasil.

Considera-se sentença arbitral estrangeira a que tenha sido proferida fora do território nacional. Deverá, entretanto, ser posta em prática no Brasil e por isso precisa passar por certos trâmites; o principal deles é a homologação pelo Superior Tribunal de Justiça. Assim sendo, o STJ transformará a sentença arbitral estrangeira em sentença nacional, ou seja, como se tivesse sido dada pela nossa Justiça Superior, e esta é que será executada. A sentença arbitral estrangeira será reconhecida ou executada no Brasil de conformidade com os tratados internacionais com eficácia no ordenamento interno e, na sua ausência, estritamente de acordo com a Lei da Arbitragem, a Lei 9.307/96. Houve, entretanto, convenções com eficácia no Brasil: o Protocolo de Genebra, de 1923, relativo à cláusula arbitral, promulgada pelo Decreto 21.157/32 e a Convenção de Genebra, de 1923, sobre a execução de sentenças arbitrais estrangeiras, que não contrastam com a lei brasileira. No que tange às questões privadas, vigora ainda a Convenção do Panamá. Todavia, as duas primeiras convenções foram revogadas pela CONVENÇÃO DE NOVA IORQUE SOBRE O RECONHECIMENTO E EXECUÇÃO DE DECISÕES ARBITRAIS ESTRANGEIRAS.

Marco importante na execução da sentença arbitral estrangeira foi a promulgação pelo Brasil da Convenção de Nova Iorque de 1958, que se deu pela sua aprovação pelo Congresso Nacional graças ao Decreto Legislativo 52/2002 e pelo Decreto 4.3.2002. Essa convenção já tinha sido reconhecida por mais de 130 países e só o Brasil relutava-se em adotá-la. Felizmente, a deficiência foi corrigida em 2002.

Verdade é que outras normas já vinham suprindo essa falha, partindo da Lei de Introdução ao Código Civil e pelo Código de Processo Civil, sendo o *modus faciendi* de seu reconhecimento disciplinado pelo Regimento Interno do Supremo Tribunal Federal. A Emenda Constitucional 45/2004 transferiu a competência para a homologação do laudo arbitral ao Superior Tribunal de Justiça, mas continuou seguindo o regimento interno. Destarte, houve a adesão do Brasil ao sistema adotado pelo mundo inteiro, a fim de manter a unidade e uniformidade do sistema internacional. Não houve modificações sensíveis entre a Convenção de Nova Iorque e o regime interno adotado pelo Brasil, conservando o ponto cruciante da questão: não fala a Convenção sobre a necessidade ou não da homologação das sentenças arbitrais estrangeiras pela justiça do país em que essas sentenças devam ser aplicadas. Vigora portanto o direito interno: para ser executada no Brasil, uma sentença arbitral estrangeira deverá ser homologada pela Justiça brasileira, atualmente pelo Superior Tribunal de Justiça, tarefa antes reservada ao Supremo Tribunal Federal.

Quanto às sentenças arbitrais no MERCOSUL, faremos exame especial no estudo sobre esse órgão, vigorando agora o Protocolo de Olivos, após vários protocolos anteriores, tendo antes vigorado o Protocolo de Las Leñas.

A petição inicial ao Superior Tribunal de Justiça invocará os fundamentos jurídicos do pedido e deverá ser instruída com vários documentos, todos juntos com tradução por tradutor público juramentado. Obrigatoriamente serão juntados o acordo entre as partes, optando pela arbitragem e a sentença arbitral, no original ou cópia autenticada pelo consulado brasileiro.

O Superior Tribunal de Justiça não examinará o mérito da questão, mas apenas os aspectos extrínsecos. A homologação será denegada se esses aspectos representarem vícios no procedimento. Poderá o réu demonstrar que o acordo era viciado por não serem as partes capazes, ou então por violarem a lei do país em que o acordo foi celebrado. Poderá alegar a inobservância de princípios básicos do direito, como o do contraditório, ou tiver sido proferida a sentença fora de prazo ou dos termos do acordo, ou não esteja com trânsito em julgado, enfim, ainda sem eficácia.

Poderá ser denegada também se não se enquadrar no artigo 15 da Lei de Introdução ao Código Civil, como, por exemplo, se o objeto do litígio não for suscetível de ser resolvido por arbitragem no Brasil, tais como direitos indisponíveis, um divórcio, questões envolvendo menores ou, então, a sentença ofender a ordem pública nacional, os bons costumes ou a segurança nacional, ou decidir sobre instituição desconhecida ou não aceita pela lei brasileira. Não será considerada ofensa à ordem pública nacional a efetivação da citação da parte domiciliada no Brasil nos moldes do acordo da arbitragem ou da lei processual do país em que tenha se realizado a arbitragem, inclusive a citação postal com prova inequívoca do recebimento, desde que assegure à parte brasileira tempo hábil para o exercício do direito de defesa. É possível, porém, sanar os vícios e o pedido de homologação ser renovado.

5.8. Regulamentação internacional

Não será demais repetir que a regulamentação internacional em vigor no Brasil compreende principalmente a Convenção do Panamá de 1975 e a Convenção de Nova Iorque de 1958. Houve porém outras convenções que vigoraram até essas convenções atualmente em vigor. A arbitragem de Direito Internacional Público, isto é, a solução de conflitos entre Estados, era regulamentada pelo Ato Geral de Arbitragem, celebrado em Genebra, por grande número de países, numa assembleia da extinta Sociedade das Nações (a precursora da ONU), em 1928. Houve também várias convenções internacionais, mas para regulamentar a arbitragem entre pessoas de Direito Internacional Privado, como o Protocolo de Genebra, de 1923, relativo à cláusula arbitral. O protocolo de Genebra transformou-se em lei brasileira pelo Decreto 21.167/32. Importante ainda foi a Convenção de Genebra, de 1927, sobre a execução de sentenças estrangeiras; reflexos dessa convenção encontram-se em nosso Código de Processo Civil e no Regimento Interno do Supremo Tribunal Federal.

5.9. O Barão do Rio Branco

Ainda a respeito da arbitragem, cabe uma especial referência a esta figura marcante de nossa história, cuja fama não é explicada nas suas causas. Foi, porém, na arbitragem que se realçou a capacidade desse jurista e diplomata.

O Barão do Rio Branco (1845-1912) foi advogado do Brasil nas soluções arbitrais das questões dos limites nossos com a Argentina, conseguindo vencer a questão em 1895. Obteve vantajosa solução para nós na contenda com a França a respeito das fronteiras do Brasil com a Guiana Francesa. Resolveu ainda satisfatoriamente os limites do Brasil com o Uruguai e o Peru. Defendeu os interesses do Brasil perante o tribunal arbitral que decidiu sobre o futuro do Território do Acre, conseguindo a aquisição dele para o Brasil. A única questão em que o Brasil não foi feliz nas soluções arbitrais, sobre os limites com a Guiana Inglesa, não contou com a participação do Barão do Rio Branco. Louve-se, contudo, a esplêndida participação do advogado do Brasil nesta questão, Joaquim Nabuco, outra notável figura de jurista e homem público.

5.10. A Corte Permanente de Arbitragem

Trata-se de órgão arbitral de Direito Internacional Público, criada em 1889, pela Conferência Internacional da Paz, realizada em Haia, na Holanda, onde essa Corte ficou sediada. É órgão paralelo à Corte Internacional de Justiça, mas independente. Aplica as regras internacionais da arbitragem na solução de querelas ou pendências entre países, e há mais de um século tem resolvido problemas sérios e conseguido sucesso na manutenção da paz e na convivência entre Estados.

6. SOLUÇÃO PACÍFICA DE CONTROVÉRSIAS: CORTE INTERNACIONAL DE JUSTIÇA

6.1. Natureza jurídica
6.2. Direito invocado
6.3. Organização
6.4. Competência da Corte
6.5. Pareceres consultivos
6.6. Normas processuais da Corte

6.1. Natureza jurídica

Da mesma forma que na sociedade interna, a sociedade de nações apresenta comumente litígios, desentendimentos e conflitos de interesses. Os tratados internacionais são constantemente violados, os direitos de um país são desrespeitados a toda hora, e até intervenção de um país em outro ocorre, inclusive intervenção armada. Esses conflitos reclamam solução imediata, para que seu prolongamento não degenere e abale a paz.

A Constituição Federal de 1988 aponta a política externa do Brasil, que propugna pela solução pacífica dos problemas internacionais. O artigo 40 da nossa Constituição reconhece como principais meios de solução pacífica a arbitragem e o judiciário internacional. Invocando esse artigo, o Presidente da República, em dezembro de 1989, condenou a intervenção armada dos EUA no Panamá, sem antes tentar esses dois tipos de conciliação.

O Poder Judiciário internacional é quem aplica a solução judiciária. Realmente, um tribunal internacional carece de força coativa, por ser isolado, sem o concurso do Poder Executivo e do Poder Legislativo. Não tem polícia ou forças armadas a seu dispor, para impor obediência às suas decisões. Poderia requisitar força coativa armada a uma organização internacional, como a ONU; se esta, entretanto, atuasse nesse sentido, estaria provocando um conflito armado, o que contraria seu Estatuto.

Um tribunal internacional para dirimir controvérsia entre países já é instituição antiga. A Sociedade das Nações, antiga organização internacional de Direito Público, que antecedeu à ONU, criara a Corte Permanente de Justiça Internacional. Dissolvida a Sociedade das Nações, foi criada a ONU pela Carta de São Francisco, em 1945; que previu, nos artigos 92 a 96, a criação de um órgão judiciário pertencente à ONU, denominado Corte Internacional de Justiça, baseado no Estatuto da antiga Corte Permanente de Justiça Internacional.

A sede da Corte Internacional de Justiça é em Haia, na Holanda, onde tinha também se instalado a antiga Corte Permanente de Justiça Internacional. É, porém, órgão judiciário da ONU, a quem presta assessoria jurídica, mas cuja principal função é examinar e resolver, portanto, controvérsias entre países soberanos. O idioma oficial e costumeiro é o francês, mas o inglês também é idioma oficial.

6.2. Direito invocado

O artigo 38 estabelece o direito que deverá fulcrar os julgamentos da Corte. As bases dos julgamentos são comentadas no Capítulo 3: Fontes do Direito Internacional Público.

6.3. Organização

A Corte é constituída de um corpo de quinze juízes, escolhidos entre juristas de conceito internacional, eleitos pela Assembleia-Geral e pelo Conselho de Segurança da ONU. O nome dos candidatos a juízes é indicado pela Corte Permanente de Arbitragem, colhidos na relação dos formandos da Academia de Direito Internacional de Haia e pelos cursos de pós-graduação em direito internacional da faculdade de direito alto conceito internacional, entre as quais a Faculdade de Direito da Universidade de São Paulo. Entre os quinze juízes deverá haver um de cada nacionalidade.

O corpo de juízes deverá ser renovado parcialmente a cada três anos, sendo cinco após três anos, outros cinco após seis meses e mais cinco após nove anos. Poderão ser reeleitos. Serão magistrados profissionais, isto é, serão remunerados e não poderão se dedicar a outras atividades, devendo permanecer à disposição da Corte, a não ser no período de férias. O Presidente e o Vice-Presidente deverão residir em Haia. Eles gozam de imunidades diplomáticas nos países-membros da ONU. Só serão demitidos de suas funções por voto unânime dos demais membros da Corte. Os membros elegerão seu Presidente e Vice-Presidente pelo período de três anos, podendo ambos ser reeleitos. A Corte, por sua vez, delibera sobre a nomeação dos funcionários, mormente do Escrivão (*greffier*), chefe dos serviços administrativos da Corte. Os juízes são todos titulares, não havendo suplentes. A Corte funcionará em sessão plenária, com os quinzes juízes ou com número mínimo de nove. Poderá funcionar ainda com câmaras diversas, para julgamento de questões de menor importância e responsabilidade, mas a sentença exarada por uma das câmaras será considerada como sendo da Corte.

O Brasil esteve representado nessa Corte, por vários juízes. Na instalação da Corte, em 1907, notabilizou-se o nosso representante, que, com justa razão, foi cognominado "A Águia de Haia". Além de Rui Barbosa, constituíram a Corte o ex-presidente da República, Epitácio Pessoa, Filadelfo de Azevedo, Levi Carneiro, José Sette Câmara e José Francisco Rezek.

O Estatuto não proíbe que um juiz participe de julgamento de questão em que o país de sua nacionalidade seja parte. Todavia, a outra parte pode requerer a convocação de um candidato não eleito, inclusive de sua nacionalidade, para ser empossado como juiz a participar do julgamento, deixando o cargo em seguida. Sendo a CIJ um órgão da ONU, ela é mantida com verbas votadas por esta última. A Assembleia-Geral da ONU decidirá quanto aos vencimentos do Escrivão e demais funcionários e aprovará o Regulamento Interno da Corte.

6.4. Competência da Corte

A CIJ é um órgão de Direito Internacional Público, vale dizer, examina apenas questões entre pessoas jurídicas de direito público externo, entre países, e não entre pessoas privadas. Diz o artigo 34 do Estatuto que "só Estados poderão ser partes em questões perante a Corte". Embora seja o principal órgão judiciário da ONU, a própria designação de "principal" não implica que ela deva ser o único órgão. Também não é órgão obrigatório, pois os países poderão submeter suas pendências a outros órgãos, como a Corte Permanente de Arbitragem, ou servir-se de outros recursos, como os bons ofícios, mediação e outros.

É possível, contudo, que alguns Estados se comprometam a reconhecer a CIJ como órgão obrigatório para julgar questões de Direito Internacional Público. Por outro lado, por simples fato de serem membros da ONU, os Estados se obrigam ao Estatuto da CIJ e a acatar suas sentenças. As sentenças vinculam as partes litigantes, mas não têm efeito *erga omnes* e apenas para cada caso examinado; por isso, as sentenças não se aplicam a outros casos, mesmo os semelhantes.

Embora só os países-membros da ONU possam ser parte da Corte, os itens 2 e 3 do artigo 34 dizem que a Corte poderá requerer informações a organizações internacionais e poderá também interpretar o instrumento constitutivo de uma organização pública internacional ou uma convenção. Deixa assim transparecer que uma organização internacional também poderá ser parte em questões perante a ONU, pois ela é constituída por Estados e representa o interesse deles. A própria ONU já teve oportunidade de apresentar processo perante a CIJ, quando um representante seu, o Conde Bernardotte, sofreu um atentado mortal enquanto mediava entre judeus e árabes.

Em seis itens, o artigo 36 do Estatuto expõe e esclarece bem a competência da Corte, que abrange todas as questões que as partes lhe submetam, bem como todos os assuntos especialmente previstos na Carta das Nações Unidas ou em tratados e convenções estabelecidas e na recepção de dirigentes de outros países.

Pode-se, por isso, avaliar o quanto é abrangente a competência da Corte no julgamento de questões internacionais. O item 2 do artigo 36 faz referência a alguns tipos de querelas, mas dando uma relação apenas exemplificativa e não enumerativa. Cita esse dispositivo quatro tipos de questões:

A – interpretação de um tratado;
B – qualquer ponto de Direito Internacional;
C – existência de qualquer fato que, se verificado, constituiria a violação de um compromisso internacional;
D – a natureza ou a extensão da reparação devida pela ruptura de um compromisso internacional.

A alínea "b": qualquer ponto de Direito Internacional abre um leque enorme na abrangência da Corte, cabendo a ela decidir se uma questão é ou não de sua competência. Diz o item 6 do artigo 36 que "qualquer controvérsia sobre a jurisdição da Corte será resolvida por decisão da própria Corte".

6.5. Pareceres consultivos

A CIJ exerce duas atividades primordiais: a contenciosa e a assessoria jurídica; a contenciosa no que tange ao julgamento de litígios entre Estados e a assessoria na emissão de parecer consultivo. Esta última está prevista nos artigos 65 a 68 do Estatuto. Por isso, funciona a CIJ como um departamento jurídico da ONU. Pelo Estatuto, a ONU encaminhará à CIJ consulta por escrito e com os documentos necessários, solicitando o parecer. O escrivão da Corte, ou seja, o *greffier*, notificará então todos os Estados que possam ter interesse no parecer. Assim sendo, o parecer é dado em sessão pública e acompanhado pelos interessados, pois vigora o princípio da publicidade na elaboração dos pareceres consultivos. Os Estados-membros da ONU poderão fazer sua exposição a respeito do assunto sobre o qual é solicitado o parecer. Na audiência pública, os Estados poderão ainda fazer exposição oral.

Sendo a CIJ um órgão jurídico, dará pareceres consultivos apenas sobre questões jurídicas, pois é constituída exclusivamente por juristas. Não tem competência nem elementos para dar pareceres de ordem teológica, militar, política, econômica ou e qualquer outra natureza. Assim sendo, a competência da Corte é restringida em dois aspectos: *ratione materiae* e *ratione personae*.

A competência "em razão da matéria" compreende as questões que as partes lhes submetem, que estejam previstas em tratados internacionais ou na Carta da ONU.

A competência "em razão de pessoas" limita-se entre Estados, enviadas por organizações internacionais, o que significa que a própria organização internacional poderá ser parte em processos perante a Corte. Os pareceres consultivos não têm força executória; contudo, um Estado que tenha obtido um parecer favorável à sua pretensão poderá invocá-lo num processo perante a Corte, o que constitui fundamento de profundo valor para a obtenção de sentença favorável.

6.6. Normas processuais da Corte

O processo inicia-se com o requerimento do órgão que submeter a questão à apreciação da Corte; trata-se de um tipo de exordial, de petição inicial. O idioma adotado normalmente para as petições é o francês, por ser convencionalmente o idioma do Direito Internacional e no qual são ministradas as aulas na Academia de Direito Internacional de Haia, cidade em que se situa a CIJ. O inglês também é idioma oficial da CIJ e é adotado se as partes assim quiserem, ou cada parte poderá utilizar um dos dois idiomas, à sua escolha. A petição é dirigida ao Escrivão, expondo o teor da controvérsia. O Escrivão fará a citação dos Estados envolvidos e deverá também notificar os países que possam estar ligados ou tenham interesse direto na questão. Notificará ainda o Secretário-Geral da ONU. As partes se apresentarão por intermédio de seus agentes, assistidos por seus advogados.

A parte instrutória será essencialmente escrita, mas poderá haver audiência, com arguição oral, depoimento de três testemunhas e outros debates, em sessão pública. Terminada a fase instrutória, a Corte tomará a decisão, por maioria de votos, exarando a sentença; A sentença deverá ser motivada, isto é, deverá apresentar os fundamentos e o direito invocado para se chegar à conclusão adotada.

Em casos excepcionais, a pedido das partes, a audiência poderá ser realizada em segredo de justiça. Os debates na audiência serão tomados a termo, lavrando ata, que terá fé pública. A deliberação será, porém, secreta. Em caso de empate, o Presidente dará o voto de Minerva. Da sentença não cabe apelação, uma vez que a CIJ é órgão único, sendo, entretanto, cabível Embargos de Declaração. É possível também um processo de revisão, se a parte derrotada revelar um fato novo que teria influenciado a decisão, fato esse que era desconhecido até a sentença. O pedido de revisão prescreve em dez anos.

7. REGIME JURÍDICO DO CAPITAL ESTRANGEIRO NO BRASIL

7.1. Regulamentação e controle
7.2. Conceito de capital estrangeiro
7.3. Princípio de isonomia
7.4. Registros
7.5. Remessa de lucros
7.6. Propriedades no exterior
7.7. Disposições cambiais
7.8. Reciprocidade
7.9. Empresas multinacionais

7.1. Regulamentação e controle

É este um assunto de larga abrangência, envolvendo vários ramos do direito; nele se integra o problema da dívida externa brasileira e das multinacionais. Assunto de tamanha magnitude exige o estabelecimento de um regime jurídico e de controles que permitam ao país acompanhar sua atividade econômica. Esse regime jurídico foi instituído pela Lei 4131/62, regulamentada pelo Decreto 55.762/63 e por variada gama de normas regulamentares, como portarias, resoluções, circulares e outros atos emanados de vários órgãos, como o Ministério da Fazenda, Conselho Monetário Nacional, o INPI – Instituto Nacional de Propriedade Industrial, mas principalmente do Banco Central.

O Banco Central do Brasil – BACEN – é órgão regulador e fiscalizador do fluxo do capital estrangeiro no Brasil, graças a um setor especializado: o FIRCE – Fiscalização e Registro de Capitais Estrangeiros. Nesse órgão devem ser registrados todos os investimentos estrangeiros no Brasil, sob qualquer forma, bem como os reinvestimentos, ou seja, os lucros proporcionados pelo capital investido, que permaneceu no Brasil. Deve ser registrada também a evasão de capital no Brasil, como a remessa de lucros e a repatriação do capital. Registre-se ainda a remuneração do capital estrangeiro, como *royalties*, juros, comissões e outros pagamentos feitos com dinheiro brasileiro que toma caminho do exterior.

O Banco Central do Brasil – BACEN – é também órgão legislador nesta área. Emite normas constantes e variadas formas de registros e controles, bem como tipos de certificados.

7.2. Conceito de capital estrangeiro

Considera-se capital estrangeiro o dinheiro pertencente a pessoas físicas e jurídicas, domiciliadas no exterior, e que entre no Brasil para aqui ser aplicado como investimento, com objetivo ou não de lucro. Nessa concepção, não se considera capital estrangeiro o dinheiro que um turista traz para gastar no país, pois ele é aplicado de forma efêmera e não permanente. Não é, pois, obrigatório o registro de valores desse tipo.

O dinheiro investido não precisa ser em pecúnia, mas poderá ser em bens, como equipamentos industriais, navios e aviões e demais bens corpóreos. Os bens incorpóreos, como marcas e patentes, e os diversos tipos de tecnologia não se incluem nesse conceito de capital, mas podem gerar lucros que se transformam em capital estrangeiro. A transferência desses bens deverá ter uma finalidade econômica, isto é, destinar-se a incrementar a produção de bens ou serviços. O dinheiro em pecúnia é usualmente introduzido no Brasil sob a forma e empréstimos, como os aportes financeiros do BID – Banco Interamericano de Desenvolvimento, do Eximbank, de grupos de bancos como o Clube de Paris. Os investidores estrangeiros podem ser pessoas físicas ou jurídicas, desde que domiciliadas no exterior. Poderá ser de qualquer nacionalidade, até mesmo a brasileira, desde que seja domiciliada, residente ou sediada no exterior, ou seja, tenha emigrado do Brasil.

7.3. Princípio de isonomia

O artigo 2º da Lei 4131/62 adota o princípio da isonomia, ao estabelecer que "ao capital estrangeiro que se investir no Brasil será dispensado tratamento idêntico ao concedido ao capital nacional em igualdade de condições, sendo vedadas quaisquer discriminações não previstas na presente lei". Esse princípio foi reafirmado pela Constituição Federal de 1988, no artigo 5º, ao dizer que "todos são iguais perante a lei, sem distinção de qualquer natureza, garantindo-se aos brasileiros e estrangeiros, residentes no País a inviolabilidade do direito à vida, à igualdade, à segurança e à propriedade". Mais adiante, no inciso XII desse mesmo artigo de nossa Constituição que "é livre o exercício de qualquer trabalho, ofício ou profissão, atendidas as qualificações profissionais que a lei estabelecer".

Ficou claro, contudo, que a Lei 4.131/62 estabeleceu discriminações entre capital nacional e estrangeiro, inclusive regulamentando, disciplinando e definindo o que seja capital estrangeiro. Impõe a ele obrigatoriedade de registro num órgão especial do BACEN e outras exigências de que o capital nacional está isento.

Este artigo dá margem a muitas interpretações, pois é muito vago, o que faz com que outras leis criem discriminações, que se chocam com a redação deste artigo. O capital estrangeiro enfrenta sérias restrições na comercialização do petróleo; não pode se dedicar à exploração e ao aproveitamento de minerais de energia atômica e minérios de ferro, à navegação de cabotagem no transporte de mercadorias, a produção de armas e munições, não pode manter empresas de navegação aérea, sendo tolerados até 20% do capital delas. Não pode manter empresas de comunicação, como jornais, rádio e TV, empresas de pesca, indústria de material bélico ou aeronáutico. Pessoas físicas e jurídicas estrangeiras não podem ter terras nas zonas fronteiriças com outros países e só em casos especiais podem adquirir imóveis rurais. Foram criados documentos e exigências para que empresas controladas por capital estrangeiro tivessem acesso a certos órgãos, ou a concorrências públicas. Uma empresa de capital estrangeiro não pode dedicar-se à vigilância, nem à manutenção de serviços de gás, nem aos transportes públicos em geral.

A regulamentação que mais agitou o relacionamento do Brasil com os demais países, mormente os EUA, é a estabelecida para a reserva de mercado da informática. A Lei 7.232/84 reservou apenas para as empresas com maioria de capital nacional a exploração desse moderno e importante ramo industrial, discriminando ainda empresas que há anos operavam no Brasil. A legislação brasileira proíbe a existência de *trading company* (companhia comercial exportadora) dominada pelo capital estrangeiro. Presentemente, desencadeiam-se em todo o Brasil campanhas para emendar a Constituição Federal no que tange a certos monopólios, como o do petróleo.

7.4. Registros

Os artigos 3° e 7° da lei 4.131/62 formam o capítulo denominado "Do registro dos capitais, remessas e reinvestimentos", apontando a movimentação de capitais estrangeiros no Brasil, que deverão ser registrados no FIRCE. Submetem-se a esse registro todos os investimentos estrangeiros no Brasil: especificam-se os contratos de mútuo, ou seja, empréstimos de dinheiro feitos por organizações sediadas no exterior a organizações do Brasil.

Devem se registrados também os reinvestimentos, ou seja, os lucros que o capital estrangeiro tenha obtido no Brasil, mas que aqui permaneceram. Considera a Lei como reinvestimentos as quantias que poderiam ter sido legalmente remetidas para o exterior, a título de rendimento, e não o foram, sendo aplicadas na própria empresa de que procedem ou em outro setor da economia nacional. Os reinvestimentos, aplicados na própria organização portadora do capital ou em outros empreendimentos, poderão produzir lucros transferíveis ao exterior.

Não só o dinheiro que entra está submetido a registro, mas também o dinheiro que sai. Os rendimentos do capital registrado, como juros, dividendos, comissões, *royalties* e demais formas de lucro sujeitam-se também a registro. Essa medida é natural e necessária, pois o Brasil poderá conhecer e controlar a evasão de divisas do país.

7.5. Remessa de lucros

Os artigos 8° a 16 regulam a remessa de juros, *royalties* e remuneração de assistência técnica. Assim, um contrato de empréstimo de dinheiro deverá ser feito por um contrato de mútuo, devidamente registrado no BACEN, em que consta quais serão os juros cobrados, que não poderão ser superiores aos juros praticados no mercado financeiro nacional. Qualquer valor acima da taxa vigorante poderá ser vetado pelo Banco Central, ou então ser considerado como amortização de empréstimo.

As transferências de dinheiro para o exterior serão controladas pelo Banco Central, para que se mantenham de acordo com o contrato registrado. Este controle exige, pois, que todo contrato celebrado entre organização do exterior e outra do Brasil seja registrado no FIRCE, ou não será autorizada a transferência dos rendimentos. Outrossim, para que o Banco Central autorize a transferência, o investidor precisará provar o pagamento do Imposto de Renda.

Restrição importante ficou prevista no artigo 14, vedando o pagamento de *royalties* pelo uso de patentes de invenção e marcas de indústria e comércio, entre filial ou subsidiária de empresa estabelecida no Brasil e sua matriz com sede no exterior ou quando a maioria do capital da empresa no Brasil pertença ao titular do recebimento dos *royalties* no estrangeiro. Também não será permitida a dedução do Imposto de Renda, o que será escusado, pois se não há pagamento, não poderia haver dedução.

Essa redução poupa muitas divisas nacionais, porquanto grande parte das empresas estrangeiras, que se instalam no Brasil, podem trazer sua tecnologia, suas patentes de invenção e marcas de indústria e comércio. Por exemplo, a Ford iria transferir divisas para sua matriz no exterior, pelo uso da marca Ford ou de seus modelos de veículos. Além disso, nenhuma empresa estrangeira iria criar modelos para seus produtos, nem criar tecnologia no Brasil ou usar marcas nacionais sem contrariar os interesses da matriz.

O artigo 15 estabelece duras sanções para qualquer empresa, sem especificar se nacional ou estrangeira, que fizer importação de mercadorias com sub ou superfaturamento na exportação ou importação. É considerada fraude aduaneira ou cambial e importará aos responsáveis a multa de até dez vezes o valor das quantias sub ou superfaturadas, ou da penalidade de proibição de exportar ou importar no prazo de um a cinco anos. Considera esse artigo tais operações como fraude por ensejar a transferência ilegal de divisas ou evasão de dinheiro para fora do país. Assim, uma empresa no Brasil importa mercadorias por valor bem superior ao preço real desses bens; a diferença é então remessa disfarçada de dinheiro do Brasil para o exterior. Igualmente, se uma empresa do Brasil exporta com subfaturamento, ou seja, mercadorias com valor menor do que o preço praticado no mercado internacional. Este último caso é mais difícil de acontecer. Uma vez que o preço das mercadorias nacionais é conhecido.

Outras medidas nesse sentido constam de outras normas. Como os contratos de câmbio devem ser realizados por intermédio de bancos, estes também são atingidos por pesadas multas se for constatada fraude numa operação de importação ou exportação, pois a participação do banco na fraude é presumida, mesmo por desídia. Apesar de tanto rigorismo, não se evitaram fraudes. Os meios de comunicação anunciaram vultosas transferências de divisas para o exterior, no final de 1989, sob a forma de importações fictícias. Os contratos de câmbio foram realizados por um banco privado e por dois bancos estatais, o de Alagoas e do Rio de Janeiro. Foram abertos diversos inquéritos e anunciadas rigorosas medidas. Contudo, o governador de Alagoas foi eleito Presidente da República e o presidente do banco privado envolvido na fraude tornou-se depois Ministro de Estado.

7.6. Propriedades no exterior

Os artigos 17 e seguintes estabelecem disposições sobre bens que pessoas físicas e jurídicas domiciliadas no Brasil tenham no exterior. Elas deverão declarar ao Banco Central quais os bens que possuem ou que vão comprando no exterior, principalmente os depósitos bancários. Se for constatado que alguém possui depósitos bancários ou outros bens fora do Brasil, sem estarem registrados no Banco Central, serão esses bens considerados frutos de enriquecimento ilícito; poderão ser objeto de processo de busca e apreensão e repatriação para o Brasil.

É uma disposição muito séria e delicada, mas parece ter sido inócua. Quase ninguém registrou até agora depósitos de dinheiro ou aquisição de quaisquer bens no exterior. Também não se sabe se o governo brasileiro exerceu qualquer ação de busca e apreensão desses bens; não será tampouco fácil descobrir a existência deles e o exercício de ações judiciais. Tanto na Suíça como nos EUA, como em grande parte dos países, vigora o regime de sigilo bancário. A ação judicial também não é simples, porquanto a aquisição de bens e os depósitos bancários são operações realizadas em observância às leis do país em que se realizaram. Um Presidente da República, quando esteve em Portugal, declarou aos órgãos de comunicação possuir muitas propriedades naquele país: no Banco Central não havia qualquer registro dessas propriedades.

7.7. Disposições cambiais

Os artigos 23 a 36 formam capítulo das "disposições cambiais", o mais longo da Lei. É uma questão mal colocada na Lei, porquanto deveria o contrato de câmbio ser regulamentado em legislação específica e pelas normas baixadas pelos órgãos regulamentares da Lei, como o Banco Central, o DECEX, o Conselho Monetário Nacional ou o Ministério da Fazenda. Aliás, as operações de câmbio são rigidamente regulamentadas por normas mais flexíveis e minuciosamente controladas. Essas normas formam um manual denominado Consolidação das Normas Cambiais.

A Lei 4131/62 destinou-se a regulamentar o capital estrangeiro no Brasil e ficou muito incompleta ao perder-se em questões não totalmente relevantes a este assunto. As operações de Câmbio e outras de comércio exterior são mais praticadas por empresas nacionais, sem vinculação com o capital estrangeiro; não caberiam, portanto, na regulamentação da lei em apreço. Como essas disposições atingem principalmente os bancos, caberiam mais no enquadramento do Direito Bancário.

As operações de câmbio devem ser obrigatoriamente realizadas por intermédio de bancos e encaminhadas aos mesmos por uma corretora de títulos e valores mobiliários. Os bancos devem informar diariamente o BACEN de todas as operações cambiais, sob pena de multa. O objetivo dessa disposição é manter arquivo sobre as transferências de fundos para o exterior sempre atualizado, graças ao registro das operações. Outro objetivo é a segurança que possa o Governo obter com o resguardo que os bancos adotarão ao formalizarem as operações cambiais sob o temor de pesadas multas. Além dos bancos comerciais, são ainda envolvidas as sociedades corretoras de valores mobiliários, pois os contratos de câmbio devem ser encaminhados aos bancos pelas sociedades corretoras.

Se houver necessidade imperiosa, em vista de provável desequilíbrio no balanço de pagamentos, poderá o Governo Federal dar monopólio ao Banco do Brasil para a realização das operações de câmbio, ou impor restrições à remessa de rendimentos de capitais estrangeiros e ao pagamento de *royalties*.

7.8. Reciprocidade

Estabelece a Lei restrições à atividade dos bancos estrangeiros cuja sede esteja situada em país que adote para bancos estrangeiros restrições semelhantes. Assim, se um país não permitir a instalação de banco brasileiro em seu território, a qualquer banco desse país ficará vedado instalar agência no Brasil. Se, mesmo permitindo instalação de agência, um país adotar restrições, os bancos desse país encontrarão idênticas restrições em suas agências no Brasil. É a aplicação do princípio da reciprocidade e da equidade.

7.9. Empresas multinacionais

No problema do capital estrangeiro no Brasil integra-se também o das empresas multinacionais, também chamadas transnacionais ou simplesmente empresas estrangeiras. Não há um conceito uniforme para essas empresas e, por comodidade, iremos conceituá-las sob os critérios jurídicos de nosso direito.

Nossa legislação considera empresa brasileira aquela que for constituída de acordo com a legislação brasileira e seja registrada na Junta Comercial. Por outro lado, os artigos 1.134 a 1.141 do Código Civil de 2002, formam um capítulo denominado "Da Sociedade Estrangeira", regulamentando seu funcionamento. A sociedade estrangeira é caracterizada pelo fato de seus atos constitutivos terem sido registrados em outro país que não o Brasil e elaborados segundo a lei desse país. Este é o critério adotado. Não poderá entretanto exercer atividades no Brasil senão depois de obter autorização do Governo Federal.

Um aspecto, entretanto, é previsto pela nossa lei, que apresenta uma empresa brasileira constituída nos moldes nacionais e registrada no órgão de Registro Público de Empresas Mercantis e Atividades Afins, cujo capital esteja total ou parcialmente em nome de pessoas físicas e jurídicas domiciliadas no exterior. É o que vemos no nome de certas empresas como General Motors do Brasil, Volkswagen do Brasil, Volvo do Brasil, Mercedes Benz do Brasil e muitas outras. São empresas brasileiras, cujos atos constitutivos foram elaborados no Brasil e aqui registrados. O capital de tais empresas, entretanto, está subscrito quase que totalmente por pessoas jurídicas ou físicas situadas no exterior. Nessas condições, o cérebro pensante, as decisões, sistema de administração, poder de voto, enfim, as diretrizes gerais, não são brasileiras. Dentro de nosso esquema, são empresas brasileiras de capital estrangeiro, vulgarmente designadas como EBCE.

O regime jurídico a que se submetem essas empresas é assunto não só importante, mas polêmico, com posições muitas vezes radicais. Doutrinariamente, contudo, a empresa estrangeira é analisada sob múltiplas formas, mas sua existência é levada em consideração. Embora seja empresa atuando normalmente no Brasil, devidamente registrada no órgão do Registro Público de Empresas Mercantis e Atividades Afins, segundo a Lei 8.934/94, considera-se empresa estrangeira se o poder de controle acionário estiver nas mãos de estrangeiro, ou seja, mais da metade do capital votante pertence a pessoas físicas e jurídicas domiciliadas no exterior. Para essa doutrina vigora o critério do domicílio e não da nacionalidade.

Modalidade especial de empresa perante o Direito Internacional é a binacional, como é o caso da Itaipu Binacional. Trata-se de uma empresa formada por capitais brasileiros e sediada no Brasil e outra por paraguaios e sediada no Paraguai. É, por isso, chamada de empresa bicéfala. Não há dúvida de que se trata de empresa multinacional ou internacional, já que sua constituição e administração estão submetidas a dois regimes jurídicos, pois seus problemas se submetem ao foro de dois países, por haver duas diretorias, uma em cada país. O parque de operações, precisamente a usina, está situado nos dois países e sua produção, segundo o estatuto da empresa, destina-se aos dois países. É também considerada uma empresa multinacional, por ter parque de operações situado em dois países.

Outro exemplo de empresa binacional foi a formada pela inglesa Shell e a holandesa Royal Dutch, constituindo a binacional Royal Dutch Shell. Não se conhece bem a estrutura jurídica dessas empresa, mas foi constituída pela fusão de uma empresa inglesa e outra holandesa, com capitais de dois países e sua direção está sediada nos dois países.

Tem características de multinacional o tipo de empresa formada por capitais de dois países, a chamada vulgarmente *joint ventures*, sendo comum na indústria eletrônica brasileira. Forma-se normalmente com base numa empresa brasileira, em conjunto com outra estrangeira, sendo o capital constituído por ambas, e os representantes das duas participam da direção. A peculiaridade maior é a de que a empresa detém e fornece para a *joint venture* sua tecnologia avançada. É o que aconteceu com grande parte das indústrias brasileiras de material eletrônico. A empresa brasileira entra com sua estrutura, sua tradição e conceito, e seu conhecimento do mercado brasileiro; a estrangeira entra com sua tecnologia, seus produtos e renome internacional.

Para vários juristas, o que parece lógico, há diferença entre empresa multinacional ou plurinacional e empresa estrangeira. Dentro dos critérios mais adotados, uma empresa brasileira também pode ser multinacional. Para alguns, a multinacional é aquela que tem parques industriais situados em dois ou mais países. Para outros, a multinacional é uma empresa de várias nacionalidades, de acordo com a própria etimologia da palavra. Outros alegam que não há empresa multinacional, uma vez em todas elas têm uma nacionalidade, que pode ser apurada por suas origens, seus domicílios, a nacionalidade da maioria de seus acionistas e outros fatores. Assim considerando, a Mercedes Benz não é uma multinacional, mas uma empresa alemã, porquanto foi fundada na Alemanha, por alemães, e lá está sediada; lá se encontra sua diretoria; seus acionistas são, em sua maioria, alemães. O mesmo acontece com a Volkswagen. Juridicamente, a Mercedes Benz do Brasil é uma empresa brasileira, submetida à lei do Brasil; contudo, sua principal acionista está sediada na Alemanha e detém mais de 50% de seu capital votante. É, portanto, uma EBCE, ou seja, empresa brasileira de capital estrangeiro.

8. FMI E BANCO MUNDIAL

8.1. O Tratado de Bretton Woods
8.2. O FMI
8.3. A organização do FMI
8.4. Natureza jurídica
8.5. Foro competente
8.6. DES – Direitos Especiais de Saque
8.7. O Banco Mundial
8.8. O BIRD – Banco Internacional de Reconstrução e Desenvolvimento
8.9. A AID – Agência Internacional de Desenvolvimento
8.10. A CFI – Corporação Financeira Internacional

8.1. O Tratado de Bretton Woods

A última guerra mundial (1939-1945) haveria de provocar inúmeras e profundas reformas na vida das nações, e entre elas houve a reforma que instituiu a nova ordem econômica internacional. Esta instituição se deu mesmo antes do fim da guerra, em 1994, graças a uma convenção realizada em Bretton Woods, lugarejo localizado no Estado de New Hampshire, perto de Nova Iorque.

Reuniram-se em Bretton Woods 44 países, entre eles o Brasil, participando da Conferência Monetária Internacional, também conhecida como Tratado de Bretton Woods. Criou-se, então, o novo Sistema Monetário Internacional, que visava principalmente à recuperação do comércio internacional e à sua expansão, graças à adoção de uma moeda estável, à concessão de empréstimos a países em fase de desenvolvimento ou em reconstrução e à manutenção da estabilidade cambial.

A reforma substituiu o padrão-ouro pelo padrão-dólar--ouro, adotando, então, o dólar americano como moeda internacional. Como órgãos realizadores dessa reforma, foram criadas duas organizações internacionais que, dia a dia, se realçam no cenário financeiro internacional: o FMI e o BANCO MUNDIAL.

O presidente do FMI é sempre um europeu e o presidente do Banco Mundial, um norte-americano.

8.2. O FMI

O Tratado de Bretton Woods criou o principal órgão regulador do Sistema Monetário Internacional, com vários objetivos previstos no artigo 1º do Tratado:

I – Promover a cooperação monetária internacional por meio de uma instituição permanente que proporcione um mecanismo para consultas e colaboração sobre problemas monetários internacionais.

II – Facilitar a expansão e o desenvolvimento equilibrado do comércio internacional, contribuindo, assim, para a promoção e manutenção de altos níveis de emprego e de renda real para o desenvolvimento da capacidade produtiva de todos os membros, como objetivos precípuos da política econômica.

III – Promover a estabilidade cambial, manter a disciplina do câmbio entre os membros e evitar depreciações competitivas.

IV – Auxiliar no estabelecimento de um sistema multilateral de pagamentos de transações correntes entre os membros, e na eliminação das restrições cambiais, as quais dificultam o desenvolvimento do comércio mundial.

V – Inspirar confiança nos países-membros, pondo os recursos do Fundo à sua disposição sob garantias adequadas, assim facultando-lhes corrigir desajustes no balanço de pagamentos sem recorrer a medidas comprometedoras da prosperidade nacional e internacional.

VI – De acordo com o supradito, abreviar o prazo e reduzir o grau de desequilíbrio nos balanços internacionais de pagamentos dos membros.

Para atingir seus objetivos, o FMI amealhou vultoso capital, formado por ouro, moedas e divisas. A formação do fundo deve-se aos países-membros, que subscreveram cotas, de acordo com a capacidade apurada de cada país; 25% da subscrição é feita em ouro e o restante em moeda do país subscritor.

O poder de voto de cada país está de acordo com seu capital, mas sofre deságio em função dos empréstimos que um país levantar junto ao Fundo. Esse critério explica o poder de controle que os EUA exercem sobre o Fundo; este país subscreveu a maior cota para a formação do fundo e, por outro lado, não levanta empréstimos, mantendo integral o seu poder. O FMI é formado só de países, não podendo a ele associar-se pessoas privadas. A sede deverá ser localizada no país que detiver a maior cota: por isso é em Washington.

Conforme foi exposto, a fonte primária dos recursos do FMI é a subscrição das cotas pelos países-membros. Contudo, vão mais longe o poder a as funções do FMI na captação de recursos: levanta empréstimos junto ao governo de países ricos e dos países exportadores de petróleo, como Arábia Saudita. Poderá também obter numerário de instituições financeiras privadas, mas prefere atuar principalmente no setor público.

Sentiu-se, na conferência de Bretton Woods, o choque de teorias elaboradas pelo consagrado economista inglês John Maynard Keynes e as teorias elaboradas pela equipe americana, liderada por Harry Dexter White. Keynes propugnou pela adoção de um sistema financeiro internacional, dotado de instrumentos adequados para garantir equilíbrio entre as nações. Advogou a criação de uma moeda internacional: o *bancor*. Essa moeda deveria ser utilizada nas operações internacionais.

Seria criado ainda um Banco Central Mundial, que seria o emissor do *bancor*. Essa moeda mundial estava destinada a manter o equilíbrio necessário entre os recursos financeiros mundiais que estavam sobrando e as necessidades de crédito por parte das nações deficitárias. As nações com *superavit* no balanço de pagamentos recolheriam seus recursos, em *bancor*, no Banco Central Mundial; as nações em *deficit* receberiam créditos com os excedentes do *bancor*. Haveria sempre um equilíbrio, pois a todo crédito proveniente de operações internacionais haveria o débito correspondente. O Banco Central Mundial funcionaria como Câmara de Compensação (*Clearing House*), operando na vida financeira internacional.

131

A ideia de Keynes foi vencida e vingou a teoria de White, graças à força dos interesses americanos. Em vez do Banco Central Mundial, foi criado o FMI; em vez do bancor, foi imposto o dólar americano como moeda internacional. O FMI foi criado também como órgão assessor, com poder de ingerência no sistema econômico das nações, como aconteceu várias vezes com o Brasil. O capital do novo organismo internacional, em vez de fundos disponíveis, foi constituído por cotas, cuja maioria foi subscrita pelos EUA, que ficaram como acionistas majoritários numa Sociedade Anônima.

8.3. A organização do FMI

Possui dois importantes órgãos diretivos: Conselho dos Governadores e Diretoria Executiva. Existe ainda uma equipe técnica de alto nível, que assessora os dois órgãos: o Conselho dos Governadores é formado pelos representantes dos países-membros do FMI, geralmente pelo Ministro da Fazenda de cada país. Embora haja atualmente 180 países-membros, o número de correspondentes do Conselho de Governadores é geralmente inferior, pois uma só pessoa pode representar vários países. Um dos Governadores será eleito presidente pelos demais. O Conselho de Governadores delibera sobre admissão ou demissão dos sócios do FMI, fixa as cotas de cada um, aprova modificação uniforme na paridade das moedas, estabelece formas de cooperação com outros organismos internacionais. Realiza normalmente uma reunião anual e as deliberações das reuniões são tomadas por maioria de votos, não votos por cabeça, mas pelo número de cotas de cada membro.

A Diretoria Executiva é a que faz funcionar o FMI, com os trabalhos administrativos e técnicos. Os diretores executivos são eleitos pelo Conselho dos Governadores, em número de catorze e os outros seis são nomeados pelas grandes potências, ou seja, os portadores de maiores cotas no Fundo. Os diretores executivos elegerão um deles, que será chamado de diretor-gerente e operará como se fosse o presidente da diretoria. Ao ser eleito, o diretor-gerente deixa de ser diretor-executivo e não terá direito a voto, a não ser o voto de Minerva.

Afora esses dois órgãos, o FMI tem uma administração interna, constituída de um quadro de pessoal de alto nível, tanto técnico como burocrático. Esses funcionários, como o próprio diretor-gerente, qualquer que seja a nacionalidade deles, ficam subordinados ao FMI e não mais a qualquer órgão de seus países.

8.4. Natureza jurídica

Sendo muito complexa a finalidade e atuação do FMI, complexa será sua natureza jurídica, envolvendo os diversos aspectos pelos quais ela seja analisada. É uma organização internacional, isto é, uma pessoa jurídica de Direito Internacional Público, por ser constituída de países diversos. Ao enquadrá-la no regime jurídico a que se subordina, porém, surgem diversas apreciações.

A primeira ideia que se liga a esta instituição é a de que seja ela uma instituição financeira, um banco. Realmente, o FMI é um intermediário entre o dinheiro excedente e as operações mercantis ou financeiras que necessitem de dinheiro. Assim, o FMI arrecada dinheiro dos países que o tenham em excesso e sem boas perspectivas de aplicação interna, transferindo-o aos países que necessitem de dinheiro para equilibrar suas finanças internacionais. Há algumas distinções com referência a um banco nacional, segundo as normas de nosso direito bancário: este é de caráter mercantil, com manifesto objetivo de lucro. O FMI não tem finalidade lucrativa, cobrando pelos empréstimos apenas uma taxa para a manutenção de seus serviços.

Outro aspecto a ser considerado é que a intermediação do FMI na captação de numerário disponível é apenas secundária, pelo menos do que consta na Convenção Constitutiva, de Bretton Woods, em 1944. A princípio, o numerário que deveria formar o capital do FMI seria fornecido pelos próprios países que dele fizessem parte e utilização dos fundos. Neste aspecto, aproxima-se mais de uma cooperativa de crédito, antigamente designada como "banco de crédito luzzatti", ainda adotada pela doutrina italiana.

Muita correlação existe entre a constituição e atividade do FMI com um condomínio. O Fundo é uma propriedade coletiva, pertencendo a todos os países-membros, tendo cada país um certo quinhão; são eles, portanto, co-proprietários dos fundos arrecadados, tanto que, no caso de extinção do fundo, será ele rateado entre Estados-membros, na proporção em que eles tiverem integralizado suas cotas.

8.5. Foro competente

Segundo a própria Convenção de Bretton Woods, os conflitos existentes entre o Fundo e os membros serão resolvidos por arbitragem, perante um tribunal arbitral constituído por três árbitros: um indicado pelo FMI, outro pelo país querelante, presidido pelo Presidente da Corte Permanente de Arbitragem. Por essa razão, foi criado posteriormente um novo órgão, denominado CIADI – Centro Internacional para a Arbitragem de Disputas sobre Investimentos. No recente conflito com a Bolívia a respeito da expropriação da Petrobrás na Bolívia, o Brasil ameaçou submeter a questão ao CIADI, o que levou esse país a retirar-se desse órgão.

8.6. DES – Direitos Especiais de Saque

O DES é um dos mecanismos monetários primordiais do FMI. Consiste numa reserva formada por contribuições de todos os países-membros. Quando um país tem *superavit* no balanço de pagamentos, deixa um numerário a mais para a formação do DES. Na constituição do capital do FMI, a maior parte do valor das cotas subscritas também vai para essa verba.

Quando um país sofre um *deficit* em seu balanço de pagamentos, saca então a diferença desse fundo, mantendo o equilíbrio. O DES é, contudo, uma moeda escritural, pois o dinheiro não circula, mas apenas o lançamento débito-crédito do FMI. Cada país tem, assim, uma cota à sua disposição para o saque.

O FMI criou depois um crédito especial, chamado *stand by*, pelo qual os saldos excedentes ficam à disposição para empréstimos extras. Porém, o país que obtiver esses créditos só poderá sacá-los se houver necessidade para isso, devido ao desequilíbrio de seu balanço de pagamentos. Um DES vale aproximadamente um dólar.

Os empréstimos do FMI aos países são de dois tipos, questão que provoca muitas controvérsias. Há empréstimo de alta e baixa condicionalidade, de acordo com a intensidade de condições impostas pelo FMI ao conceder o empréstimo. A baixa condicionalidade representa uma posição bem liberal do FMI para com o país mutuário; a exigência é de que o país tenha um *deficit* no balanço de pagamento e esteja adotando medidas para sanear o desequilíbrio.

O empréstimo de alta condicionalidasde é concedido a um país que se comprometa a adotar sérias medidas para corrigir suas distorções monetárias. A equipe técnica do FMI elabora planos de ajustamento, apresenta-os aos países e acompanha sua execução. Ao levantar empréstimos, o país aceita esses planos, mas na hora de cumpri-los alega ingerência externa na sua vida interna. É o que se vê no Brasil e demais países endividados.

8.7. O Banco Mundial

Juntamente com o FMI, o Tratado de Bretton Woods criou outro órgão paralelo, conhecido como Banco Mundial, que proporciona assistência financeira e técnica para estimular países para o desenvolvimento econômico. O Banco Mundial está formado por mais de 150 países e constituído de cinco organizações:

– BIRD – Banco Internacional de Reconstrução e Desenvolvimento (IBRD – International Bank for Reconstrution and Development)

– AID – Agência Internacional de Desenvolvimento (IDA – International Development Agency)

– CFI – Corporação Financeira Internacional (IFC – International Finance Corporation)

– CIADI – Centro Internacional para a Arbitragem de Disputas sobre Investimentos (destinada a solucionar conflitos a respeito de investimentos estrangeiros, pelo sistema de arbitragem)

– AMGI – Agência Multilateral de Garantia sobre Investimentos (estimula investimentos estrangeiros nos países em desenvolvimento, dando garantias aos investidores contra prejuízos causados por riscos não comerciais, e assessoria sobre investimentos.)

Quando qualquer país quiser se filiar ao novo Sistema Monetário Internacional, deverá fazer parte das cinco organizações: FMI, BIRD, AID, CFI, CIADI, AMGI.

Os conflitos entre os países e o Banco Mundial são resolvidos por arbitragem, como acontece com o FMI. Aliás, as cinco organizações são integradas e observam critérios comuns e estruturas mais ou menos semelhantes. Como a do FMI, a sede do Banco Mundial é em Washington e também segue a organização do FMI, com dois órgãos primordiais: Conselho dos Governadores (*Board of Governors*) e Conselho de Diretores (*Board of Directors*). Num aspecto são diferentes: o presidente do FMI é sempre um europeu e o presidente do Banco Mundial é sempre um norte-americano.

Por esse aspecto, é marcante a influência norte-americana sobre o Banco Mundial. Em primeiro lugar, o presidente é um norte-americano; além disso, o poder de voto dos EUA é correspondente a 25% do capital do banco, subscritos pelos EUA, e a arrecadação de fundos pelo Banco Mundial processa-se principalmente nos EUA. Para se ter uma ideia dessa predominância, no final de 2007 foi eleito presidente do Banco Mundial o ex-Secretário de Estado, Roberto Zoellik, para o quinquênio 2008-2012. Esse mesmo cidadão, como Secretário de Estado, dois meses antes, ameaçou o Brasil com sérias medidas, se o Brasil não adotasse restrições firmes contra a pirataria que afetasse produtos americanos; e o Brasil votou nele.

É também comentada a influência de Wall Street e dos grandes grupos econômicos americanos; dos seis presidentes, três eram dirigentes de instituições do grupo Rockfeller e outro diretor do Banco de Chicago, outro ainda diretor de banco privado. O sexto presidente, Robert Macnamara, foi Secretário da Defesa dos EUA e o atual, Roberto Zoellik, é um milionário, ligado a bancos e empresas petrolíferas.

8.8. O BIRD – Banco Internacional de Reconstrução e Desenvolvimento

O BIRD, como o próprio nome indica, é um banco internacional, agrupando recursos para aplicação em outro país. Destina-se a financiar projetos de desenvolvimento, mas não mais em reconstrução, porquanto essa circunstância surgiu após a grande guerra mundial, num mundo semidestruído e necessitando de reconstrução.

8.9. A AID – Agência Internacional de Desenvolvimento

A AID faz empréstimos a países não suficientemente abonados para os financiamentos do BIRD ou que não possam atender a todas as condições impostas pelo BIRD. Só concede também financiamentos a governos, sendo assim uma complementação do BIRD.

A AID também é formada e mantida com capitais fornecidos pelos governos-membros. Esses recursos financeiros são repassados aos governos de países em desenvolvimento, em condições mais favoráveis do que as do BIRD; os juros são mais módicos e, às vezes, há até isenção de juros; os prazos são normalmente mais longos, geralmente de 50 anos.

8.10. A CFI – Corporação Financeira Internacional

A CFI é a maior organização internacional do mundo, que proporciona assistência financeira na forma de empréstimos e investimentos no setor privado dos países em desenvolvimento.

O fim primordial é promover o desenvolvimento dos países-membros, que estejam em fase de desenvolvimento, graças ao suporte financeiro à iniciativa privada desses países, que representam 90% dos membros, já que é pequeno o número de países considerados como desenvolvidos.

É filiada ao Banco Mundial, mas opera como organização independente, com outra equipe de dirigentes e fundos próprios. Suplementa a atividade do BIRD, proporcionando à iniciativa privada investimentos e empréstimos, sem garantia governamental. A CFI só fará investimentos se o capital necessário não puder ser obtido, em condições favoráveis, em outras fontes. Muitas vezes, a CFI serve como catalisadora para um projeto, encorajando outros investidores, de dentro e de fora do país hospedeiro, para fazer esses investimentos com o patrocinador local, para um especial projeto.

A clientela da CFI é exclusivamente da iniciativa privada. Nesse aspecto, distancia-se do BIRD e da AID, que só atuam em nível de governos. A CFI investe em investimentos privados (*ventures*) por meio de empréstimos e subscrição de capital, em colaboração com outros investidores. Evita tornar-se dona do empreendimento, conservando participação minoritária e participa de empresas que contribuem para o desenvolvimento do país beneficiário e proporciona lucros aos investidores.

No decorrer desses anos, a CFI formou substancial experiência financeira, técnica e legal, que pode ser de considerável proveito aos investidores. Além disso, sua posição como organização internacional pode proporcionar assistência e segurança aos investidores. Seus aportes financeiros espalham-se por quase 100 países, em quase mil empresas beneficiárias, sendo o Brasil o principal deles, com 15% das aplicações da CFI. Entre as muitas empresas beneficiárias figuram: Villares, Perdigão, Amapá Florestal, Cimetal, Ciminas, Sococo, Alpargatas, o Frigorífico Chapecó, o Frigorífico Bertin, da cidade de Lins.

A CFI é suprida pelo seu capital, formado com a subscrição das cotas pelos países-membros, mas também levanta fundos perante o Banco Mundial e coloca títulos no mercado internacional de capitais.

9. A UNIÃO EUROPEIA

9.1. A origem da União Europeia
9.2. A CECA
9.3. Fundação da União Europeia
9.4. Objetivos da UE
9.5. Meios de ação
9.6. Moeda europeia
9.7. Órgãos da UE
9.8. Direito Comunitário
9.9. Legislação comunitária
9.10. A CJUE – Corte de Justiça da União Europeia
9.11. Competência da Corte
9.12. União Europeia e Mercosul

9.1. A origem da União Europeia

A União Europeia, criada com o nome de Mercado Comum Europeu, mudado depois para Comunidade Econômica
Europeia e finalmente União Europeia, pode ser indicada como
um acontecimento que mudou a face da história em todos
os sentidos. É uma união econômica, um bloco econômico,
político e social, atualmente de 27 países europeus que participam de um projeto de integração geral, para construir um
mercado comum para a colocação de seus produtos, aquisição
de matérias-primas, transporte a baixo custo, barateamento
de produtos e suas consequências. Para atingir esse objetivo, muitas medidas foram tomadas e preconizadas, como a
criação de impostos restritos e uniformes, a eliminação das
discriminações decorrentes da nacionalidade e outros fatores
isolacionistas.

O objetivo inicial era apenas econômico, ampliando-se,
pouco a pouco, até atingir amplitude e complexidade cada vez
mais crescentes. Visíveis são hoje as implicações jurídicas desse
organismo, com a criação de um novo ramo do direito: o Direito
Comunitário, representado por leis votadas pelos órgãos diretivos
da UE, mormente o Parlamento Europeu, jurisprudência elaborada
pela Corte de Justiça da UE, doutrina representada por mais de
duas mil obras editadas e teorias originais.

9.2. A CECA

A UE começou em 1950, quando seis países: Itália, Alemanha, França, Bélgica, Holanda e Luxemburgo reuniram-se para adotar os fundamentos que hoje sustentam a teoria comunitária. Eram países semidestruídos por uma guerra mundial (1939-1945) e ainda tinham na memória os reflexos de outra guerra mundial (1914-1918). Concluíram que os motivos primordiais de duas guerras foi a produção, em excesso, de produtos siderúrgicos e dificuldade de colocação desses produtos no mercado internacional, gerando litígios contínuos até o desencadear da guerra.

Estabeleceram, então, uma união europeia denominada CECA – Comunidade Econômica do Carvão e do Aço, criando um mercado comum entre os seis países, rompendo as barreiras alfandegárias entre eles, eliminando impostos e unificando os tipos de produtos. A produção foi também unificada: cada país deveria produzir o suficiente para suprir o mercado comum, evitando concorrência conflitiva entre eles. A conquista do mercado exterior seria feita pela própria CECA, evitando-se conflitos e atropelos entre os países comunitários.

O sucesso da CECA foi impressionante, apesar de que tivesse ela se restringido somente aos produtos siderúrgicos. Os seis países logo se reergueram, equipararam suas indústrias, elaboraram nova tecnologia e equilibraram sua produção. Logo passaram a competir no mercado internacional, graças à produção racionalizada e à qualidade dos produtos. No âmbito da própria CECA foi-se desenvolvendo a ideia de estender seus efeitos a outros segmentos de mercado, e outras áreas econômicas. Acharam os seis países de melhor conveniência manter a CECA e criar outra comunidade mais ampla.

A CECA deixou de existir, pois o prazo de sua vigência era de 50 anos, tendo-se vencido em 2002. Além disso, o objetivo inicial foi absorvido pelo geral da UE.

9.3. Fundação da União Europeia

Os seis países que criaram a CECA reuniram-se novamente em Roma, em 1957, na convenção que criou o Mercado Comum

Europeu, também chamado Comunidade Econômica Europeia, a futura UE. A intenção era criar apenas um mercado comum para os demais produtos fora da pauta da CECA, tanto que o Tratado de Roma foi considerado como criador do Mercado Comum Europeu, não se falando em UE. Esse tratado estabelecia como metas o fim das tarifas aduaneiras de todos os países comunitários para produtos oriundos desses países, a implantação de tarifas únicas para o comércio exterior, programas para o transporte e agricultura e a livre movimentação de capital e trabalho.

Todavia, essas medidas se ampliaram de tal forma que o Tratado de Roma não instituiu apenas um mercado comum, mas uma verdadeira comunidade econômica, ultrapassando depois o sentido exclusivamente econômico. O conjunto de países que a compõem foi estruturando quase um superpaís, que se sobrepõe a ele, pelo menos sob o ponto de vista econômico. A UE organizou-se como um novo Estado, constituído com seus poderes plenamente definidos: o Executivo, o Legislativo, o Judiciário.

No dia 23.3.1957, no Palácio do Campidóglio, sede do governo italiano, seis países assinaram o Tratado de Roma, para constituir a Comunidade Econômica Europeia: Alemanha, França, Bélgica, Holanda, Itália e Luxemburgo, que eram os mesmos da CECA. Em 1973, o grupo alargou-se com a entrada da Inglaterra, Irlanda e Dinamarca. Em 1981, integrou-se a Grécia e, em 1986, Espanha e Portugal. Em 1985 entram Finlândia e Áustria.

Com o fracionamento da antiga União Soviética, muitos países requereram seu ingresso, tendo entrado, em 2004, Checosváquia, Chipre, Eslováquia, Eslovênia, Estônia, Hungria, Letônia, Lituânia, Malta, Polônia. Em 2007, entram a Bulgária e a Romênia. Croácia, Turquia e Macedônia aguardam aceitação.

A denominação da União Europeia foi formalizada pelo Tratado de Maastricht, em 1992, também chamado Tratado da União Europeia.

Constituiu-se assim o suprapaís, com população de mais ou menos 500 milhões de habitantes, de alto poder aquisitivo e alto PIB, podendo ser considerado como superior ao dos EUA. Possui bandeira própria, que é hasteada em todos os edifícios públicos da Europa e participa dos desfiles militares junto com a bandeira do país. Foi criada também a moeda europeia, o euro, que hoje é adotado 13 países europeus, substituindo a antiga moeda nacional. Tem 23 idiomas oficiais, seu hino, denominado Ode à Alegria, e seu lema: *In varietate concordia* = União na diversidade.

Em resumo, citaremos abaixo as três principais tratados internacionais referentes à criação da UE:

1. 1951 – Tratado de Paris – instituiu a CECA
2. 1957 – Tratado de Roma – instituiu a CEE – Comunidade Econômica Europeia
3. 1992 – Tratado de Maastricht da UE – instituiu a União Europeia

9.4. Objetivos da UE

O Tratado de Roma estabeleceu os objetivos de forma mais elevada, mas os atuais e reais objetivos da UE só podem ser compreendidos se analisados junto com os mecanismos adotados para atingir esses objetivos. Os objetivos expostos foram os de promover a união cada vez mais estreita entre os países europeus, eliminando as barreiras que dividiam a Europa, promover a melhoria das condições de vida e de emprego, e salvaguardar a paz e a liberdade.

De forma mais discriminada, a UE visa a congregar os países europeus, evitando que cada um se feche consigo, adotando o isolamento com medidas protecionistas e restringindo a importação dos demais países. Esse isolamento com radicalização nacionalista leva cada país a lançar-se no mercado internacional, em agressiva concorrência com os demais.

Em segundo lugar, adota a UE a concepção de que o progresso econômico e social só será atingido com o esforço comum de todos os países-membros e a eliminação de todas as barreiras que entravem as transações econômicas. Em vários pequenos mercados consumidores lutando entre si, é preferível estabelecer um só mercado, amplo, harmônico e livre. Baseada neste princípio, a UE observa com especial atenção os projetos para o desenvolvimento de certas regiões pobres da Europa, localizadas na Itália, em Portugal e outros países, visando tirá-las da estagnação e integrá-los no concerto econômico europeu, transformando-as em regiões consumidoras.

Salvaguardar a paz e a liberdade foi a razão primordial da criação da CECA e da UE. Evitando a formação de blocos fechados, a competição industrial agressiva de um país sobre outro, é possível criar um ambiente de harmonia e bem-estar entre todos os países. Encontrando cada país a solução do problema que o aflige, com a cooperação dos órgãos da UE, cessa a necessidade de resolvê-lo pela luta armada.

9.5. Meios de ação

Para atingir os objetivos estabelecidos no Tratado de Roma, a UE criou vários mecanismos que revelaram clara eficiência ao atingir os objetivos, mas também alargaram esses objetivos a campos não previstos. O projeto de unificação europeia não teria sido atingido de forma tão segura se os objetivos não tivessem sido bem definidos e equacionados e os meios para atingi-los bem compatibilizados.

O primeiro passo foi o de romper as barreiras de toda ordem, que dificultavam a movimentação de pessoas, mercadorias, serviços, capitais e transportes. Tais barreiras, como os postos de fronteiras, representam entraves e controles de imigração, circulação de bens e serviços entre os países. Foi preciso eliminar esses fatores negativos causadores de atrasos, formalidades e gastos desnecessários que representam ainda a desconfiança, o divisionismo e um nacionalismo piegas.

As barreiras primordiais eram as tarifas alfandegárias. O vinho português, para chegar aos países do Mar Báltico, tinha de passar por vários países, pagando taxas alfandegárias a todos. A eliminação das taxas fez ruir as fronteiras para os produtos europeus. As taxas internas, os impostos sobre mercadorias, que em vários países recebem o nome de IVA – Imposto sobre Valor Agregado, causavam conflitos ante a disparidade da alíquota. Por exemplo, a gasolina na França tinha preço alto e em Luxemburgo, preço baixo, porque o IVA, equivalente ao IPI em nosso país, era mais elevado na França. A divisa entre os dois países é uma rua e os automóveis da França iam se abastecer em Luxemburgo, no outro lado da rua.

Outro obstáculo à livre circulação de mercadorias era a diferença tecnológica entre vários países. Peças automobilísticas de um país não serviam em automóveis de outros países; o televisor de um país tinha um sistema de transmissão incompatível com o de outro, impedindo recepção de imagem. A cerveja alemã não tinha aceitação em outros países por ser mais amarga. Esse problema é mais delicado e de solução mais difícil que os demais. Contudo, está sendo solucionado de forma bem racional. Há numerosos acordos entre empresas para unificação da tecnologia, de tal forma que possa atender à demanda do Mercado Comum Europeu e não de um ou de dois países.

Outra abertura difícil de ser aceita era a da livre movimentação de capitais. Cada empresa tinha uma nacionalidade e constituía, às vezes, orgulho nacional. A Renaut e a Michelin eram o símbolo econômico da França, a FIAT e a Olivetti eram o orgulho da Itália, a Krupp, da Alemanha. As barreiras nesse sentido também foram rompidas; um cidadão de qualquer país da UE pode adquirir, nas bolsas de valores de qualquer cidade da Europa, ações da FIAT ou da Renault. Se qualquer dessas empresas quiser montar uma fábrica em algum país da UE, basta obedecer à lei do país hospedeiro e terá plena liberdade de investimento.

Para o rompimento das barreiras legais foram eliminados os obstáculos a fim de que os bens e serviços pudessem circular livremente dentro da comunidade. Houve necessidade de contornar as normas técnicas que norteavam a produção. A França e a Alemanha possuíam, cada uma, legislação técnica constituída de 100.000 normas, muitas delas conflitantes entre si e com outros países. Essas normas são reconhecidas e paulatinamente uniformizadas, graças a um sistema de cooperação entre os governos europeus.

Outra barreira rompida foi a humana, para a livre movimentação de pessoas. O passaporte não tem mais o sentido do regime anterior, servindo hoje mais como um salvo conduto. Tanto quanto possível, procura a UE abater o princípio da nacionalidade, transformando os cidadãos dos países-membros em cidadãos europeus, em membros da comunidade. Assim, até funcionário público poderá ser originário de outro país. A movimentação de pessoas pelos países da UE tornou-se hoje livre, com a ausência de discriminações.

Essa migração humana é mais sugestiva no aspecto profissional, com a oferta de mão de obra no mercado de trabalho de cada Estado-membro. Impunha-se, neste aspecto, profunda reformulação legislativa na regulamentação do ensino, mormente superior, bem como reforma pedagógica que permitisse preparar o cidadão e o profissional para o trabalho em seu país, e em qualquer lugar da Europa. Também neste aspecto, processa-se a integração europeia. O diploma conferido pelas principais universidades europeias tem validade em todos os Estados-membros. As faculdades de direito dedicam alta importância ao Direito Comunitário e ao Direito Comparado.

Enquanto os problemas vão sendo resolvidos, outros vão surgindo como o *dumping* social. Há falta de mão de obra em certas regiões e excesso em outras, porquanto a legislação trabalhista e previdenciária ainda está desequilibrada quanto às vantagens ofertadas. Queixam-se algumas empresas quanto à perda de seus profissionais mais qualificados, que vão procurar livremente emprego em outros países mais liberais em sua legislação trabalhista e previdenciária. Essa modalidade humana mais se acentua com o sistema de contagem recíproca do tempo de aposentadoria entre os Estados-membros.

9.6. Moeda europeia

A ideia da criação de uma moeda europeia era bem antiga, mas a UE só teve sua moeda oficial a partir de 1.1.2002, denominada EURO, adotada por enquanto (início de 2008), por 13 dos 27 Estados que a constituem. Pouco a pouco, outros a irão adotando. Em 1.1.1999 ela foi estabelecida como moeda escritural, ou seja, só contabilizada. A partir de 1.1.2002, todavia, o Euro entrou em circulação, como moedas e papel-moeda, substituindo as moedas nacionais dos países que o adotaram.

Nos países que ainda não substituíram sua moeda pelo euro, ele tem livre circulação. É o que acontece também nos Estados minúsculos, como Andorra, Mônaco, São Marino, Vaticano, que não fazem parte da UE, mas a moeda predominante nelas é o euro.

As emissões do euro são feitas pelo Banco Central Europeu, sediado na cidade de Frankfurt, na Alemanha. Esse banco é quem executa a política cambial da UE.

9.7. Órgãos da UE

Os poderes da UE se exercem pelos quatro órgãos componentes dos três poderes: A Comissão, o Conselho, o Parlamento e a Corte de Justiça. Os dois primeiros constituem o Poder Executivo, que se divide em dois órgãos, diferente do que ocorre com os governos nacionais. O Poder Legislativo é bicameral. A Corte de Justiça, único do Poder Judiciário, contrasta com o duplo grau de jurisdição consagrado no mundo inteiro.

A Comissão é o órgão executivo de linha de frente. Com sede em Bruxelas, capital da Bélgica, tem 17 membros, um de cada país, mas os cinco países maiores têm mais um componente cada um, chamando-se os seus membros de comissários. Os comissários são indicados pelos respectivos governos para um mandato de quatro anos. Embora representem seus países, não podem ser desnomeados, a não ser que o país a que pertençam peça sua destituição à Comissão. Esta poderá demiti-los.

O Conselho é formado por 12 conselheiros, um de cada país, mas eles não têm mandato permanente; são indicados para cada reunião. Os governos europeus têm um ministério estranho ao Brasil e aos demais países: o Ministro de Assuntos Europeus; o ministro que ocupa é quem normalmente forma o Conselho da UE. Nem sempre, porém, quando se precisa tratar de um assunto específico, por exemplo, da saúde, e assim por diante. Quando se trata de questão de magna importância, o Conselho será constituído pelo 1º Ministro. A sede do Conselho está em Bruxelas, que é a sede do Poder Executivo, portanto, a capital da UE.

O Parlamento, órgão do Poder Legislativo, em sede em Estrasburgo, cidade francesa, ex-alemã, não longe de Bruxelas. É formado por deputados dos 27 países, eleitos pelo sufrágio universal. Os partidos que compõem o Parlamento são normalmente os que compõem a câmara dos Estados-membros: democrata-cristão, socialista, comunista, direitas, e outros menores, que integram o grupo "Arco-Íris".

9.8. Direito Comunitário

O complexo de problemas a serem solucionados com a criação da UE fizeram surgir um novo ramo do direito, o Direito Comunitário, hoje já esquematizado e em grande desenvolvimento, formando sugestiva bibliografia. Esse ramo do direito adota princípios definidos e formados pela nova realidade social surgida na Europa, elabora leis de várias espécies, forma jurisprudência elaborada pelos tribunais de cada país e pela Corte de Justiça da UE, que é o Poder Judiciário comunitário.

A legislação comunitária é produzida pelo Conselho e pelo Parlamento, órgão do Poder Legislativo da UE. A necessidade de formação do Poder Legislativo foi evoluindo conforme a UE ia deixando de ter sentido apenas econômico, para se alastrar em todas as manifestações sociais, para constituir-se numa autêntica "confederação de estados" e depois numa "união de estados". A própria designação de "econômica" e "mercado comum" retrata o fundamento da UE nos seus primórdios, como uma instituição destinada a facilitar as operações comerciais, de produção, de circulação de bens e de serviços.

Dentro desses objetivos, a nova ordem comercial poderia ser instituída pelas empresas nos seus contratos com empresas de outro país, pelas instituições econômicas, empresariais e financeiras, pelos tecnocratas e economistas e órgãos do Governo. Quando, porém, começou a sair dos limites de um simples "mercado comum", para criar normas aplicáveis aos cidadãos em sua variada atividade, adquirindo formas de vida, imperiosa se tornou a criação de um órgão representativo da opinião de todos os cidadãos.

Formou-se então um poder legislativo que representasse a opinião de todos os povos europeus, com uma formação política decorrente dos próprios governos e dos regimes que o compõem. Ainda neste aspecto, houve uniformidade europeia quanto à constituição e forma do governo dos Estados-membros. O regime legislativo da UE é parlamentarista, como é parlamentarista o regime de todos os Estados que a compõem. Torna-se difícil integrar-se nesse sistema um país presidencialista, em que a vontade do presidente prevalece sobre a nação e cuja mutação provoca mudança de diretrizes. É uma das razões do fracasso do MERCOSUL, como fora da ALALC/ALADI, uma sucessora da outra, formada por países presidencialistas e sujeitos a constante troca de presidente e de diretrizes.

Sendo os países europeus democráticos, parlamentaristas e de liberalismo econômico, em que o Parlamento dita as diretrizes políticas e legislativas, impunha-se a criação de um parlamento supranacional, nos mesmos moldes dos parlamentos nacionais. Toda a estrutura, orientação e formação política do Parlamento Europeu reflete idêntica organização doméstica. A estrutura do Poder Executivo é uniforme entre os países. Os partidos políticos que concorrem às eleições do Parlamento Europeu são os mesmos que atuam regionalmente e eles têm o mesmo conteúdo ideológico nos 27 países.

Sendo parlamento não de um país, mas de um suprapaís, de uma confederação de países e, ainda mais, de um país juridicamente ainda não existente, teria de adotar critérios diferentes de um parlamento nacional. É mais um órgão de controle do que legislador. Aprova o orçamento da comunidade, devido ao trabalho conjunto com o Poder Executivo e esta é uma atividade fundamental.

O orçamento da UE destina-se a financiar as políticas comuns: política agrícola, regional, social e outras. Numa primeira fase, foi financiado por contribuições nacionais. Depois da supressão dos direitos aduaneiros entre os Estados-membros, essas contribuições foram progressivamente substituídas por recursos próprios da comunidade: primeiro os direitos aduaneiros e os direitos niveladores agrícolas cobrados sobre os produtos importados de outros países, depois, também, numa porcentagem dos IVA nacionais.

Tendo a União Europeia alcançado a autonomia financeira, era lógico que o Parlamento Europeu viesse a exercer um controle direto sobre o orçamento na União, cuja análise fica fora do alcance de órgãos regionais. Por isso, o Parlamento e o Conselho exercem em conjunto o poder de decisão no domínio orçamental. É o Parlamento Europeu quem aprova, modifica ou rejeita o orçamento, com a colaboração do Conselho, em trabalho conjugado, de tal forma a evitar conflitos.

Há então completa integração entre os vários órgãos diretivos da comunidade. A Comissão prepara um anteprojeto de orçamento, que submete à apreciação do Conselho; baseado nele, o Conselho elabora um projeto que transmite ao Parlamento para aprovação. O Parlamento vota o orçamento, propondo às vezes modificações para o Conselho rever o projeto, voltando à aprovação final.

9.9. Legislação comunitária

A segunda função de alta importância do Parlamento é a legislativa. As leis comunitárias também são elaboradas segundo um processo triangular. Na verdade, é a Comissão que elabora as leis e as propõe ao Conselho, que as examina e aprova enviando-as ao Parlamento, que age mais como órgão de consulta. As leis comunitárias são de três tipos: decisões, regulamentos e diretivas. Apesar desse trabalho tríplice, a legislação comunitária vem sendo elaborada com segurança e tem sido fielmente seguida e respeitada pelos doze Estados-membros.

Uma lei comunitária pode ser anulada se não houver a consulta ao Parlamento e seu parecer favorável. Já houve casos em que a Corte de Justiça anulou decisões com essa falha. Por outro lado, a terceira função do Parlamento é a de controle sobre as atividades do Poder Executivo; este deve agir para a prática de decisões já aprovadas pelo parlamento e, do Poder Legislativo se exerce tanto sobre a Comissão como sobre o Conselho. A Comissão poderá ter um voto de censura, o que obrigará seus membros a renunciar.

151

9.10. A CJUE – Corte de Justiça da União Europeia

A CJUE foi prevista nos três tratados criadores das comunidades europeias: CECA, UE, EURATON, de tal forma que sua competência é a de fazer a aplicação do Direito Comunitário ou Direito Europeu, julgando questões que atingem as comunidades. É competente para aplicar e interpretar os tratados e atos praticados pelas instituições comunitárias, procurando dar às disposições do Direito Comunitário a maior eficácia. Recorrendo a métodos de interpretação positiva, baseados na finalidade dos tratados, a CJUE participa de maneira construtiva para o processo de integração europeia.

Não possui, porém, o monopólio do poder jurisdicional, mas tem competência de atribuição, interferindo nos casos previstos nos tratados, aplicando o Direito Comunitário Europeu Convencional, ou seja, originado das convenções complementares, como o Ato Único Europeu. As questões de direito comum são decididas pela justiça interna de cada país.

Além de treze juízes, a CJUE é constituída por seis "advogados gerais", cuja incumbência é apresentar, de forma pública, imparcial e independente, conclusões motivadas sobre questões submetidas à Corte. Os juízes e os advogados gerais são escolhidos entre pessoas de saber jurídico, que ofereçam garantia de independência, e que reúnam condições para o exercício, em seus respectivos países, das mais altas funções jurisdicionais, que sejam jurisconsultos de notória competência. Eles são nomeados por seis anos, de comum acordo entre os Estados-membros; são parcialmente renovados a cada três anos. A própria Corte nomeia o escrivão.

9.11. Competência da Corte

O artigo 177 do Tratado de Roma prevê que a Corte de Justiça da União Europeia – CJUE é competente para estatuir sobre a interpretação dos tratados comunitários, os atos praticados pelas instituições comunitárias e sobre os estatutos dos organismos criados pelo Conselho, quando esses estatutos o prevejam. Quando processos sobre essas questões forem entendidos perante a Justiça de qualquer país-membro da UE, a justiça local poderá transferir o processo para a CJUE. A Corte irá se declarar, entretanto, incompetente, se tiver que interpretar e aplicar o direito interno do país-membro, por não constituir fonte de direito para ela. A CJUE interpreta e aplica o Direito Comunitário, que também é chamado de Direito Europeu, de forma mais precisa, os tratados, inclusive os anexos tratados complementares e os atos praticados pelos Poderes da União: estatuto, decisão e diretiva.

A competência da Corte abrange os três comunidades: UE, CECA e EURATOM, conforme está previsto no tratado que constituiu cada uma delas. As competências da Corte são de ordem essencialmente jurisdicional, podendo ser reunidas em cinco grupos:

1 – controle dos atos dos Estados-membros, referentes às obrigações deles;

A principal finalidade da Corte é julgar as violações dos Estados às obrigações assumidas nos tratados. A violação, por um Estado-membro, de suas obrigações pode resultar de medidas positivas, atos jurídicos ou fatos materiais, ou abstenções. A violação merece julgamento mesmo que não se revele intenção dolosa ou prejuízo a outro Estado-membro. A abertura de um processo perante a Corte pode ser empreendida pela Comissão ou por um dos Estados. Se a Corte concluir que um Estado tenha transgredido as normas, fica o transgressor obrigado a tomar as medidas necessárias para reenquadrar-se na legalidade. A Corte, porém, não executa as medidas necessárias, ficando a cargo da Comissão e do Conselho, suspendendo o repasse de verbas que sejam devidas ao Estado transgressor.

2 – julgamento da validade dos atos das autoridades comunitárias e referentes às obrigações delas;

Outra função da Corte é pronunciar-se sobre a validade dos atos praticados pelas instituições das comunidades, que produzam efeitos de direito. Os recursos contra esses atos devem ser empreendidos no prazo de dois meses, pela Comissão, pelo Conselho, pelos Estados-membros ou mesmo por pessoas privadas. Os recursos para anulação desses atos fulcram-se na incompetência do agente, na violação dos tratados ou das formas substanciais, ausência de motivação, publicação ou notificação ou desvio do poder.

3 – interpretação dos tratados e dos atos das instituições das comunidades;

Cabe também à Corte interpretar os tratados das comunidades, os atos praticados pelas instituições comunitárias e o estatuto dos organismos das comunidades. Questões dessa natureza são muitas vezes propostas perante a justiça interna de um país-membro, que as transfere para a Corte. Os tratados comunitários e os atos praticados pelas instituições das Comunidades constituem as fontes primordiais do Direito Comunitário.

4 – competência de plena jurisdição;

A competência de plena jurisdição se exerce quando a Corte realiza julgamento completo de fato e de direito sobre o litígio. Ela pode reconhecer a existência ou não existência de um direito, determinar sua extensão e estabelecer eventual reparação. Julga questões entre as comunidades de um lado e seus agentes e funcionários de outro; julga, assim, a responsabilidade não contratual das comunidades.

5 – extensão das competências da Corte.

A extensão da competência da Corte pode ser resultado de atos unilaterais ou convencionais das instituições comunitárias.

9.12. União Europeia e Mercosul

Tem havido estudos comparativos entre o sucesso da UE e o fracasso da ALALC/ALADI e do Mercosul, embora os dois organismos se constituíssem com objetivos bem semelhantes e os atos constitutivos possuam a mesma estrutura. O Mercosul é um reflexo da UE e foi moldado nela. Uma das razões do sucesso da UE é a similaridade de sistemas de governo e de orientação existente em todos os membros das comunidades europeias. Todas têm o regime capitalista liberal, regime parlamentarista e estrutura política semelhante, em que há divisão de poderes. Não têm poderes para separar-se da UE ou transgredir suas normas o primeiro ministro de um país europeu, de tal forma que tudo fique a seu exclusivo critério.

A diversidade de sistema jurídico entre os quatro países do Mercosul é entrave à formação de um bloco. Cada país tem um tipo de direito, e legislação diferente. Nenhuma tentativa foi feita até agora para uniformizar mais ou menos nossa legislação. A legislação brasileira e nosso direito eram muito atrasados em relação aos outros três países. Tínhamos um Código Civil e um Código Comercial por demais anacrônicos e superados, extremamente confusos em decorrência do tempo.

O surgimento do novo Código Civil, em 2002, e da Lei de Recuperação de Empresas em 2005, foi, sem dúvida, importante passo na modernização de nosso direito. Entretanto, essas leis foram elaboradas sem levar em conta o direito de Argentina, Uruguai e Paraguai, mantendo assim a diversidade legislativa. Se formos criar uma legislação própria do Mercosul, haveria um choque com o direito dos quatro países que o compoem.

Não foi o que aconteceu com o direito europeu. Os principais países foram paulatinamente compatibilizando suas leis, embora não se pudesse falar em unificação, mas pelo menos em uniformização. A legislação europeia, vale dizer, a da UE, conforme foi surgindo, logo se implantou nos vários países, encontrando dificuldades só na Inglaterra, que adota sistema jurídico diferente. A relutância em admitir a Turquia no organismo europeu deve-se a esses fatores. A eleição dos deputados europeus se faz pelo voto universal, livre e secreto, enquanto a Turquia não possui o regime jurídico liberal. Predomina nesse país o sistema muçulmano, que não é aceito na Europa. Esse país não admite a existência do Partido Comunista, que é bem forte no Parlamento

Europeu. Por motivos mais ou menos semelhantes, os países do Mercosul encontrarão dificuldades em compor um parlamento sul-americano e uma legislação comum.

Outro fato foi a previsão, desde o início, da Corte de Justiça, de tal forma que as divergências entre os Estados-membros são resolvidas pela aplicação de normas legais. Igualmente a criação do Parlamento Europeu, representando o pensamento das nações, que podem fazer ouvir a sua voz.

10. OMC – ORGANIZAÇÃO MUNDIAL DO COMÉRCIO (Ex-GATT)

10.1. Conceito
10.2. Tarifas
10.3. Objetivos
10.4. Proteção nacional
10.5. Interdição do *dumping*
10.6. Fórum de consultas
10.7. Liberalização das importações
10.8. Organização
10.9. O Brasil na OMC
10.10. Histórico
10.11. O regulamento *antidumping*
10.12. O processo *antidumping*

10.1. Conceito

A OMC – Organização Mundial do Comércio, anteriormente chamada GATT – *General Agreement on Tariffs and Trade*, é a organização multilateral que fixa normas estabelecidas para reger o comércio internacional. Desde 1948, a OMC tem operado também como o principal organismo internacional encarregado de negociar a redução dos obstáculos restritivos do comércio internacional e outras medidas que perturbem a concorrência e de velar pelas relações comerciais internacionais.

A OMC é, porém, um código de normas e, às vezes, um foro em que os países podem discutir e resolver seus problemas comerciais e negociar com o objetivo de ampliar as oportunidades de comércio no mundo. O fato de ter crescido o volume do comércio internacional, até multiplicar-se por dez, desde o fim da última guerra mundial, constitui demonstração de êxito da OMC em sua dupla função.

A princípio, a OMC era apenas um acordo entre vários países para desenvolver o comércio internacional e estudar medidas necessárias para esse desenvolvimento, mormente no tange à adoção de tarifas aduaneiras, tanto que se chamou até o fim de 1994 *General Agreement on Tariffs and Trade* (Acordo Geral sobre Tarifas e Comércio). Evoluiu muito e passou a ser uma organização internacional, com sua estrutura básica, seu estatuto, objetivos, métodos de ação e normas impostas a seus membros. O objetivo básico dessa organização internacional e, em síntese, desenvolver o comércio entre todos os países de que se serve para atingir esse objetivo é a eliminação de tarifas (ou taxas aduaneiras) e demais entraves e gravames ao comércio internacional.

10.2. Tarifas

O antigo nome da OMC, Acordo Geral sobre Tarifas e Comércio Internacional, dá uma ideia de seus objetivos. Seu ponto cruciante é o problema das tarifas aduaneiras e, por isso, merecem elas especial atenção. Tarifa é um imposto que recai sobre produtos importados; a fonte geradora desse imposto é a entrada, no país, de mercadoria estrangeira. O Brasil adota o Imposto sobre Importações, como a maior parte dos países. A tarifa tem diversas finalidades, como, aliás, quase todo tipo de impostos. Chama-se "tarifa de receita" a que for criada para a arrecadação de numerário pelo Poder Público, aumentando sua receita.

O alvo da OMC, entretanto, é a "tarifa protecionista", ou seja, um tributo incidente sobre importação de mercadorias a fim de aumentar o preço do artigo estrangeiro e a competitividade do artigo similar nacional. As tarifas, também chamadas "taxas aduaneiras", encarecem o produto importado, estimulando os consumidores a dar preferências aos produtos de seu país. Se todos os países assim fizessem e criassem empecilhos ao livre trânsito de mercadorias, o comércio internacional ficaria bloqueado. Por isso, procura a OMC conciliar os interesses internacionais dos países-membros com os interesses nacionais. Para que se tenha em mente a delicadeza dessa questão, podemos apontar a Medida Provisória adotada pelo Governo brasileiro em meados de 1995, estabelecendo cota de importação de carros estrangeiros e criando uma tarifa elevada para a importação deles, a fim de evitar a invasão de veículos importados no Brasil e concorrência com a indústria automobilística nacional. Essa medida provocou uma reunião dos Presidentes dos Países do Mercosul e ameaçou a continuidade do próprio Mercosul.

Dois países poderão celebrar um acordo aduaneiro (ou tarifário) quanto às tarifas incidentes a alguns ou todos os produtos da pauta de exportações de cada um deles. Poderá haver um acordo entre um grupo de países ou acordo geral, aberto a todos os países, como o da própria OMC. Assim se formam a União Aduaneira, a Associação de Livre-Comércio, o Mercado Comum. No livre-comércio as tarifas são eliminadas; na União Aduaneira os países da união estabelecem tarifas uniformes e comuns a ambas, nas suas transações com os países que não fazem parte da união.

10.3. Objetivos

Em síntese geral, a OMC objetiva o desenvolvimento do comércio internacional, com a maior eliminação possível das tarifas aduaneiras, discriminações e demais entraves que dificultem as operações comerciais no plano internacional. É conveniente repisar que o próprio nome da organização dá ideia de seu objetivo inicial. O primeiro "princípio", plasmado na cláusula da "nação mais favorecida", é que no comércio internacional (*trade*) não deve haver discriminações. Todas as partes contratantes estão obrigadas a conceder-se mutuamente um tratamento tão favorável como aquele que daria a qualquer outro país, relativo à aplicação e administração dos direitos e gravames de importação e exportação. Assim sendo, nenhum país pode conceder a outro vantagens comerciais especiais, nem fazer discriminações contra outro país: todos estão em pé de igualdade e todos podem beneficiar-se de qualquer redução que se faça dos obstáculos ao comércio. As exceções a esta norma fundamental só se admitem em certas circunstâncias especiais, como os "Acordos Regionais".

Os "Acordos Regionais" são observados em distintas regiões do mundo, como é o caso do MERCOSUL, da União Europeia (criada a princípio como Mercado Comum Europeu) e tratados bilaterais como fez o Brasil recentemente com vários países. Tais acordos de comércio internacional visam à redução ou supressão dos obstáculos às suas pretensões mútuas. O artigo XXIV da OMC reconhece a utilidade de uma integração maior das economias nacionais, mediante a liberalização do comércio entre elas. Por conseguinte, autoriza tais acordos, desde que a exceção à norma geral da OMC, da nação mais favorecida, seja observada dentro das estritas condições, cuja finalidade é garantir que esses acordos facilitem o comércio entre os países interessados, sem opor obstáculos ao comércio com o resto do mundo.

Os agrupamentos comerciais regionais, previstos no artigo XXIV, podem se revestir na forma de uma união aduaneira ou de uma zona de livre-comércio. Em ambos os casos, é preciso que se eliminem os direitos e demais obstáculos que pesem sobre o essencial dos intercâmbios comerciais entre os países componentes do grupo. Em uma zona de livre-comércio, cada membro mantém uma política comercial e um sistema de tarifas próprio, para com os países de fora da zona; em uma união aduaneira adota-se o sistema de tarifa unificada, frente ao exterior. Tanto em um como em outro caso, exige-se que as tarifas e as disposições que afetem as transações dos membros do grupo com os países de fora não sejam mais restritivas do que as aplicadas antes da criação do grupo. Entre os resultados da Rodada de Tóquio, figura uma disposição pela qual se faculta aos países em desenvolvimento concluir acordos comerciais preferenciais, sobre base regional ou global, que prevejam a eliminação ou redução das tarifas.

10.4. Proteção nacional

O segundo princípio fundamental é o de que a proteção das indústrias nacionais deve efetuar-se essencialmente mediante a tarifa aduaneira e não com medidas de outra classe. O objetivo dessa norma é, entre outras coisas, conseguir que se conheça claramente o grau de proteção. Afronta pois as normas da OMC, como também o MERCOSUL, a adoção de cotas de importação de carros, recentemente adotada pelo Brasil, uma vez que já fora adotada tarifa protecionista.

O comércio se apoia, assim, sobre uma base estável e conhecida graças à consolidação por negociação entre as partes contratantes, dos níveis dos direitos aduaneiros. Esses direitos consolidados figuram em cada país, em uma das listas aduaneiras que formam parte da OMC. Esse princípio, pelo qual os Estados se comprometem a reservar aos produtos estrangeiros, uma vez franqueada a fronteira, o mesmo tratamento fiscal e legislativo que dispensam aos produtos nacionais, é também chamado pelo nome de "tratamento nacional".

10.5. Interdição do *dumping*

O terceiro princípio adotado foi o da interdição do *dumping* e a regulamentação das subvenções à exportação. O *dumping* é uma prática que permite a introdução de produtos de um país no mercado de outro por preço inferior ao seu valor normal.

Essa definição foi introduzida em caráter menos absoluto no código *antidumping* negociado em 1967 com a seguinte redação: "Um produto deve ser considerado como caracterizador de um *dumping*, isto é, como introduzido no mercado de um país importador a preço inferior ao seu valor normal, se o preço de exportação desse produto, quando exportado de um país para outro, é inferior ao preço comparável, praticado no curso de operações comerciais normais, por um produto similar destinado ao consumo do país exportador."

10.6. Fórum de consultas

A realização de consultas, o processo de conciliação e solução de divergências são questões de fundamental importância para a atuação da OMC. Tanto os países grandes como os pequenos podem recorrer à OMC, em busca de solução, quando julgarem que outras partes contratantes anulem ou ponham em perigo os direitos que a OMC lhes confere. Em sua maioria, essas diferenças se resolvem diretamente pelos países interessados. Nos últimos anos, os Estados-membros têm recorrido, de forma crescente, aos grupos especiais de técnicos independentes, estabelecidos pelo Conselho da OMC e pelos comitês que velam pelo cumprimento dos acordos sobre medidas não tarifárias. Os membros dos grupos especiais são eleitos entre nacionais de países não envolvidos no litígio. Mais ou menos, a OMC atua nestes casos como uma câmara arbitral.

10.7. Liberalização das importações

A eliminação das restrições às importações é um princípio e uma disposição fundamentais da OMC, estabelecidos numa época em que essas restrições estavam muito difundidas e constituíam importante obstáculo para o comércio internacional. Essas restrições perderam muito de sua importância, mas continuam numerosas e afetam negativamente as operações internacionais de troca de mercadorias.

A principal exceção a esta norma da OMC é no caso de desequilíbrio no balanço de pagamentos de um país (art. XII). Admitem-se, neste caso, as restrições às importações, que não devem ser aplicadas além da necessidade de reequilibrar o balanço de pagamentos, sendo paulatinamente reduzidas e eliminadas quando tiverem sido atingidos os objetivos. Essa exceção amplia-se para os países em desenvolvimento, pelo reconhecimento (consignado no artigo XVII) de que se podem ver obrigados a manter restrições às importações, para impedir um dispêndio excessivo de divisas, por causa da demanda de importação.

10.8. Organização

O órgão superior da OMC é a RODADA, isto é, o período das reuniões dos países do acordo. Nas decisões por votação, em que cada parte tem um voto, basta a maioria simples, mas é necessária a maioria dos 2/3 dos votantes, e que haja mais da metade dos países-membros, para que seja concedida uma "exceção". A exceção, conforme já comentado, é um instituto próprio da OMC, e consiste numa autorização outorgada, em casos particulares, para um país deixar de cumprir determinas obrigações impostas pela OMC.

O "CONSELHO DE REPRESENTANTES" ocupa-se dos assuntos transitórios e urgentes, entre os períodos das Rodadas. Este órgão reúne-se normalmente uma vez por mês.

O "GRUPO CONSULTIVO DOS DEZOITO" é formado por funcionários de alto nível de vários países e que desempenhem em seus países funções relacionadas ao comércio internacional. Sua função é colaborar com os membros da OMC, para melhor desempenho de suas tarefas primordiais, como a de seguir a evolução do comércio internacional e prevenir ou resolver as perturbações que ameacem o sistema de comércio multilateral e o processo de reajuste, incluindo a coordenação entre a OMC e o FMI.

O "COMITÊ DE COMÉRCIO E DESENVOLVIMENTO" acompanha todas as atividades da OMC, procurando influir para que tenham prioridade os problemas de interesse dos países em desenvolvimento. A função deste Comitê foi reforçada na Rodada de Tóquio, mediante a criação de dois novos comitês: um para examinar qualquer medida de proteção adotada pelos países desenvolvidos contra as importações procedentes de países em desenvolvimento; outro para analisar os problemas de comércio exterior dos países menos adiantados.

A criação desse Comitê resultou de uma evolução sensível da OMC, graças ao seu alargamento, com a adesão de grande parte dos novos países, quase todos subdesenvolvidos. Assim sendo, os países em desenvolvimento constituem a maioria na OMC e, com o voto por cabeça, há predominância deles nas decisões. Nesse aspecto, a OMC se diferencia bastante do FMI e do Banco Mundial, nos quais o poder de voto se baseia nas cotas que possuem os países-membros nesses órgãos.

Nesta evolução, em 1965, foi adicionado um novo capítulo, a Parte IV, com os artigos 36, 37, 38, denominado "Comércio e Desenvolvimento". Neste capítulo, ficou estabelecido que os países em desenvolvimento devem ser ajudados pelos países desenvolvidos, mediante um "esforço consciente e tenaz". Esse capítulo estabeleceu um novo e importante princípio, ampliado nos acordos da Rodada de Tóquio, segundo o qual, nas negociações comerciais, os países desenvolvidos não deveriam esperar dos países em desenvolvimento contribuições incompatíveis com as necessidades desses últimos, em matéria de desenvolvimento, finanças e comércio.

Os países desenvolvidos também convencionaram que salvo no caso em que razões imperiosas possam impedir, iriam se abster de aumentar os obstáculos à exportação de produtos primários e de outros produtos de especial interesse para os países em desenvolvimento e concederiam prioridade à redução dos obstáculos existentes, inclusive os gravames fiscais.

O "COMITÊ DE COMÉRCIO E DESENVOLVIMENTO" procura manter o equilíbrio no princípio de reciprocidade e das exceções a esse princípio, no tocante aos países em desenvolvimento.

10.9. O Brasil na OMC

Entre as 23 nações que, em 1947, firmaram o acordo da constituição da OMC – Organização Mundial do Comércio, como o nome, a princípio, de GATT – *General Agreement on Tariffs and Trade*, estava o Brasil. É membro fundador e participa ativamente de sua atividade. Entretanto, transgride com frequência os princípios básicos desta organização internacional de que faz parte. O Governo brasileiro concede maciços incentivos fiscais e creditícios para o barateamento dos produtos brasileiros, tornando seus preços bem inferiores àqueles do mercado nacional. Automóveis e outros veículos brasileiros são encontrados no mercado internacional a baixo custo. O mesmo fenômeno ocorre com outros produtos nacionais.

Por outro lado, há excessivas tarifas alfandegárias sobre os produtos importados e vários gravames que afrontam os compromissos constantes da OMC. Afora os gravames, há medidas impeditivas para a importação de certos produtos, a fim de proteger empresas brasileiras, geralmente dirigidas por políticos. É a chamada "reserva de mercado", em que certos segmentos de nossa economia ficaram fechados a alguns grupos econômicos. A questão primordial que agitou nosso país foi a reserva de mercado para a informática, estabelecida em 1984 pela Lei 7.232/84, que provocou sérias ameaças e retaliações por parte principalmente dos EUA. A lei 8.248/91 atenuou essa medida até que ela ficasse superada. Deixou porém sequelas no plano internacional. Ainda por cima, facilitou o início da pirataria, também criadora de dificuldades do Brasil perante o comércio exterior.

Para regulamentar o comércio internacional americano, certas normas foram adotadas, tendo como diploma primacial o *Trade Act* de 1975. Essa Lei, no título V, habilita o Presidente dos EUA a conceder tratamento diferencial com franquias às importações oriundas de países em desenvolvimento. Porém, a seção 502 do *Trade Act* estabelece medidas para descartar o benefício de preferências dos EUA a certos países, mediante "critérios imperativos e discricionários".

Pelo critério imperativo, o governo americano não pode beneficiar a importação de produtos de países com governo esquerdista. Pelo critério discricionário, não podem ser beneficiados países que se apropriem de bens americanos, imponham barreiras a investimentos americanos ou mantenham encargos fiscais discriminatórios contra produtos americanos, adotem *dumping* ou vedem a americanos a atuação comercial nos países beneficiados pelas franquias. Estribados nas normas da OMC, os EUA têm adotado retaliações variadas contra produtos brasileiros, como os sapatos de Franca, a soja, o suco de laranja e vários outros produtos.

10.10. Histórico

A OMC entrou em vigor em janeiro de 1948. Os 23 países que o firmaram estavam então elaborando o Estatuto da projetada Organização Internacional do Comercio – OIC (ou ITO – *International Trade Organization*), que se concebia como um organismo especializado da ONU. A OMC, que em boa medida se baseou em determinadas partes do projeto do Estatuto da OMC, assentou-se com o objetivo de poder proceder rapidamente à liberalização do comércio internacional (*trade*) e, se foi dotado de um dispositivo institucional mínimo, foi porque se supunha que a OIC o substituiria ou dele se encarregaria. Teve que abandonar os planos da criação desta última, quando se tornou evidente que não seria ratificado o estatuto da OIC, e a OMC ficou como o único instrumento internacional que estabelece normas comerciais, aceitas pelos países que dominam a maior parte do comércio mundial. O número de membros da OMC tem aumentado desde então, até a cifra atual de 180.

A OMC já fazia parte de discussões na Conferência de Bretton Woods em 1944, quando foram criados o Banco Mundial e o FMI. Ante a resistência do governo americano à criação da OIC, abandonou-se a ideia dessa organização internacional, mas o governo americano manteve a luta pela liberdade no comércio internacional, até conseguir seu intento com a criação da OMC. Assim é que se reuniram na cidade de Genebra (Suíça) representantes de 23 países, celebrando um acordo internacional, que tomou o nome de *General Agreement on Tariffs and Trade* (Acordo Geral sobre Tarifas e Comércio Internacional).

A palavra *trade*, utilizada universalmente, significa comércio internacional. O GATT foi criado por foi essa Convenção de Genebra de 1947 e aperfeiçoado principalmente pela Convenção de Havana, de 1948. A carta de Havana tratava de todos os problemas que interferiam na relação das trocas comerciais: barreiras não tarifárias, redução de níveis não tarifários, discriminação, subsídios, monopólios e cartéis, produtos primários, mercado de trabalho com pleno emprego. Para criar esse complexo de regulamentos, imperiosa seria a criação da ITO – *International Trade Organization*. Como esta não foi criada, restringiu-se o âmbito de atuação do GATT.

A atuação do GATT realçou-se principalmente graças a reuniões de conversações, chamadas "Rodadas". A mais recente foi a Rodada do Uruguai; contudo, a mais importante foi a Rodada de Tóquio, de 1975. Nesta Rodada, reuniram-se os representantes de 97 países participantes do GATT, países esses que somavam 90% do movimento comercial internacional. Todos os países desenvolvidos de economia de mercado dela participaram, e vários outros países, inclusive alguns do leste europeu. A partir do início de 1995, o GATT passou a atuar como nova organização, com mais amplas atribuições, recebendo o nome de OMC – Organização Mundial do Comércio.

10.11. O regulamento *antidumping*

Uma das formas de abuso do poder econômico por parte de uma empresa é a prática do *dumping*. É ainda manifestação de concorrência desleal, pois o *dumping* visa a desbaratar as empresas concorrentes do mercado consumidor disputado pela empresa agente do *dumping*. Note-se que o termo em questão faz parte hoje do vocabulário jurídico nacional, utilizado pela legislação que o restringe, com a grafia original; não se trata mais de uma expressão estrangeira.

Deve ter-se tornado problema bem sério, após a entrada no Brasil de produtos importados, tanto que provocou vivas discussões no final de 1944 e a promulgação da Lei *Antidumping*, com o Decreto 1.602, de 26.8.1995. O Brasil já oficializara o acordo do GATT – *General Agreement on Tariffs and Trade* (atual OMC – Organização Mundial do Comércio), estabelecido pelo Tratado de Marraqueshe (Marrocos), aprovado pelo Decreto Legislativo 30, de 13.12.94 e promulgado pelo Decreto 1.335, de 30.12.94.

Como se sabe, um tratado internacional transforma-se em lei nacional graças à aprovação do Congresso Nacional por um decreto legislativo e promulgação por decreto do Poder Executivo. Foi o que aconteceu com o tratado que transformou o GATT na OMC e estabeleceu as regras internacionais atualmente em vigor para a repressão ao *dumping*. Nossa lei e esse tratado ratificam o anterior Acordo *Antidumping*, celebrado em reunião do GATT, transformado em lei nacional, ao ser aprovado pelo Congresso Nacional pelo Decreto Legislativo 20, e promulgado pelo Decreto 93.941/87 e Acordo de Subsídios e Direitos compensatórios, aprovado pelo Decreto legislativo 22 e promulgado pelo Decreto 93.962/87, hoje devidamente regulamentado pela Lei 9.019/95.

O *dumping* é a prática de introduzir produtos de um país no mercado consumidor de outro país, por preço inferior ao seu valor normal. Esta definição foi introduzida em caráter menos absoluto no código *antidumping* em 1967 com a seguinte redação:

> *Um produto deve ser considerado como caracterizador de um* dumping, *isto é, como introduzido no mercado de um país importador a preço inferior ao seu valor normal, se o preço de exportação desse produto, quando exportado de um país para outro, é inferior ao preço comparável, praticado no curso das operações comerciais normais, por um produto similar destinado ao consumo no país exportador.*

Vê-se, destarte, que o *dumping* foi a princípio considerado um fenômeno internacional, malgrado seja ele praticado silenciosamente também no plano nacional.

A prática do *dumping* tornou-se corriqueira no Brasil, ao criar incentivos fiscais e linhas de crédito especiais para a exportação de produtos brasileiros. Em consequência, as empresas brasileiras lançaram-se à conquista dos mercados internacionais, oferecendo produtos a baixo custo, bem abaixo do preço cobrado no mercado interno. Inúmeras ameaças de retaliação, principalmente dos EUA, não fizeram o Governo brasileiro arredar pé dessa política econômica. Em 1994, porém, houve o reverso da medalha. Para poder exportar seus produtos, nosso país teve de abrir suas portas à importação. Essa abertura acarretou uma enxurrada de automóveis, tecidos, calçados, artigos para presentes e muitos outros artigos, cuja importação era antes proibida. Essa concorrência gerou protestos das empresas brasileiras. Fábricas de calçados do Rio Grande do Sul e de Franca, tecelagens de Americana-SP e outras fecharam ou reduziram drasticamente sua produção.

Ante a crise em que se debateram as empresas nacionais, o Brasil apressou a aplicação das normas preconizadas pela OMC, em que se transformou o GATT. Para tanto, transformou-as em lei nacional e, em seguida, apresentou o Decreto 1.602/95, regulamentando as normas disciplinadoras dos procedimentos administrativos, relativo à aplicação dos direitos previstos na Lei *Antidumping*, e depois a Lei 9.019/95. A nova legislação descurou todavia o *dumping* interno, ou seja, o praticado por empresas produtoras de produtos no próprio mercado interno. Predomina na Lei o nítido sentido internacional, preocupando-se com a entrada no Brasil, de produtos oriundos de outros países, a preço abaixo dos que sejam adotados no mercado interno dos países exportadores desses produtos. A analogia, entretanto, autoriza-nos a apelar pela aplicação da Lei igualmente no plano interno.

A questão é juridicamente bem complexa quanto à sua natureza. Há o concurso de vários ramos do Direito. Sendo assunto tratado pela OMC, na pauta de suas prioridades, amolda-se no Direito Internacional, tanto Público como Privado. Ao afetar a economia interna de um país e provocar o surgimento de legislação nacional, torna-se uma lei de direito interno. Como o *dumping* é prática de empresas, situa-se no âmbito do Direito Empresarial. Volvendo ao moderno conceito de Direito Empresarial, adotado pelo mestre da Universidade de Roma, o preclaro comercialista Giuseppe Ferri, de que o Direito Empresarial cuida das atividades empresariais destinadas à satisfação do mercado consumidor, temos que situar a questão no âmbito deste direito. Refere-se às normas referentes às unidades de produção e distribuição de bens, no regime de livre-iniciativa e intento lucrativo, vale dizer, às empresas, às atividades destas com vistas à conquista processa-se em afronta às normas legais, constituindo pois crimes previstos no Código da Propriedade Industrial e Código Penal, catalogados como concorrência desleal.

Essa concorrência desleal é patente. Por que uma empresa vende seus produtos a preços abaixo do mercado? Só pode ser para desbaratar a concorrência e ver-se sozinha no mercado; poderá então impor seu preço. Naturalmente, a empresa agente do *dumping* deverá ter considerável poder econômico para bancar os preços baixos e usa esse poder para escorraçar as empresas concorrentes, assenhorear-se do mercado e impor os preços que lhe proporcionem pingues lucros. Utilizamos aqui a linguagem adotada pelo Código de Propriedade Industrial, classificando esse tipo de ação como "concorrência desleal".Todavia, julgamo-la como concorrência ilícita, por ser condenada pela lei. Poderia ser até chamá-la de criminosa, uma vez que os atos que a compõem

171

são classificados como crimes pelo Código de Propriedade Industrial e pelo Código Penal.

O artigo 4º do Decreto 1.602/95 dá-nos uma definição de *dumping*, não muito diferente da que nos tinha sido dada pelo antigo GATT:

> *Para os efeitos deste decreto, considera-se prática de* dumping *a introdução de um bem no mercado doméstico, inclusive sobre as modalidades de* drawback, *a preço de exportação inferior ao valor normal.*

Considera-se normal o preço efetivamente praticado para o produto similar nas operações mercantis, que o destinem a consumo interno no país exportador. Por exemplo, ingressaram no Brasil ventiladores chineses a preço de US$ 10,00, enquanto eles custavam na China US$ 18,00. Se porventura o produto exportado ao Brasil não for vendido no mercado interno do país exportador, será levado em conta o preço de produto similar. O termo "produto similar" será entendido como produto idêntico, igual sob todos os aspectos ao produto que se está examinando, ou, na ausência de tal produto, outro produto que, embora não exatamente igual sob todos os aspectos, apresente características muito próximas às do produto que se está considerando. Esse levantamento deverá ser feito no país exportador, mas caberá à empresa prejudicada pelo *dumping* encomendar essa pesquisa.

Se for difícil aferir o preço adotado no país de origem e exportação do produto entrado no Brasil, por ausência de similar, poderá ser pesquisado o preço da exportação para outros países. Poderão, porém, ser consideradas como operações mercantis anormais e desprezadas na determinação do valor normal as transações entre empresas coligadas ou associadas, ou que tenham celebrado entre si acordo compensatório, a menos que esses preços e custos sejam semelhantes aos de outras empresas não coligadas.

O preço de exportação será o preço efetivamente pago ou a pagar pelo produto, exportado ao Brasil, livre de impostos, reduções e descontos efetivamente concedidos e diretamente relacionados com as vendas. Será efetuada comparação justa entre o preço de exportação e o valor normal, no mesmo nível de comércio, normalmente o *ex work* (ou *ex fabrica*), vale dizer, quando o produto está entre o valor normal e o preço de exportação.

A empresa que introduzir no mercado brasileiro produtos estrangeiros, a custo abaixo do normal, vale dizer, exercendo *dumping*, causará danos aos fornecedores nacionais e poderá ser acionada a reparar esses danos. Poderão ser danos materiais ou ameaça de danos materiais à indústria doméstica já estabelecida ou retardamento sensível na implementação de tal indústria.

A determinação do dano será baseada em provas positivas e exigirá exame objetivo do volume das importações sobre a indústria doméstica. É necessária a demonstração do nexo causal entre as importações objeto e do dano à indústria doméstica, devidamente comprovado. A "indústria doméstica" representa a totalidade dos produtores nacionais do produto similar ou como aqueles, dentre eles, cuja produção conjunta constitua parcela significativa da produção nacional do produto.

10.12. O processo *antidumping*

A empresa doméstica, ou seja, a indústria brasileira que se julgar prejudicada pela prática de *dumping*, poderá processar a empresa infratora com base na legislação *antidumping* brasileira, que, é bom repetir, está escorada nas normas internacionais da OMC. O processo será instaurado na Secretaria do Comércio Exterior – SECEX, órgão do Ministério da Indústria, Comércio e Turismo. Será, portanto, um processo administrativo, para o qual a lei exige ampla comprovação e demonstração da existência do *dumping*, dos danos e do nexo causal entre as importações objeto de *dumping* e os danos alegados. Esse processo seguirá o rito estabelecido pela Lei e por roteiro elaborado pela SECEX.

A abertura do processo será requerida por petição da empresa prejudicada, dirigida à SECEX, contendo a completa qualificação da requerente e indicando o volume e o valor de sua produção nacional de produtos similares. Deve ser juntada a relação das demais empresas domésticas, que produzem artigos similares aos que seja objeto do *dumping* e o volume e valor da produção dessas empresas. Quanto aos produtos importados, objeto do *dumping*, necessitarão eles de completa descrição, com a indicação do país em que foram fabricados e de onde vierem, quem os exportou e quem os importou, qualificando e indicando bem essas empresas. Caso haja informações sigilosas, serão elas tratadas de acordo com sistema especial que garanta o segredo. Enfim, deverão ser dadas informações bem pormenorizadas sobre todos os dados referentes ao *dumping*.

A SECEX poderá pedir informações adicionais e, estando em termos, iniciará o processo, notificando os demais produtores domésticos para que se pronunciem. Se houver apoio de outras empresas, que representem a metade da produção nacional, o processo poderá ser considerado como sendo movido pela "indústria doméstica" ou em seu nome. Equivaleria a uma ação de litisconsórcio, de caráter público. As empresas consideradas partes interessadas neste processo são as produtoras domésticas de artigos similares, ou a entidade de classe que as representem, bem como os produtores e importadores estrangeiros dos bens objeto do *dumping* e quem tenha importado esses bens. O Governo do país em que estiverem localizados os produtores e exportadores dos bens será também considerado parte interessada e notificado da abertura das investigações. Ao ser aberto o processo, cópia da petição inicial será enviada a todos eles. A SECEX comunicará ainda à SRF – Secretaria da Receita Federal.

Ao longo da investigação, as partes interessadas disporão de ampla oportunidade de defesa de seus interesses. Cada parte poderá requerer a realização de audiência com acareação entre partes de interesses opostos. Terminada a fase instrutória, a SECEX elaborará seu parecer. A fase decisória pertencerá ao Ministro da Indústria, Comércio e Turismo e ao da Fazenda, que aplicarão, mediante atos conjuntos, os direitos *antidumping*, com base no parecer da SECEX. Consideram-se direitos *antidumping*, o montante em dinheiro igual ou inferior à margem de *dumping* apurada com o fim exclusivo de neutralizar os efeitos danosos das importações objeto do *dumping*.

É um tipo de reparação de danos às indústrias nacionais, prejudicadas pelo *dumping*. A devedora, vale dizer, a causadora do *dumping*, deverá ser a empresa importadora ou distribuidora, no mercado nacional, dos produtos objeto do *dumping*. Não há recurso a instância superior, mas o processo é passível de revisão, desde que haja decorrido no mínimo um ano da imposição de direitos *antidumping* definitivos e que sejam apresentados elementos de prova. As provas deverão demonstrar que a aplicação do direito deixou de ser requerida pela parte interessada ou por iniciativa de órgão ou entidade administrativa federal ou da própria SECEX. Para efeito de esclarecimento, a Lei *antidumping* chama de "direitos *antidumping*" um tipo de multa ou reparação de danos aplicados a uma empresa infratora dessa Lei.

11. DIREITOS DOS TRANSPORTES INTERNACIONAIS

11.1. Relevância do transporte
11.2. Direito Aeronáutico Internacional
11.3. Direito Marítimo Internacional
11.4. O transporte ferroviário
11.5. Os transportes lacustre, fluvial e hidroviário
11.6. O transporte rodoviário

11.1. Relevância do transporte

Não se poderia conceber operações econômicas e mercantis internacionais sem o deslocamento de pessoas ou coisas de um país para outro. Deve ter sido esse o motivo pelo qual o Direito Empresarial iniciou seus passos com o Direito Marítimo Internacional. Um dos primeiros institutos conhecidos no Direito Internacional é uma lei de origem não bem definida, denominada *Lex Rhodia de Jactu*. Por essa lei, quando o comandante do navio, ameaçado de soçobrar, julgar conveniente aliviar sua carga, poderá jogar ao mar parte dela. O prejuízo será distribuído proporcionalmente entre os proprietários das mercadorias salvas. Representa o sacrifício do interesse individual em benefício do interesse coletivo. Esse instituto sobreviveu ao tempo e encontra-se hoje na legislação de muitos países. Vamos encontrá-lo em nosso Código Comercial, no artigo 764, sob o nome de "Avaria Grossa".

Outro instituto jurídico conhecido na Antiguidade foi o *Nauticum Foenus*, ao que parece, criado na antiga Grécia. É a origem das sociedades mercantis com dois tipos de sócios, como a sociedade em comandita. Essa sociedade de interesses era formada de sócios ocultos e portadores de capital, que forneciam recursos financeiros para os sócios empreendedores mais pobres. Destarte, muitas navegações marítimas, de caráter comercial, foram empreendidas na Grécia e Roma, graças à formação desse tipo de sociedade mercantil.

Por essas e por outras razões, o transporte integrou-se nas atividades econômicas internacionais, da mesma forma como o direito dos transportes integrou-se no Direito Internacional. Pertence ao ramo do Direito Contratual, de caráter mercantil, pois uma operação de transporte decorre de um contrato. É o contrato estabelecido entre duas partes: uma chamada "transportador" e a outra "remetente" no transporte de coisas e "passageiro" no transporte de pessoas. Nosso Código Comercial, nos artigos 99 a 118, estabelecia normas bastante superadas, por ter sido promulgado em 1850, quando o Brasil dispunha de transporte deficiente e precário. Nosso Código Civil, de 2002, todavia, regulamenta esse contrato no 730 a 756, ocupando-se especificamente do contrato de transporte de pessoas nos artigos 734 a 742 e no transporte de coisas nos artigos 743 a 756.

No plano internacional o direito dos transportes está bem estruturado por numerosas convenções internacionais. Necessário se torna, contudo, analisar os diversos tipos de transporte, pois a cada tipo corresponde uma regulamentação legal. Se o transporte for civil ou militar, os critérios legais são bem diversos. O objetivo do transporte: se for de coisas ou de pessoas, ou qualquer outra alteração, obedecerá a normas variadas. A principal tipologia dos transportes é, entretanto, dividida em quatro tipos: aeronáutico, marítimo, ferroviário e rodoviário. Normalmente a questão é focalizada nesses quatro aspectos, como vamos fazer. Se o transporte se restringe a um só país, é nacional; se ultrapassa a fronteira de um país, penetrando noutro, é internacional.

11.2. Direito Aeronáutico Internacional

Esse ramo do Direito Empresarial surgiu no corrente século, mas é o que vem apresentando maior progresso, em vista do aperfeiçoamento tecnológico e dispensa de certos entraves, como a construção de estradas. Cada vez mais tende à internacionalização mais do que os outros ramos do transporte e do direito dos transportes. Por essa razão, logo no início da aviação comercial, cuidaram os países europeus de estabelecer contatos visando a uma convenção internacional, para dirimir alguns conflitos e estabelecer normas unificadas.

Após vários contatos, foi realizada, em 1929, a Convenção de Varsóvia, denominada *Convenção para Unificação de Certas Regras Relativas ao Transporte Aéreo Internacional*. A quase totalidade dos países aderiu à Convenção de Varsóvia, que passou a ser o estatuto básico da aviação comercial internacional. Essa convenção passou a ser a lei nacional do Brasil para reger o transporte aeronáutico internacional, ao ser promulgada pelo Decreto 20.704, de 24.11.1931. Esta lei é restrita, pois se aplica exclusivamente ao transporte aeronáutico civil, não militar; seu âmbito de abrangência é a aviação comercial no plano internacional.

Embora seja de aplicação exclusivamente internacional, a Convenção de Varsóvia refletiu-se na legislação interna da maior parte dos países. No Brasil, a legislação sobre o transporte aeronáutico internacional repousa principalmente sobre o CBD – Código Brasileiro de Aeronáutica. Quase todos os países elaboraram sua lei interna baseados nos princípios da Convenção de Varsóvia, o que faz com que a legislação interna de muitos países seja bem semelhante. É interessante notar que o Direito Aeronáutico do Brasil é bem antigo e já tínhamos um código desde 1925 e foi sobre esse código que foi elaborada a Convenção de Varsóvia. Em outras palavras, o direito brasileiro serviu de base para o direito internacional no campo aeronáutico, alegando alguns juristas brasileiros ser devido à influência de Santos Dumont.

Malgrado seja do ano de 1929, a Convenção de Varsóvia é bem atualizada, porquanto se foi aprimorando, e outras convenções completaram as aspectos lacunosos, prevendo os problemas que foram sendo criados pelo progresso da aviação civil. O evento mais importante foi o "Protocolo de Haia", de 1955, que modificou bastante o texto de 1929. O enorme desenvolvimento do transporte aeronáutico obrigou a realização de novas convenções que estabelecessem normas a serem observadas na solução de tais novos problemas.

Assim, por exemplo, um dos problemas internacionais de delicada importância na aviação dos últimos vinte anos são os atos de terrorismo, principalmente o sequestro de aviões de passageiros. O problema provocou a realização da *Convenção sobre Infrações e outros Atos Cometidos a Bordo de Aeronaves*, em 1963, em Tóquio.

Uma outra foi realizada em Haia, em 1970, denominada *Convenção para Repressão ao Apoderamento Ilícito de Aeronaves*. As medidas a serem tomadas contra atos terroristas foram previstas em 1971, na Convenção para Repressão aos Atos Ilícitos contra a Segurança da Aviação Civil, realizada em Montreal (Canadá), local em que se situam a IATA e o ICAO.

O Brasil participa de quase todas as convenções internacionais sobre transporte aeronáutico e as transforma em lei nacional, a Convenção para a *Repressão aos Atos Ilícitos contra a Segurança da Aviação Civil*, realizada em Montreal, em 1971, tornou-se lei interna brasileira, ao ser aprovada pelo Decreto legislativo 33, de 15.6.72, e promulgada pelo Decreto 72.383, de 20.6.1973.

Normas de Direito Aeronáutico

Diz o artigo 22 da Constituição Federal de 1988 que compete à União legislar sobre Direito Aeronáutico e Espacial. Distingue dois ramos do direito dos ares, mas a doutrina elaborou o conceito e a abrangência de fatos que se enquadrarão em três ramos do direito dos ares: aéreo, aeronáutico e espacial.

O DIREITO AÉREO envolve a exploração do espaço aéreo para diversas finalidades, a principal delas no campo das comunicações. Nele se propagam as ondas hertezianas, os sinais de rádio, televisão, telegrama e tantas notícias que se transportam pelos ares; muitos satélites artificiais circulam sobre os países, atuando como agentes desse noticiário. Várias convenções internacionais já foram estabelecidas nesse campo, em vista da importância crescente desse tipo de comunicação, como, por exemplo, o telefone celular.

O DIREITO ESPACIAL é um ramo mais moderno na aplicação e exploração do espaço aéreo. Com as conquistas espaciais, as disputas que poderiam surgir na corrida espacial ou na chamada "guerra nas estrelas", os principais países estabeleceram contatos para o estabelecimento de normas para a exploração do espaço sideral. Nasceu com essas convenções o Direito Espacial.

O assunto de que estamos nos ocupando é o DIREITO AERONÁUTICO; nele se enquadram os transportes aéreos, a aviação civil. O Direito Aeronáutico Internacional é constituído pela Convenção de Varsóvia e por várias outras convenções internacionais, vem como pelas decisões tomadas pelos órgãos regulamentadores do tráfego aeronáutico, como a IATA e o ICAO, devendo, pois, ser acatadas as decisões desses órgãos pelas empresas aéreas brasileiras. A lei básica de nosso Direito Aeronáutico, o CBA – Código Brasileiro de Aeronáutica, reflete igualmente disposições dos acordos internacionais.

O transporte aeronáutico é o praticado com a utilização de aeronave, ou seja, todo aparelho manobrável em voo, apto a se sustentar, a circular no espaço aéreo mediante reações aerodinâmicas, e capaz de transportar pessoas ou coisas. Há aviões de diversas espécies jurídicas, apresentando a principal divisão em públicos e privados.

As aeronaves públicas são objeto do Direito Administrativo no plano interno e do Direito Internacional Público no plano externo; elas podem ser civis ou militares. Uma aeronave civil pode pertencer ao próprio Estado, ou alugada por ele para o serviço público. Assim, um avião de empresa privada brasileira pode ser requisitado pela União para o serviço público, como levar o Presidente da República ou Ministros de Estado para fora do país, em missão oficial.

Um avião é como uma pessoa: tem nome, domicílio, nacionalidade, função e até estado civil. O estado civil é a sua condição de aeronave pública e civil ou militar, ou então privada. Tem também registro, como qualquer pessoa física ou jurídica; a matrícula de uma aeronave é feita do Registro Aeronáutico Brasileiro. Se for avião utilizado no transporte internacional, o registro deve ser feito também na IATA. A nacionalidade do avião, o aspecto jurídico mais importante é o do local do registro, e terá profunda influência na jurisdição internacional. O regime jurídico de um navio é mais ou menos semelhante ao de um avião.

Se a aeronave for pública, quer civil, quer militar, será considerada território do Estado em que estiver matriculada; é a extensão do território para fora de seus limites. Por isso, o avião público

183

brasileiro será considerado território brasileiro em qualquer lugar em que se encontre, ainda que esteja pousado em território de outro país. Por exemplo, se no interior do avião que tiver levado o Presidente da República à Argentina, ainda que esteja sobrevoando ou pousado em território argentino, for praticado um crime ou ato civil, será como se fosse praticado em território brasileiro e produzirá efeitos jurídicos no Brasil e deverá ser apreciado pela jurisdição brasileira.

Quando se tratar de aeronave privada, o critério será diferente. Ela será considerada território brasileiro enquanto estiver pousada no território brasileiro ou sobrevoando o Brasil, considerando-se Brasil também as águas territoriais brasileiras (200 milhas marítimas da costa). Será também considerada em território brasileiro enquanto estiver sobrevoando o alto-mar ou lugares abandonados. Desde, porém, que entre nas águas territoriais de outro país, será considerada em território desse país e sujeita à jurisdição do país que esteja sobrevoando.

Nenhum navio ou avião pode trafegar sem a bandeira do país em que estiver matriculado, ou seja, o país de sua nacionalidade. Se estiver em outro país, submete-se à jurisdição desse país e não à de seu pavilhão. Segundo a Convenção de Varsóvia, um voo internacional é aquele em que um ponto de embarque ou desembarque esteja em outro país; é possível que os dois pontos se situem num mesmo país. É o que acontece, por exemplo, no voo que atravessa o Canadá de leste a oeste; mesmo saindo e chegando a cidades do Canadá, o avião pousa em cidades dos EUA.

O transportador, ou seja, a companhia de aviação, assume contratualmente com o passageiro a obrigação de transportá-lo com segurança e conforto, levando-o incólume ao seu lugar de destino. É responsável pela segurança do passageiro e deverá indenizá-lo por qualquer prejuízo que lhe ocorra durante a viagem. O período da viagem empreendida abrange não só o momento a partir do qual o passageiro estiver em voo, mas ainda no momento a partir do qual o passageiro ultrapassa o saguão do aeroporto, até o momento em que sair do recinto do aeroporto reservado aos passageiros. Há, porém, limite nas indenizações.

Órgãos Reguladores do Tráfego Aéreo

A Convenção de Chicago (EUA), realizada em 1944, criou dois órgãos, que estão situados na cidade de Montreal, na Canadá: a IATA e o ICAO. A função de ambos os órgãos é complexa, cada um atuando no âmbito de sua competência. São legisladores, estabelecendo normas; têm funções técnicas e tecnológicas, aprovando equipamentos pelas empresas; evitam concorrência danosa entre as empresas de aviação civil.

A IATA (*International Air Traffic Association*) é uma associação formada por empresas de aviação civil; quase todas as empresas de navegação aérea que se dedicam ao tráfego internacional de passageiros ou de cargas fazem parte da IATA. O ICAO (*International Civil Aviation Organization*) é formado por governos, sendo pois um órgão oficial.

11.3. Direito Marítimo Internacional

O regime jurídico do navio não difere muito do regime das aeronaves, como também há muita correlação entre Direito Aeronáutico e o Direito Marítimo no campo de transportes de coisas e pessoas. O navio tem nome de batismo, registro, nacionalidade, domicílio e até estado civil, ou seja, por ser civil ou militar. O domicílio do navio é o local em que ele for inscrito, e o mesmo local de inscrição determina sua nacionalidade, seu pavilhão. No ato de inscrição ele recebe o nome, que será como seu nome de batismo. Não pode o navio esconder seu nome e sua nacionalidade e deve ostentar sempre a bandeira do país em que estiver registrado.

O Direito Marítimo é bem antigo e parece ter surgido bem antes que os modernos ramos do direito. Deve ter surgido com as navegações marítimas entre os romanos, gregos, fenícios, persas e outros povos navegadores. Não se sabe a quais desses povos é atribuída a criação da antiquíssima *Lex Rhodia de Jactu*. No final da Idade Média e início dos tempos modernos, começaram a aparecer as compilações marítimas, códigos rudimentares de direito marítimo. A principal parece ter sido a do *Consulado do Mar*, um autêntico código para disciplinar os principais institutos marítimos, vigorando principalmente no Mar Mediterrâneo e nas transações com o Oriente. Importante igualmente é o aparecimento dos *Rolos de Oleron*, uma compilação de leis marítimas encontrada numa ilha de idêntico nome, a *Compilação de Direito Marítimo de Wisby* e o *Guidon de la Mer*.

No século XVII, quando o Direito Marítimo já estava estruturado, surgiu o Direito Empresarial (com o nome de Direito Mercantil), criação de mestres da Universidade de Bolonha, como Benevenuto Stracca, Sigismundo Scaccia e Giuseppe Casareggi. Com o desenvolvimento do Direito Empresarial, surgiu em 1807 o Código Comercial Francês, o famoso código napoleônico, incorporando nele o Direito Marítimo, absorvido pelo Direito Empresarial, como um dos seus ramos. O Direito Marítimo é muito estático, apresentando lenta evolução; por isso não conseguiu desmembrar-se do Direito Empresarial.

Tende à internacionalização, ligando-se muito ao Direito Internacional. Por essa razão, o Código Comercial de muitos países regulamenta a navegação marítima interna, mas a navegação internacional está submetida a convenções internacionais. O Código Comercial Brasileiro, calcado no seu similar francês, regulamenta o Direito Marítimo no Livro II, havendo legislação complementar pouco numerosa. É bom esclarecer que o Código Civil de 2002 eliminou o Código Comercial, mas não totalmente: permaneceu o Livro II, referente à navegação marítima.

O Brasil não subscreveu a maior parte das convenções internacionais sobre o transporte marítimo, mas é obrigado a obedecê-las para poder contratar com empresas estrangeiras, principalmente europeias. Em vista dessa internacionalização das atividades marítimas, enfatizaremos as normas dessas convenções.

O transporte marítimo compreende três aspectos principais: Transporte de Pessoas – Transporte de Mercadorias – Transporte de Bagagens. O transporte de mercadorias não apresenta grandes problemas, pois tem por objetivo o traslado de coisas inanimadas. As bases do contrato de transporte são expressas no documento fornecido pelo transportador ou expedidor da mercadoria; esse documento é denominado *bill of lending* e é aceito universalmente. Ele dá o direito ao destinatário da mercadoria de retirá-la no porto de destino. No plano interno, esse título corresponde ao nosso conhecimento de transporte, regulamentado pelo Decreto 19.734, de 18.3.1931; é um título de crédito representativo da mercadoria transportada e, ao mesmo tempo, um instrumento do contrato de transporte. Não tem validade no plano internacional, devendo ser substituído pelo *bill of lending*.

No tocante ao transporte de pessoas, as responsabilidades para ambas as partes e a questão do transporte marítimo, como de qualquer outro tipo, torna-se extremamente complexa. No dizer de alguns juristas, o navio é um universo. É a extensão do território de um país, que normalmente penetra em território estrangeiro. O contrato de transporte marítimo de passageiros é por demais complexo; o passageiro permanece no navio, que, ao mesmo tempo, atua como se fosse um hotel flutuante. Há muitos outros contratos acessórios, como o de depósito, de compra e venda, de seguros e vários outros.

As principais delas são as Convenções de Bruxelas. Em 1961 foi estabelecida a principal: *Convenção Internacional para Unificação de Certas Regras em Matéria de Transporte de Passageiros por Mar*. Em 1967, essa convenção foi complementada por outra, deno-minada *Convenção Internacional para Unificação de Certas Regras em Matéria de Transporte de Bagagem de Passageiros por Mar*. Essas convenções consideram como transportador uma das partes do contrato, o proprietário, afretador ou explorador do navio, que se encarrega do serviço de transporte.

Diz a Convenção de Bruxelas que as suas disposições apli-cam-se aos transportes internacionais, quer efetuados por navio de bandeira do Estado participante da Convenção, quer quando, após o contrato de transporte, o lugar da partida ou o lugar do destino encontram-se em um Estado participante. Como os países de maior intercâmbio marítimo participam das Convenções, as disposições delas aplicam-se a todos os que estivem em conexão com eles. Assim, embora o Brasil não faça parte da Convenção, se o ponto de embarque ou desembarque estiver em um dos países participantes, o navio será enquadrado nas normas convencionais.

Estabelece a Convenção a responsabilidade do transportador pela prestação do serviço, obrigando-se, pelo contrato de transporte, a trasladar o passageiro com segurança e conforto, fazendo-o chegar incólume ao lugar do destino. O artigo 4º preceitua a responsabilidade do transportador pelos prejuízos resultantes da morte ou lesões corporais dos passageiros, se o fato gerador do prejuízo ocorreu durante o transporte e foi imputável à falha ou negligência do transportador ou de seus prepostos, agindo no exercício de suas funções. A falha ou negligência do transportador ou dos prepostos será presumida, salvo prova em contrário, arcando o transportador com o ônus da prova.

A responsabilidade do transportador, em caso de morte ou lesões corporais do passageiro, fica limitada, em todos os casos, a um montante de 250.000 francos, unidade consistente de 65,5 miligramas de ouro. O limite estabelecido será rompido se ficar demonstrado que o transportador tenha agido com dolo ou má-fé, ou seja, com a intenção de provocar o prejuízo, seja de forma temerária ou consciente de que o prejuízo poderia ser causado. As normas limitativas da responsabilidade são, perante a Convenção, de ordem pública, a exemplo de que foi adotado pela Convenção de Varsóvia sobre transportes aéreos.

Em 1967, deu-se em Bruxelas a *Convenção Internacional para a Unificação de Certas Regras em Matéria de Bagagens de Passageiros por Mar*. Procurou-se então complementar a anterior, que decidira a respeito dos passageiros, o que foi muito natural, pois são contratos integrados; o contrato de bagagem não existe sem o contrato de transporte e este dificilmente existe sem aquele. Aliás, ambos são assinados na mesma ocasião, ainda que o passageiro não carregue malas, pois se considera bagagem a roupa do corpo, um maço de cigarros, uma carteira de dinheiro, documentos.

11.4. O transporte ferroviário

O Brasil não tem, por enquanto, problemas internacionais de transporte ferroviário, por ser um país quase isolado. Está apenas unido à Bolívia, por uma estrada de ferro até Santa Cruz de la

Sierra. O contrário acontece na Europa, onde países populosos e de pequena dimensão territorial se interligam em vários pontos. O problema vai realçar-se ainda mais com a criação da União Europeia. É, no entanto, um problema já resolvido, pois há mais de um século as normas reguladoras do transporte ferroviário vêm sendo adotadas. Rege o transporte ferroviário internacional, entre os países europeus, a *Convenção de Berna sobre os Transportes Ferroviários*, com as normas dessa Convenção regendo também o transporte ferroviário interno de cada país. Por iniciativa da Suíça, foram realizadas em Berna, em 1878, 1881 e 1886, três convenções preparatórias, culminando com pleno êxito a Convenção de Berna de 1890, unificando o direito dos transportes na Europa. A Convenção de Berna vem sendo revista e atualizada desde 1890. Em 1924, realizaram-se em Roma duas novas convenções, estabelecendo então dois estatutos diferentes:

CIM – Convenção Internacional sobre Transporte de Mercadorias;
CIV – Convenção Internacional sobre Transporte de Passageiros
e suas Bagagens.

As duas convenções foram renovadas em Berna em 1952 e 1970. Alguns países socialistas fazem parte delas, mas outros, liderados pela antiga URSS, realizaram convenção semelhante, e quase com as mesmas cláusulas, denominada SMGS. Alguns países fazem parte das duas convenções; quando assim não acontece, há integração entre as duas convenções, pelo recurso à analogia.

11.5. Os transportes lacustre, fluvial e hidroviário

Ao referir-se ao Direito Marítimo, o Direito Internacional não considera apenas o transporte por mar, mas por água, sendo por isso chamado também de Direito Aquaviário. Ajustam-se no transporte marítimo os transportes de mercadorias ou passageiros realizados em lagos (lacustre), em rios (fluvial) ou em canais adrede preparados para unir rios (hidroviário).

O transporte hidroviário é muito importante na Europa e provocou várias convenções, principalmente entre França e Bélgica. O transporte hidroviário é realizado em canais especialmente construídos para estabelecer conexão com rios. É o principal meio de transporte na Bélgica e na Holanda. As Convenções de Bruxelas sobre transporte marítimo aplicam-se a esses tipos de transporte, na ausência de convenções específicas sobre transporte hidroviário. Embora seja pouco praticado no Brasil, está em desenvolvimento, como por exemplo no rio Tietê, em que foram construídas várias eclusas e canais, fazendo conexão com o Rio Paraná, também transformado em estrada flutuante.

11.6. O transporte rodoviário

O transporte rodoviário internacional é regido pela Convenção de Genebra de 1936, conhecida como CMR (*Convention de Marchandises en Route*). Tomou esta como modelo a Convenção de Berna sobre Transporte Ferroviário, de 1952. Como ocorre com os demais meios de transporte, o transporte rodoviário tende à internacionalização na maioria dos países, mormente os europeus. Vê-se, assim, por que a Convenção de Genebra sobre transportes ferroviários assume importância primordial.

A CMR não cogitou o transporte de passageiros, mas apenas de mercadorias, malgrado lhe aproveitem algumas regras. Há entretanto, projeto em andamento, para a realização da CVR (*Convention Voyageurs en Route*), elaborado pelo Instituto Internacional para a Unificação do Direito Privado, sediado em Roma, com a participação da ONU.

A Convenção de Genebra estabeleceu a obrigação do transportador em reparar os danos provenientes de falhas de serviço de transporte. Esse princípio estendeu-se também ao transporte de passageiros. A Convenção aplica-se, porém, apenas ao transporte internacional de caráter comercial que seja realizado por veículos apropriados e que tenham pontos de partida ou chegada localizados em países diferentes.

12. INTEGRAÇÃO ECONÔMICA DA AMERICA LATINA: MERCOSUL

12.1. A criação do Mercosul
12.2. Objetivos
12.3. Os órgãos do Mercosul
12.4. O Poder Legislativo
12.5. Harmonização legislativa
12.6. O Poder Judiciário
12.7. O programa de abertura comercial
12.8. Produtos protegidos

12.1. A criação do MERCOSUL

A ulterior ideia do MERCOSUL pode ser encontrada na Constituição Federal de 1988, cujo artigo 4º estabelece os princípios básicos de nossa política externa. Interessa-nos, neste estudo, os dez incisos do artigo 4º, mais precisamente o parágrafo único, assim redigido:

> A República Federativa do Brasil buscará a integração econômica, política, social e cultural dos povos da América Latina, visando à formação de uma comunidade latino-americana de nações.

A anterior Constituição brasileira também mantinha disposições nesse sentido e do espírito da Constituição resultaram a experiência da ALALC e da ALADI. Ante o malogro de ambas, Brasil e Argentina foram mantendo contatos e assinando protocolos, visando formar um novo pacto do tipo ALADI, mas só entre dois membros e restrito ao cone sul da América.

Deixaram aberta a potencial integração dos demais países da região. Sendo formado por número mais reduzido de países e numa mesma região, haveria maior possibilidade de êxito.

A partir de 1985, foram firmados dez protocolos com a Declaração de Iguassu. Em 1988, foi celebrado entre os dois países o *Tratado de Integração, Cooperação e Desenvolvimento*, prevendo a criação de um mercado comum entre os dois países e ainda previu a participação dos outros três países da região, no prazo de dez anos, prazo esse que se encerrou em 1994, partindo da Declaração de Iguassu. Enquanto procuravam aparar as arestas, houve a adesão de Uruguai e Paraguai. Os quatro países deram um passo mais sério: foi celebrado então, em 26.3.91, em Assunção, um tratado entre os quatro países, pelo qual seria criado em 31.12.94 o Mercado Comum do Sul, que ficou conhecido como MERCOSUL. Essa convenção foi chamada de *Tratado para a Constituição de um Mercado Comum*, celebrado entre a República Federativa do Brasil, a República Argentina, a República do Paraguai e a República Oriental do Uruguai.

12.2. Objetivos

Os fins do MERCOSUL estão expostos logo no artigo 1º do Tratado de Assunção: estabelecer um mercado comum a ser definitivamente implantado em 31.12.94. Implicam esse mercado comum as seguintes bases:

A – a livre circulação de bens, serviços e fatores produtivos entre os países por meio, entre outros, da eliminação dos direitos alfandegários e restrições não tarifárias à circulação de mercadorias e de qualquer outra medida de efeito equivalente;

B – o estabelecimento de uma tarifa externa comum e a adoção de uma política comercial comum em relação a terceiros Estados ou agrupamentos de Estados e a coordenação de posições em foros econômicos regionais e internacionais;

C – a coordenação de políticas macroeconômicas e setoriais entre os Estados Partes – de comércio exterior, agrícola, industrial, fiscal, monetária, cambial e de capitais, de serviços, alfandegária, de transportes e comunicações e outras que se acordem – a fim de assegurar condições adequadas de concorrência entre os Estados Partes;

D – o compromisso dos Estados Partes em harmonizar suas legislações, nas áreas pertinentes, para lograr o fortalecimento do processo de integração.

Nota-se muita semelhança entre os propósitos do MERCOSUL e da UNIÃO EUROPEIA. Cada país tem mercado interno limitado e fraco, e procurarão ampliar as atuais dimensões do mercado nacional, graças à integração deles, ao aproveitamento mais eficaz dos recursos disponíveis e consolidação de grandes espaços econômicos.

12.3. Os órgãos do Mercosul

Dois órgãos se realçam na administração do MERCOSUL: o Conselho do Mercado Comum e o Grupo Mercado Comum.

O CONSELHO DO MERCADO COMUM é o órgão superior do Mercado Comum, correspondendo-lhe a condução política dele e a tomada de decisões para assegurar-lhe o cumprimento dos objetivos e prazos estabelecidos para a constituição definitiva do Mercado Comum. Compõe-se dos ministros das relações exteriores e dos ministros da economia dos quatro países-membros. A presidência desse conselho será exercida rotativamente, pelo representante de cada país, em ordem alfabética, pelo período de seis meses.

Corresponde a esse Conselho a condução política do Mercosul e a tomada de decisões para assegurar o cumprimento dos objetivos e prazos estabelecidos para a constituição definitiva do Mercosul. O Conselho do Mercado Comum irá se reunir quantas vezes estime oportuno, e, pelo menos uma vez ao ano, irá se reunir com a presença dos presidentes dos países-membros. Essa reunião anual tem sido realizada, ao que parece, de forma bem proveitosa, demonstrando empenho dos presidentes.

Não sendo a reunião dos presidentes, as reuniões do Conselho serão coordenadas pelos ministros das relações exteriores e poderão ser convidados a dela participar outros ministros ou autoridades de nível ministerial.

O GRUPO MERCADO COMUM é um órgão executivo, coordenado pelos ministérios das relações exteriores. É formado por quatro membros titulares e mais quatro membros suplentes por país, representando órgãos públicos mais diretamente ligados aos assuntos do Mercosul, mais precisamente três: Ministério das Relações Exteriores, Ministério da Economia e Banco Central. Quando fala no Ministério da Economia, o Tratado de Assunção refere-se ao ministério que se ocupa dos assuntos econômicos de natureza geral, envolvendo planejamento econômico, fazenda, finanças, comércio e indústria, comércio exterior e outros correlatos.

O Grupo poderá ainda convocar componentes de outros órgãos públicos e até do setor privado. As reuniões ordinárias devem ser realizadas pelo menos uma vez a cada três meses, sempre num país componente do Tratado de Assunção, na forma de rodízio, em ordem alfabética. As reuniões extraordinárias podem se realizar livremente em qualquer ocasião e em qualquer país, coordenadas pelo representante do Estado que estiver patrocinando a reunião.

As reuniões do Grupo, como do Conselho, adotarão o idioma do país que estiver sediando o evento, o que significa dizer que os idiomas oficiais do Mercosul serão o espanhol e o português. As decisões serão tomadas por consenso, com a presença de todos os países partes. Os trabalhos administrativos serão executados pela Secretaria Administrativa, cujas principais funções consistirão na guarda de documentos e comunicações de atividades. Até o momento (início de 2011), a Secretaria Administrativa está sediada em Montevidéu. Ela tem quatro secretários, um de cada país.

Órgãos importantes do Grupo Mercado Comum, constituídos posteriormente, são os subgrupos de trabalho, destinados a cuidar de assuntos afins. Até agora foram constituídos onze subgrupos de trabalho, para cuidar de assuntos de sua especialidade, a saber: 1) assuntos comerciais, 2) assuntos aduaneiros, 3) normas técnicas, 4) política fiscal e monetária relacionadas com o comércio, 5) transporte terrestre, 6) transporte marítimo, 7) políticas industrial e tecnológica, 8) política agrícola, 9) política energética, 10) coordenação de políticas macroeconômicas, 11) assuntos trabalhistas.

Os subgrupos são órgãos técnicos e especializados, pois são formados por pessoas ligadas ao assunto previsto, estando os problemas restritos a uma área e decidindo sobre as soluções. Na fase dos estudos e deliberações, poderão ser convocados representantes da iniciativa privada; estes não poderão, contudo, participar das decisões. Os subgrupos procuram reunir-se cada vez em um país, por ordem alfabética.

12.4. O Poder Legislativo

Modelado na estrutura da União Europeia, o Mercosul prevê a organização de um Poder Legislativo, a exemplo do Parlamento Europeu. O Poder Legislativo estava já previsto pela ALADI e, confiando na sua instituição, o Governo do Estado de São Paulo construiu o Memorial da América Latina, em São Paulo, com as acomodações para o futuro parlamento. Enquanto ele não é criado, o Mercosul constituiu um novo órgão para anteceder o Parlamento: a Comissão Parlamentar Conjunta. É formada por até 64 parlamentares, 16 por país, apontados pelo respectivo Congresso Nacional. Esses parlamentares terão mandato de dois anos. A Comissão Parlamentar Conjunta será presidida por quatro presidentes, um de cada país, devendo reunir-se duas vezes por ano. Poderá ainda ser convocada por seus quatro presidentes, a qualquer tempo, para reunião extraordinária. As decisões serão tomadas por consenso das delegações de cada país componente do Tratado.

12.5. Harmonização legislativa

Um dos objetivos do Mercosul é a harmonização das legislações pertinentes, para lograr o fortalecimento do processo de integração. Eis aqui uma questão delicada e difícil. A principal legislação pertinente é, ao nosso modo de ver, a empresarial. Malgrado a legislação e o Código Comercial da Argentina, Paraguai e Uruguai estivessem um tanto superados, são bem diversos do nosso. A base de nossa legislação empresarial está no Código Civil de 2002, enquanto a dos demais países ficaram a cargo do Código Comercial por demais antigo.

Além do mais, a resistência às mudanças já é uma tradição de nossas arcaicas estruturas jurídicas. Entretanto, vários seminários já foram realizados com a participação de juristas dos quatro países, chegando-se a várias conclusões. Uma delas é a uniformização do Direito Cambiário, para garantir a livre circulação dos títulos de crédito pelos quatro países nesse aspecto, não deveria ser tão difícil a solução, porquanto a Convenção de Genebra é a lei básica do Direito Cambiário nos quatro países.

Maior importância repousa, todavia, na uniformização do Direito do Mercado de Capitais, uma vez que deverá haver livre trânsito de Capitais e estabelecimento de um mercado único de valores mobiliários. Tanto pessoas físicas como jurídicas, domiciliadas em qualquer dos quatro países, poderão adquirir valores mobiliários nas bolsas de valores dos países do Mercosul. Para que haja maior segurança e facilidade nessas operações, necessário se torna que os valores mobiliários sejam iguais ou semelhantes e que a legislação que os rege seja semelhante.

Bases que os quatro membros já estabeleceram, até agora, são que:

I – as operações só podem ser realizadas no mercado à vista;

II – as ações e outros títulos devem ser nominativos;

III – tanto os investidores como os emissores de títulos devem estar domiciliados nos países-membros.

Combinado ficou também que os investimentos poderão ser feitos na moeda do país do investidor ou do país do receptor, ou então em dólares. A criação do Mercosul não provocará, entretanto, derrogação das normas do Banco Central sobre o comércio exterior. Os investimentos recebidos do exterior continuam sujeitos a registro no Banco Central, qualquer que seja a moeda utilizada. Deverão ser objeto de contratação de câmbio os investimentos efetuados em moeda estrangeira. Essas práticas poderão sofrer modificações, uma vez que o Mercosul está ainda no seu início e para se poder manter atualizada será necessário acompanhar a emissão de normas do Banco Central.

A harmonização legislativa implica algumas concessões dos ordenamentos nacionais, para criar semelhanças com eles, com o escopo de se obter a uniformização legislativa. A unificação visa adotar normas idênticas nos ordenamentos dos países-membros, enquanto a coordenação visa ordenar normas distintas, para manter o equilíbrio entre elas. Trata-se de um trabalho permanente e para muitos anos. O Brasil tem oposto séria resistência, como por exemplo, não transformou em lei nacional a Convenção de Viena sobre Compra e Venda Internacional de Mercadorias, o que seria um bom passo nesse sentido.

12.6. O Poder Judiciário

Da mesma forma que se aguarda a formação do Parlamento, aguarda-se também um tribunal. Enquanto isso, outras formas de solução de controvérsias foram previstas, antes mesmo de 31.1.94. As controvérsias sobre a interpretação, a aplicação ou o não cumprimento das disposições contidas no Tratado de Assunção e dos acordos celebrados em decorrência dele, bem como das resoluções de seus órgãos. Como o Conselho do Mercado Comum e o Grupo Mercado Comum, serão dirimidas, em princípio, por negociações diretas.

Caso as negociações diretas não levem a uma solução satisfatória, o Grupo Mercado Comum poderá fazer exercer funções jurisdicionais, ouvindo as partes e dando pareceres. O recurso mais técnico e recomendado, porém, foi a arbitragem. Cada país indicará dez árbitros que ficarão registrados na Secretaria Administrativa do Grupo Mercado Comum e para serem convidados a formar tribunais arbitrais. O funcionamento dos tribunais arbitrais segue, mais ou menos, as normas e critérios da Corte Permanente de Arbitragem e da Corte Internacional de Justiça. Ambas as cortes já foram estudadas neste compêndio.

As sentenças do tribunal arbitral obrigam as partes, podendo os demais Estados estudar as medidas contra o Estado rebelde às decisões arbitrais. Essa disposições foram adotadas em reunião dos Presidentes dos quatro países, realizada em Brasília, em 1991, o *Protocolo de Brasília para a Solução de Controvérsias*, com 36 artigos. O Brasil esteve representado pelo então Presidente Fernando Collor.

O sistema foi-se aprimorando com o Protocolo de Ouro Preto e depois com o Protocolo de Las Leñas em 1992. Vigora presentemente o protocolo de Olivos, uma cidade próxima a Buenos Aires, celebrado em 2002, quando foi criado o TPR – Tribunal Permanente de Revisão.

12.7. O programa de abertura comercial

A livre circulação de bens, serviços e fatores produtivos é um dos requisitos essenciais na instituição de um mercado comum e numa integração econômica, tanto que vem logo no primeiro item do artigo 1º do Tratado de Assunção, como aconteceu também no tratado de Roma para a criação da União Europeia. Quando fala esse artigo em "fatores produtivos", procura abranger tecnologia, pessoas, capitais e outros. É o ponto crucial da questão principalmente entre países de paupérrimos resultados das experiências integralizadoras.

O segundo item do artigo 1º cuida de assunto não menos importante: é o estabelecimento de uma tarifa comum pelos quatro países e a eliminação de direitos alfandegários e de restrições não tarifárias. Direitos alfandegários são os tributos provenientes de outros países. A tarifa funciona como meio de proteção à indústria nacional, fazendo encarecer o produto importado, e, ao mesmo tempo, é uma fonte de arrecadação, uma vez que aumenta a receita pública.

As restrições não tarifárias são as dificuldades burocráticas encontradas pelas mercadorias importadas para entrar num país. É o caso de exigência de exames fito-sanitários, de assistência técnica, depósito de mercadoria num armazém durante algum tempo, retenção na alfândega e controles vários. Tais práticas são também condenadas pela OMC, que preconiza a utilização apenas da tarifa para proteger a indústria nacional. A OMC é o antigo GATT.

A tarifa externa comum é própria da União Alfandegária (também chamada Aduaneira), mas também adotada no mercado comum, que é um sistema de integração mais complexo. Com a adoção da TEC (Tarifa Externa comum), qualquer produto pagará a mesma tarifa. Ainda que haja isenção da tarifa, o princípio de equidade e uniformidade permanece. A adoção da TEC foi imediata, mas a redução dela foi-se dando paulatinamente, a cada seis meses, e o plano do Mercosul é o de chegar até a isenção. A meta, portanto, é a eliminação, o quanto possível, de todos os gravames e restrições que dificultem a livre circulação de mercadorias, serviços, pessoas, capitais e demais fatores da economia entre os países do Mercosul.

Prevê, entretanto, os acordos firmados entre os países-membros os casos excepcionais em que se justificam restrições momentâneas à importação. Estabeleceram-se as chamadas cláusulas de salvaguarda a serem aplicadas quando a importação de bens e serviços puderem ameaçar e causar graves danos à sua produção interna. Por exemplo, a Argentina tem uma indústria automobilística mais modesta do que a nossa e se o Brasil forçar a exportação de veículos nos momentos em que a indústria argentina estiver em baixa, poderá abarrotar o mercado consumidor da Argentina, esvaziando o mercado para a produção do país. Ante situação incomum como essa, a Argentina poderá estabelecer uma quota de importação. Essa quota, todavia, deverá ser negociada com o país de onde vierem as importações e será temporária e para cada produto. Não há cláusula de salvaguarda geral, ou seja, para a importação de tudo, nem permanente.

Num sentido genérico, salvaguarda representa defesa e proteção. No presente caso, salvaguarda significa a defesa e proteção da indústria nacional adotando medidas de emergência para protegê-la. Também não poderá a salvaguarda interromper as importações de forma total; apenas restringe, estabelecendo uma cota.

Não se confunde a salvaguarda com as medidas *antidumping*. O *dumping*, conforme define o artigo 6º da OMC, consiste em introduzir num país mercadorias a preço abaixo do normal; fizemos já o estudo dessa questão ao examinarmos a OMC. O *dumping* é uma das fórmulas para vulnerar a tarifa externa comum. Nessa ocorrência, cada país poderá aplicar suas leis internas. A OMC é a Organização Mundial do Comércio.

A livre circulação é concedida apenas a produtos originados dos países convencionados e não importados de outros. Essa medida criou problemas sérios, embora já contornados, para o Paraguai: esse país praticamente não tem indústria e importa do mundo todo mercadorias que não poderá exportar para os países do Mercosul. Para garantir a originalidade dos bens exportados, o "documentário" deverá conter o *Origin Certificate*, o certificado de origem do produto, juntado no "documentário" da exportação.

Retornando ao que foi dito, vamos situar o Mercosul nas fases diversas de uma integração entre países. O processo integracionista costuma passar por diversas etapas: Zona de Livre-Comércio, União Aduaneira (ou alfandegária), Mercado Comum, União Política e Econômica, e Confederação. A Zona de Livre-Comércio consiste na eliminação de entraves ao intercâmbio comercial entre países, e à redução das tarifas aduaneiras.

A União Aduaneira vai um pouco adiante: além dos dois fatores retro-referidos, adota a TEC (Tarifa externa Comum). O Mercado Comum é bem mais complexo: engloba tudo o que temos falado sobre o Mercosul. A União Política e Econômica já modifica a estrutura dos países, procurando adotar um sistema monetário comum, um mesmo sistema alfandegário, político e econômico. A confederação é uma reunião de Estados independentes, com uma constituição confederativa e legislação unificada, sistemas de defesa e de política externa comum aos Estados confederados.

Não está na vocação do Mercosul ultrapassar os limites do mercado comum, isto é, constituir-se numa União Política e Econômica ou numa Confederação de Estados. Foi criado para o Brasil e Argentina, mas conta agora também com Uruguai e Paraguai. Chile e Bolívia desejam participar, tanto que seus presidentes têm participado das últimas reuniões. O Chile é um país do Cone Sul e faz fronteira com a Argentina em longa extensão. A Bolívia faz fronteira com o Brasil e o Chile, mas não está situada no sul do hemisfério, portanto, fora da área específica, que é o Cone Sul.

No estágio em que se encontra, logo após 31.12.94, quando oficialmente começa a vigorar, conforme fora previsto no Tratado de Assunção em 19.11.91, o Mercosul está no estágio inicial de um mercado comum. Sua implantação real deverá ainda transpor muitas barreiras e enfrentar imensas dificuldades. Vamos citar uma delas: a livre movimentação de pessoas, mais precisamente, de mão de obra. A "livre circulação de fatores produtivos" inclui mão de obra, para que um trabalhador tenha acesso às oportunidades de emprego em qualquer país-membro. Tão relevante é esse assunto que o Grupo Mercado Comum criou o *Grupo de Trabalho 11. Relações Trabalhistas.* Esse grupo de trabalho criou ainda outros subgrupos, como "mercado comunitário de trabalho", "não discriminação pela nacionalidade", "contagem de tempo".

Logo após a criação do Mercosul, antes de produzir efeitos, havia queixas de sindicatos argentinos sobre a imigração clandestina de mão de obra, oriunda principalmente do Brasil, Paraguai e Bolívia. Os níveis salariais desses países são bem inferiores aos da Argentina. Esse problema de difícil solução não consegue ser solucionado nem pelos Estados Unidos, apesar de medidas até violentas. Não é problema apenas do Mercosul, mas mundial.

A harmonização legislativa do Direito do Trabalho e da Seguridade Social é tanto ou mais difícil do que nos outros ramos do direito. Haverá contagem recíproca para o tempo de aposentadoria? Os demais países aceitariam a intensa legislação protecionista ao trabalhador, existente no Brasil? Como reagirão os trabalhadores de outros países, atraídos por nossa legislação, ao saber que essa proteção só existe no papel? O trabalho temporário seria implantado nos outros países, como foi no Brasil? São problemas que a União Europeia está conseguindo resolver, mas as condições do Mercosul dificultarão bem mais a solução.

12.8. Produtos protegidos

A liberalização das exportações deverá atingir apenas produtos nacionais, permanecendo os gravames e restrições incidentes sobre produtos oriundos de outros países ou elaborados com matéria-prima importada. Gravames são os direitos aduaneiros e quaisquer outras medidas de efeito equivalente, sejam de caráter fiscal, monetário, cambial ou de qualquer natureza, incidentes sobre as operações de comércio exterior. Não se consideram gravames as taxas e medidas análogas quando respondam ao custo aproximado dos serviços prestados. Restrições são as medidas de caráter administrativo, financeiro, cambial ou de qualquer natureza, mediante a qual em estado-membro impeça ou dificulte, por decisão unilateral, o comércio recíproco.

Os gravames e restrições não atingem, porém, os produtos originários dos países-membros do Mercosul, assim considerados os produtos elaborados integralmente no território de qualquer um deles, quando em sua elaboração forem utilizados exclusivamente materiais originários dos países-membros do Mercosul. Nessa classificação, serão compreendidos naturalmente os produtos do reino mineral, animal e vegetal, nascidos e criados no território ou em águas territoriais dos países-membros. Incluem-se ainda os frutos do mar extraídos fora das águas territoriais, mas por barcos de bandeira dos países-membros ou arrendados por empresas neles estabelecidas.

Quanto a produtos industrializados, beneficiam-se os que resultarem de processos ou operações efetuados em seu território, pelos quais adquiram a forma final em que serão comercializados. Excetua-se o caso em que esses processos e operações consistam somente em simples montagem, embalagem, fracionamento em lotes ou volumes, seleção e classificação, marcação, composição de sortimentos de mercadorias ou outras operações ou processos equivalentes. Essa exclusão poderá atingir muitos dos produtos montados na zona franca de Manaus, em cuja montagem predominam peças importadas. Até 31.12.94 estava, porém, prevista a tolerância de insumos importados, desde que não ultrapassasse 40% do produto final.

Os produtos que utilizem insumos originários de outros países serão igualmente beneficiados quando resultarem de um processo de transformação, realizado no território dos países-membros, que lhes confira uma nova individualidade, caracterizada pelo fato de estarem na Nomenclatura Aduaneira do MERCOSUL. Não serão beneficiados esses produtos, entretanto, se utilizarem materiais e insumos originários de países fora do Mercosul, ou seja, mera montagem ou embalagem.

Conforme referências anteriores aqui mostradas, para que a importação dos produtos originários dos países-membros possa beneficiar-se das reduções de gravames e restrições, na documentação correspondente à exportações de tais produtos, vulgarmente chamada "documentário", deverá constar uma declaração que certifique o cumprimento dos requisitos de origem. Essa declaração será expedida pelo produtor final, e certificada por uma repartição oficial ou entidade de classe com personalidade jurídica, credenciada pelo Poder Público do país exportador. Ao credenciar entidade de classe, os países-membros velarão para que se trate de organizações que atuem com jurisdição nacional, podendo delegar atribuições a entidades regionais ou locais, conservando sempre a responsabilidade direta pela veracidade das certificações que forem expedidas. Os certificados de origem (*origin certificate*), para efeitos do Mercosul, terão a validade em formulário-padrão adotado pelo Mercosul.

Os países-membros deverão enviar ao MERCOSUL a relação das repartições oficiais e das entidades de classe credenciadas a expedir o certificado de origem, com o registro e assinaturas autorizadas, como ainda ao Mercosul.

13. ORGANIZAÇÕES INTERNACIONAIS

13.1. Conceito e relevância
13.2. Espécies de organizações internacionais
13.3. Instituição de uma organização internacional
13.4. CCI – WIPO – EFTA – BENELUX – UNCTAD - ALCA

13.1. Conceito e relevância

Uma das mais interesses inovações do moderno Direito Internacional foi determinada pelo surgimento de uniões de países, denominadas organizações internacionais. Foi uma nova figura de sujeito de direitos, constituindo nova pessoa por um tratado internacional. Essas reuniões de Estados absorvem uma pequena parcela da soberania dos estados-membros, formando um novo poder. Elas determinaram profunda transformação no Direito Internacional, ao surgirem como sujeitos nas relações jurídicas, criando um novo conceito para essa ciência jurídica.

Tradicionalmente, os sujeitos ativos do Direito Internacional eram os Estados, mas, no mundo moderno, as organizações internacionais também se transformaram em sujeitos de direito paralelamente aos Estados. Questiona-se sobre a posição dessas uniões de Estados: serão elas pessoas atuantes ou são os próprios Estados que atuam por meio delas? Qualquer que seja a conclusão referente a essa dúvida, é evidente que a organização internacional pode perseguir seus objetivos e desenvolver uma atividade internacionalmente relevante, ainda que não fosse um sujeito de direito internacional distinto dos Estados que a compõem.

Não é tão fácil estabelecer um conceito estável de organização internacional, dada à grande variedade de organizações desse tipo, com escopos diversos e tão diferentes entre si. Não basta, entretanto, ser uma união de Estados com objetivos comuns, estabelecidas por um tratado. Necessário que seja constituída de pessoas legitimamente capazes e representadas legalmente, dotada de um ordenamento próprio, órgãos e institutos especiais. Há de ter pois uma estrutura jurídica aceita universalmente.

Destarte, o Direito Internacional Público passou a ser o conjunto de normas e princípios que regem o relacionamento entre Estados e organizações constituídas por Estados, entre Estados entre si, entre organizações internacionais entre si ou entre Estados e organizações internacionais. Compara-se a situação com pessoas privadas, nas quais se situam pessoas físicas e jurídicas; o Estado assemelha-se à pessoa física e a organização internacional à pessoa jurídica, ou seja, uma pessoa jurídica formada por Estados. Contudo, com as organizações internacionais ocorre uma pluralidade de membros, não se amoldando à união de apenas dois Estados. Num acordo bilateral prevalece a bilateralidade de direitos e obrigações recíprocas; tem fraca ou nenhuma eficácia ante terceiros. A organização internacional é criada para atingir escopo comum, para a satisfação de interesses amplos e coletivos. É o que demonstra, por exemplo, o Mercosul: estabelecido entre Brasil e Argentina, ficou aberto à adesão de todos os países sul-americanos; logo em seguida aderiram ao mesmo pacto o Paraguai e o Uruguai e anunciaram sua participação Chile e Bolívia. Cada país que passa a fazer parte de uma organização internacional não celebra um tratado, mas adere a um trato já celebrado.

13.2. Espécies de organizações internacionais

Proliferam cada vez mais as organizações internacionais, adquirindo objetivos e estruturas cada vez mais complexas. Surgiram então duas espécies, em sentido amplo, de organizações internacionais: as interestaduais e as não governamentais, aquelas formadas por Estados e estas por pessoas privadas. Essa divisão é meio tênue, às vezes, pois as pessoas privadas representam países. Examinemos a posição da organização internacional destinada a regulamentar o tráfego aéreo entre os países, a IATA – International Air Traffic Association. É formada por empresas de navegação aérea da quase totalidade dos países, mas essas empresas, em sua esmagadora maioria, são empresas estatais, chamadas "empresas de bandeira", por trazerem estampadas nas aeronaves a bandeira de seu país e representá-los na organização.

Por essa razão, tal modalidade de organização é chamada de ONG – Organização Não Governamental, uma vez que não se pode dizer estar totalmente separada dos países que representam. Nessas considerações sobre o Direito Internacional Público, ocupar-nos-emos apenas das organizações interestaduais, mas não podemos descartar as "ONGs", pelas interligações com os interesses públicos. Vê-se a atuação da Câmara de Comércio Internacional, organização formada por pessoas privadas, mas estabelece normas para as transações econômicas internacionais seguidas pela maioria dos países, como o "crédito documentário" e os "INCOTERMS", que se transformaram em leis internas de vários deles.

Para que se tenha ideia da força atuante das organizações não governamentais, as ONGs, basta dizer que uma publicação especializada *Year-book of Internacional Organizations* aponta uma lista de mais de 5.000 ONGs, com indicação de endereço e uma breve descrição delas. Por outro lado, as organizações interestaduais, vale dizer, as formadas por Estados, são em número proporcionalmente diminuto.

Afora o critério da individualidade de seus membros, outros pontos de vista determinarão novas espécies de organizações internacionais, dada à variedade existente em nossos dias. Quanto à amplitude de sua formação, pode a organização internacional ser aberta ou fechada, conforme o tratado constitutivo disponha sobre a potencial admissão ou adesão. A organização aberta é de caráter universal, procura uma universidade de participantes, como é a ONU, que visa a abranger todos os países do mundo. Assim também são a OIT, o FMI, a OMC, o ICAO e muitas outras maior consenso e tomada de iniciativas.

As organizações gerais, em menor número, têm um campo de atuação ilimitado, mais de interesse político, discutindo questões variadas, como acontece com a ONU. Os países-membros têm reduzido poder de decisão, atuando com maior vigor nas discussões e recomendações, mas não no estabelecimento de normas. As organizações funcionais são as que atuam num campo mais restrito, especializado e definido.

Olhando as organizações internacionais no que concerne ao seu relacionamento com terceiros, nota-se a presença das organizações simples e das institucionais, malgrado não sejam as primeiras consideradas por alguns como organizações internacionais. As organizações simples são juridicamente ordenadas, mas não constituem entes distintos dos Estados que a compõem. A organização institucional, ao revés, possui uma existência autônoma, distinta dos membros; são pois pessoas diferentes. Podem estas estabelecer acordos com outros sujeitos de direito, em nome dos Estados que as compõem, enquanto as organizações simples não falam, em nome de seus membros, perante terceiros. Para melhor compreensão, vamos examinar alguns casos de organizações simples.

Uma delas é a aliança, um acordo entre dois ou mais Estados, pelo qual eles combinam uma orientação política comum em tempo de paz e uma atividade comum em tempo de guerra. Na última guerra mundial (1939-1945), os EUA e a União Soviética formaram junto com a Inglaterra uma aliança para combater o inimigo comum, ajudando-se mutuamente e participando de forma coordenada, das operações bélicas. Foram por isso chamados de países "aliados". O inimigo comum deles era chamado de "eixo", uma aliança formada por Alemanha, Itália e Japão. As forças armadas tinham um comando comum e cada país comprometeu-se em não celebrar a paz em separado. É possível haver inclusive alianças secretas, que só os países aliados sabem.

Outro caso de união simples é o "Protetorado", um acordo celebrado entre um Estado forte e outro fraco. O estado forte adquire poder de ingerência na atuação do estado protegido, a fim de assegurá-lo contra perigos externos e internos. Há uma relação de tutela. A França e a Inglaterra, há muitos anos, mantinham tratado de protetorado com muitos países da África e do Oriente Médio. É possível que o tratado de protetorado exclua a ingerência do Estado protetor na vida interna do Estado protegido. Não se trata de um tratado leonino, pois o estado forte assume sérios compromissos: é obrigado a atender ao pedido de proteção por parte do estado fraco, tendo, às vezes, de chocar-se com o Estado de seu relacionamento.

As organizações institucionais, ou seja, as que, ao contrário das simples, assumem individualidade própria e estabelecem relações com terceiros, em nome de seus membros, apresentam também algumas variantes. Vamos citar o caso da Confederação; trata-se de uma união de Estados, unidos segundo normas internacionais. É uma organização internacional, com personalidade jurídica, atuando na área internacional em nome dos Estados confederados. Os estados confederados são países confinantes e com interesses comuns no campo da atividade internacional, visando a atingir escopo comum mediante uma atividade unitária. Ocupam-se de funções específicas, com objetivos bem definidos e limitados. Esses objetivos podem ser econômicos, técnicos, culturais, filantrópicos, como a Cruz Vermelha Internacional. Neste nosso compêndio fizemos referências a várias organizações internacionais de caráter funcional, como WIPO – OMC (ex-GATT) – IATA – ICAO – FMI – BID – INTERPOL.

Resumindo o que acabamos de falar sobre as várias espécies de organizações internacionais, estão elas classificadas segundo o quadro abaixo:

1. Quanto à amplitude de sua formação: abertas e fechadas.
2. Quanto às pessoas que as compõem: interestaduais e não governamentais.
3. Quanto aos objetivos: gerais e funcionais.
4. Quanto à duração: permanentes e temporárias.
5. Quanto ao relacionamento externo: simples e institucionais.

13.3. Instituição de uma organização internacional

Uma organização internacional é formada como organização governamental, ou seja, como organização internacional pública, quando for constituída por um tratado entre vários Estados, normalmente chamado de tratado constitutivo da organização. Esse tratado é regido pela Convenção de Viena sobre Direito dos Tratados. É a natureza do tratado constitutivo que vai distinguir a organização governamental da não governamental. Essa organização forçosamente será constituída de Estados soberanos, legitimamente representados, tendo personalidade jurídica; dessa personalidade jurídica resulta a capacidade jurídica da organização internacional para o exercício de suas funções.

Não perdem os estados-membros sua personalidade jurídica, nem sua soberania, transferindo-a para a organização internacional. O simples fato de um Estado, por seu livre-arbítrio, despojar-se de uma parcela de sua soberania, já demonstra ser ele um Estado soberano. Todavia, há alguns poderes que um Estado não consegue exercer com muita eficácia no plano internacional, se agir individualmente. Os contatos e as transações internacionais, cada vez mais numerosos, criam inúmeras relações jurídicas que se estabelecem acima do nível estatal. É o que acontece com a segurança da navegação aérea e marítima, as comunicações espaciais, o correio, o telegrama e a meteorologia mundial, dificilmente poderão se regulamentados a nível apenas nacional.

Na estrutura institucional da organização internacional só poderão ser membros Estados soberanos e independentes. No caso de uma federação, só ela poderá fazer parte, não os Estados federados. Algumas, porém, criaram determinadas categorias de participantes, como membros "associados", "parciais", "filiados" e "observadores". Por outro lado, um membro poderá retirar-se ou ser eliminado da organização.

13.4. CCI – WIPO – EFTA – BENELUX – UNCTAD – ALCA

CCI – Câmara de Comércio Internacional

Para melhor compreensão e conhecimento das organizações internacionais, será conveniente examinarmos algumas delas, embora façamos uma exposição a respeito do MERCOSUL, do BID, do FMI, da OMC, da UE, as mais importantes no presente momento, e para os fins deste estudo. Focalizaremos aqui uma organização internacional, tanto de direito privado como público, que é a Câmara de Comércio Internacional. Sediada em Paris,

Cours Albert Premier, 38 – a CCI é um órgão empresarial, mas não é formado diretamente por empresas e sim por comitês que as representam. O Brasil, por exemplo, participa com o comitê organizado pela Federação Nacional do Comércio, a qual funciona na Rua Gal. Justo, 307 – 8º and., no Rio de Janeiro. Foi fundada na capital francesa, em 1920.

Não é formada por governos, sendo por isso uma ONG (Organização Não Governamental). Tem, entretanto, íntima conexão com organizações internacionais governamentais (ou interestaduais), como o Banco Mundial e a ONU. Apesar de sua atuação abranger também as atividades de indústria, transporte e finanças, a concentração maior da CCI concentra-se no comércio internacional, como a importação/exportação de mercadorias e atividades paralelas. Procura favorecer e dar segurança à expansão do comércio internacional e sua liberação, assemelhando-se, nesse aspecto, a um assessor jurídico da OMC.

Consoante fora dito, não é formada por empresas, mas por comitês dos países-membros. É coordenada por um Secretário-Geral, que recebe as diretrizes dos comitês nacionais. Formam-se, entretanto, diversas comissões especializadas, para examinar as questões submetidas a estudo pelos comitês nacionais. Essas comissões propõem as soluções, elaboram pareceres ou formulam normas, que serão submetidas pelo Secretário-Geral ao Conselho, órgão supremo dessa organização internacional, que deliberará e decidirá sobre a questão. No Conselho têm representação todos os comitês. A cada dois anos realiza-se o Congresso Internacional da CCI, para referendar as decisões do Conselho durante o biênio, eleger o Presidente, aprovar o programa de ação deste para o próximo exercício bienal.

As funções da CCI são amplas: consta de atividades doutrinárias, de ação técnica e prestação de serviços. Na contribuição doutrinária incluem-se as questões de políticas econômicas, comerciais e monetárias e de crédito, investimentos, preços de matérias-primas e de produtos de base, o protecionismo e a integração regional e assuntos de preço e economia de mercado.

A ação técnica da CCI é das mais importantes, com notáveis contribuições ao comércio e às transações internacionais. Bastaria referir-se ao estabelecimento dos INCOTERMS e à regulamentação do CRÉDITO DOCUMENTÁRIO, questões essas estudadas neste compêndio, para justificar a intensa participação da CCI nas operações internacionais. Elaborou ainda normas sobre a cobrança de efeitos comerciais (títulos de crédito) e outras operações bancárias e representação comercial. Apresentou inúmeros trabalhos sobre o Direito da Propriedade Industrial, orientando vários governos na promulgação de leis internas, inclusive sobre concorrência e organização de feiras internacionais.

Quanto aos serviços prestados, podemos citar como principal deles o funcionamento da Corte Internacional de Arbitragem, da qual fizemos referência no estudo da Arbitragem. Milhares de conflitos entre empresas têm sido resolvidos por esse tribunal, embora atue a apenas na área específica do comércio internacional, envolvendo também questões de turismo, de correios e telégrafos, telecomunicações, direito aéreo e outros.

É conveniente realçar que esses conflitos tiveram, às vezes, Estados como partes, com a aplicação das normas de Direito Internacional Público. Eis um dos motivos que autorizam a inclusão da CCI como organização internacional de interesse público, exercendo nos casos de natureza comercial entre Estados funções paralelas à Corte Internacional de Justiça. As decisões da Corte Internacional de Arbitragem, bem como as "brochuras", isto é, as publicações da CCI têm repercussão mundial e são acatadas, inspirando às vezes leis nacionais. Devemos citar, como exemplo, um modelo de lei falimentar, elaborada pela CCI, de que resultou a lei francesa de recuperação judicial de empresas. Baseado nessa lei o Brasil elaborou a Lei de Recuperação de Empresas, a Lei 11.101, de 2005, substituindo nossa velha Lei Falimentar.

EFTA – *EUROPEAN FREE TRADE ASSOCIATION*

Trata-se de uma versão da União Europeia, mas constituída só de pequenos países: Áustria, Finlândia, Islândia, Noruega, Suécia e Suíça. Criada em 1960, em sede em Genebra (Suíça), na Rua Varembé, 1211. Os seis países unificaram seus mercados consumidores, com os mesmos objetivos da UE. Não há, porém, hostilidade entre as duas, convivendo harmoniosamente, mas, por serem países pequenos, acharam que seus problemas não se coadunavam com os países considerados como grandes. Vem passando por várias modificações, países entrando, outros saindo.

BENELUX

Esse nome provém da sílaba inicial dos três países que o compõem: Bélgica, Netherlands (ou Países Baixos) e Luxemburgo. É uma União Europeia em miniatura e teve efetiva influência no sucesso desta, fruto de um trabalho de integração entre os três países, a fim de propiciar a livre circulação de mercadorias, capitais, pessoas e serviços entre eles. As políticas econômicas, fiscais e financeiras são coordenadas, a fim de assegurar a estabilidade monetária, o bom nível de emprego e de vida. O BENELUX eliminou as fronteiras econômicas dos três países.

É do maior interesse esse estudo para o Brasil e demais países do Mercosul compreender bem o funcionamento e o sucesso do BENELUX, que foi uma antecipação e um preâmbulo da União Europeia. Os três países são também membros da CECA e da União Europeia e, ao constituírem essas duas organizações internacionais, já tinham colocado em prática os princípios e as normas adotadas por ela. Seria um bom exemplo para o Mercosul, que poderia se estruturar com menor número de países e depois transferir sua organização para toda a América do Sul.

WIPO – *World Intellectual Property Organization* (Organização Mundial da Propriedade Intelectual)

É a organização encarregada da tecnologia mundial, formada por 150 países, entre os quais o Brasil. A sede encontra-se em Genebra, no Chemin de Colombetes, 34. É a responsável pela administração, acompanhamento, revisão e adaptação de inúmeros tratados da área dos direitos de propriedade industrial, internacionalmente chamada de "propriedade intelectual". Parte esse direito da Convenção de Paris, de 1886, mas atualizando constantemente graças a convenções várias, promovidas pela WIPO. São assuntos mais polêmicos da WIPO: o uso indevido de marcas e patentes e a proteção delas, designação de origem, invenções tecnológicas, *copyrights* e outros direitos similares.

ALCA – ÁREA DE LIVRE-COMÉRCIO DAS AMÉRICAS

Foi criada em 1994, em uma reunião dos países componentes da OEA, realizada em Miami, por iniciativa dos EUA. Seria maior do que a União Europeia, por ter uma população superior a 800 milhões de habitantes, enquanto a UE não chega a 400 milhões e o próprio PIB é superior. Foi recebida com desconfiança devido à preponderância dos EUA, tendo um diplomata brasileiro classificado a iniciativa como um acordo do tubarão com as sardinhas.

14. ONU – ORGANIZAÇÃO DAS NAÇÕES UNIDAS

14.1. Histórico e objetivos
14.2. Propósitos e princípios
14.3. Órgãos da ONU
14.4. Agências especializadas

14.1. Histórico e objetivos

Organização internacional interestadual, poderosa e ampla, a ONU ocupa lugar de topo entre todas, na ordem de importância. Quase todos os países, de todos os continentes, dela fazem parte. Foi criada durante a última guerra mundial, de 1939-1945. Começou como "aliança" formada por EUA, Inglaterra e União Soviética, recebendo o nome de "Nações Unidas", mas logo outros países foram aderindo, sendo chamados de "aliados". Após algumas reuniões dos três países que compuseram inicialmente a aliança, ficou marcada uma conferência a ser realizada em San Francisco, sendo convidados os países que lutaram na guerra contra o "Eixo", uma aliança formada por Alemanha, Itália e Japão.

Realmente, realizou-se essa reunião de países, chamada de *Conferência das Nações Unidas para a Organização Internacional*, tendo elaborado a "Carta da ONU", que entrou em vigor em 24.10.45; essa data é, desde então, comemorada como o *Dia das Nações Unidas*. Consoante esse documento, a ONU tem como objetivos:

A – manter a paz internacional;

B – desenvolver relações de amizade entre as nações, com base nos princípios de igualdade de direitos e de autodeterminação dos povos;

C – melhorar as condições de vida de todos os povos, mediante cooperação internacional e estimular o respeito aos direitos humanos e às liberdades fundamentais para todas;

D – constituir um centro em que as nações se encontrem para estudar e tentar resolver os grandes problemas dos quais dependem a compreensão mútua e a paz mundial.

Anteriormente, havia organização internacional semelhante, denominada Liga das Nações, criada pelo Tratado de Versalhes, de 1920, com sede na Europa. Essa organização não conseguiu, porém, cumprir seus objetivos, mormente o de preservar a paz mundial, já que não evitou a Grande Guerra de 1939 a 1945. Além do mais, os EUA assumiam a liderança mundial e queriam uma organização internacional não dominada pelas nações europeias. Assim, a ONU tomou o lugar da Liga das Nações, que, logo em seguida, se dissolveu. A ONU constituiu-se pela Carta das Nações Unidas, de 26.6.45, celebrada por 51 Estados de várias partes do mundo; esses Estados foram considerados "originários". Todavia, muitos outros Estados foram se integrando à ONU, chamados de "admitidos", alguns já existentes, outros que foram se formando como a maioria dos países africanos. Não há, contudo, diferença entre membros originários e admitidos, no que toca aos direitos e obrigações. O Brasil é membro originário. Como a ONU tem, no momento, mais de 200 membros, embora um número levemente variável, conclui-se que mais de dois terços são admitidos (ou eleitos). A sede está instalada em Nova Iorque, junto ao East River, num prédio grandioso, um dos mais fotografados e divulgados pelos órgãos de comunicação.

14.2. Propósitos e princípios

Para se avaliar melhor o conjunto de propósitos e princípios que nortearam a Carta das Nações Unidas, será necessário considerar a situação e o estado de espírito existentes na época da reunião de San Francisco. O mundo acabara de sair de duas guerras mundiais: uma de 1914-1918 e outra de 1939-1945. Pelo que consta da História, a última guerra foi marcada pela exaltação do nacionalismo e do militarismo, pela intolerância, todo tipo de discriminação entre os homens. Constataram-se genocídios, torturas, matanças e sofrimentos infligidos às populações. Dentro dos princípios de que toda força aplicada a um ponto provoca uma reação igual e contrária e que a violência gera violência, encadearam-se interminavelmente os conflitos entre as nações, principalmente na Europa.

Cansados de sofrimentos, é de se acreditar na sinceridade dos propósitos expressos pelos países que se reuniram. Não são expressões vagas e demagógicas, mas verdadeiros anseios de que não se abatessem tragédias sobre as nações. Por isso, segundo diz o preâmbulo da Carta da ONU, os países resolveram conjugar esforços para preservar as gerações vindouras do flagelo da guerra, que, por duas vezes, no decorrer da primeira metade do século XX, trouxe sofrimentos indizíveis à humanidade. Objetiva ainda reafirmar a fé nos direitos fundamentais do homem, na dignidade e no valor do ser humano, na igualdade de direitos dos homens e das mulheres, assim como das nações grandes e pequenas.

Estavam decididos a estabelecer condições sob as quais a justiça e o respeito às obrigações decorrentes de tratado e outras fontes do Direito Internacional possam ser mantidos. Igualmente a promover o processo social e melhorar condições de vida dentro de uma liberdade mais ampla.

Para atingir esse desiderato, necessário se tornava praticar a tolerância e viver em paz, uns com os outros, como bons vizinhos; unir as forças para manter a paz e a segurança internacional, e a garantir, pela aceitação de princípios e a instituição de métodos, que a força armada não será usada a não ser no interesse comum; empregar um mecanismo internacional para promover o progresso econômico e social de todos os povos. A mais delicada disposição foi a que tange ao uso da força armada, que ainda hoje não está desarraigada das disputas internacionais.

Os propósitos e princípios da ONU constituem o primeiro capítulo da Carta. O propósito primordial é o de manter a paz e a segurança internacionais, tomando para esse fim medidas efetivas para evitar ameaças à paz e reprimir atos de agressões ou qualquer outra ruptura da paz. Procurará chegar, por meios pacíficos e de conformidade com os princípios de justiça e do Direito Internacional, a um ajuste ou solução de controvérsias ou situações que possam levar a uma perturbação da paz universal.

14.3. Órgãos da ONU

Por ser extremamente ampla, a ONU é dividida em grande número de departamentos, chamados "órgãos", "agências especializadas", etc. Os órgãos são divisões da ONU, ou seja, fazem parte dela e estão centralizados com sua direção. Funcionam em sua sede em Nova Iorque, junto ao East River. Seis são os órgãos estruturais da ONU:

1 – Assembleia-Geral;
2 – Conselho de Segurança;
3 – Conselho Econômico e Social;
4 – Conselho de Tutela;
5 – CIJ – Corte Internacional de Justiça
6 – Secretariado.

ASSEMBLEIA-GERAL

É o órgão mais amplo da ONU, donde o nome de "geral". Constitui-se de todos os países-membros. Não é órgão permanente como o Conselho de Segurança, mas reúne-se ordinariamente uma vez ao ano, ou extraordinariamente, quando convocado especialmente; raras foram até agora as reuniões extraordinárias. As funções são gerais e amplas, com alguma analogia com as assembleias gerais de uma sociedade anônima:

A – discutir e fazer recomendações sobre quaisquer questões ou assuntos que estiverem dentro das finalidades da "Carta da ONU" ou que se relacionarem com as atribuições e funções e qualquer dos órgãos nela previstos;

B – discutir e fazer recomendações sobre desarmamento e regulamentação de armamentos;

C – considerar os princípios gerais de cooperação internacional, nos diferentes domínios econômico, cultural e social, codificação e desenvolvimento do Direito Internacional;

D – recomendações para a solução pacífica de qualquer situação internacional.

Tem ainda a Assembleia-Geral atribuições restritas, específicas e exclusivas. É ela que elege os membros do Conselho de Segurança não permanentes, e também os membros do Conselho de Tutela e do Conselho Econômico e Social; aprova os acordos de tutela; autoriza os organismos especializados a solicitarem pareceres da Corte Internacional de Justiça; coordena as atividades desses organismos.

CONSELHO DE SEGURANÇA

É o órgão de maior evidência, por ser chamado nos momentos cruciais em que a paz seja ameaçada; é por isso chamado "o guardião da paz", porquanto o artigo 24 da "Carta das Nações Unidas" incumbe-lhe a principal responsabilidade na manutenção da paz e da segurança internacionais.

É formado por quinze membros, sendo dez deles eleitos pela Assembleia-Geral por um período de dois anos e cinco membros permanentes: EUA, Reino Unido, França, China e Rússia, esta tomando o lugar da antiga União Soviética. Os membros eleitos não têm direito à reeleição, a fim de proporcionar um rodízio entre os países e deverão obedecer a um critério representado. Os dez membros são distribuídos da seguinte forma: cinco dos países afro-asiáticos, dois latino-americanos, um do leste europeu e dois da Europa Ocidental e dos países faltantes.

O Conselho de Segurança aciona-se principalmente em casos de litígios entre os Estados que ameacem a paz, como no caso de agressão. É o problema mais difícil de ser enfrentado, pois ninguém se diz agressor e todos se queixam de terem sido agredidos. Por outro lado, o Conselho de Segurança, dominado pelas grandes potências, não especificou o que seja agressão nem Estado agressor e agredido, reservando-se o direito de decidir conforme o caso. Entretanto, a CIJ, que é um órgão da ONU, e a Assembleia-Geral já tomaram posições que apontam vários atos como agressão. Assim ocorre se um Estado permitir que seu território seja utilizado por forças de outro, para invadir um terceiro Estado; um bombardeio ou qualquer uso de forças armadas contra outro Estado; bloqueio; ataque armado contra território, mar territorial ou forças armadas de outro Estado; a obtenção de território à força.

É, portanto, agressão o emprego de força armada por Estado para atentar contra a soberania, a integridade territorial ou a independência política de outro Estado. É a prática de um ato ilegal contra a paz. O Conselho de Segurança deixa em branco o caso de agressões econômicas, uso de mercenários ou intervenção na política interna de um país. Muito vaga ficou a questão quanto às medidas a serem tomadas em casos de agressão, como o comando supremo, o treinamento das forças armadas a serviço da ONU ou a forma de constituição dessas forças. Ainda recentemente, por ocasião da crise no Oriente Médio, com a invasão do Iraque, todos essas incertezas se realçaram; além disso, o Conselho de Segurança da ONU ficou marginalizado dessas ações armadas, muito embora fossem realizadas em seu nome.

CONSELHO ECONÔMICO E SOCIAL

O próprio nome desse conselho dá a entender suas funções: ocupa-se das questões econômicas e sociais dos países-membros: prepara relatórios e estudos, faz recomendações, convoca conferências e prepara projetos de convenções sobre as questões de sua alçada. Promove também a cooperação cultural e o respeito aos direitos humanos e às liberdades fundamentais do ser humano.

É composto de 54 membros, eleitos pela Assembleia-Geral, com mandato de três anos, devendo reunir-se duas vezes ao ano. Para se ter melhor ideia desse órgão, será conveniente examinar as muitas comissões, umas de caráter técnico, outras regionais. Entre as comissões de caráter técnico situam-se as seguintes: de estatística, de população, de direitos humanos, da situação da mulher, de narcóticos, da situação social, e sobre comércio internacional de produtos de base. Entre as comissões regionais figuram a CEPAL – Comissão Econômica para a América Latina, de muita importância para nós, com sede em Santiago do Chile.

CONSELHO DE TUTELA

Esse conselho tem como objetivo a supervisão dos territórios tutelados pela ONU. É composto pelos Estados-membros que administrem territórios tutelados e mais os membros permanentes do Conselho de Segurança, desde que estes já não estejam tutelando territórios. Caso o número de cada espécie de membro seja desigual, serão eleitos outros membros pela Assembleia-Geral, para igualar o número de membros.

O Conselho de Tutela, no desempenho de suas funções, examina os relatórios que lhes tenham sido submetidos pela autoridade administradora; aceita petições e examina-as em consulta com essas autoridades; providencia visitas periódicas aos territórios tutelados em épocas fixadas de acordo com a autoridade administradora; e executa as medidas previstas no acordo de tutela. Irá valer-se, quando for necessário, da colaboração do Conselho Econômico e Social e das entidades especializadas, a respeito das matérias em que estas e aquele sejam respectivamente interessados.

Formulará um questionário sobre o adiantamento político, econômico, social e educacional dos habitantes de cada território tutelado. A autoridade administradora de cada um desses territórios, dentro da competência da Assembleia-Geral, fará um relatório anual à Assembleia, baseado no referido questionário.

SECRETARIADO

Deixando de lado o exame da CIJ – Corte Internacional de Justiça, visto que a ela dedicamos um estudo especial neste compêndio, examinaremos então o Secretariado. Encabeçado pelo Secretário-Geral, o Secretariado é o órgão administrativo da ONU. O Secretário-Geral é recomendado pelo Conselho de Segurança e eleito pela Assembleia-Geral. Representa a ONU externamente e perante seus membros.

O Secretário-Geral é o chefe administrativo da ONU, cabendo-lhe exercer as funções designadas pela Assembleia-Geral e outros órgãos; apresenta à Assembleia os relatórios sobre o trabalho da ONU. Além das funções administrativas, tem ele certos poderes de iniciativa política: pode inserir na pauta das reuniões da Assembleia-Geral e do Conselho de Segurança os assuntos que julgar importantes para a manutenção da paz e da segurança mundiais.

14.4. Agências especializadas

Também são órgãos da ONU, mas com muitas diferenças. Os órgãos que vimos anteriormente estão integrados na ONU e operam em sua sede. As agências especializadas são órgãos independentes e, em sua maioria, sediados fora de Nova Iorque. Já tivemos oportunidade de fazer estudo especial de alguns deles, que constituem autênticas organizações internacionais, como o FMI, a OMC, a UNCTAD, o ICAO, a OIT – Organização Internacional do Trabalho, a OMI – Organização Marítima Internacional, a WIPO. É conveniente fazer referências a algumas dessas agências.

UNICEF – Procura promover o bem-estar das crianças no mundo todo. Muitas iniciativas da UNICEF já foram empreendidas no Brasil, em benefício da criança desamparada.

FAO (*Food and Agriculture Organization*) – Cuida do aumento da produção de técnicas agropecuárias e distribuição de gêneros. O combate à fome é a sua principal preocupação. Tem sede em Roma.

UNESCO (*United Nations Educational, Scientific and Cultural Organization*) – Dedica-se ao desenvolvimento educacional, cultural e científico da humanidade. Sediada em Paris, procura fomentar também o intercâmbio cultural e artístico entre os países. É uma das mais conhecidas iniciativas culturais. Objetiva contribuir para a paz e a segurança, promovendo a colaboração entre as nações nos campos da cultura, da educação e da ciência, com vistas a garantir o respeito universal pela justiça, as leis, os direitos humanitários e as liberdades fundamentais. Atua em todos os países, fomentando a cooperação cultural e artística, difundindo a cultura e o conhecimento. Trabalha pela democratização do ensino e aperfeiçoamento pedagógico, inclusive com treinamento de educadores.

UNIDO (*United Nations Industrial Development Organization*) – Com sede em Viena, esta agência, criada em 1967, promove a industrialização dos países em desenvolvimento, divulgando tecnologias de produção e de comercialização. Mantém um sistema internacional de consultoria sobre indústrias de base e mecanismos de incentivo aos investimentos estrangeiros e à transferência de tecnologia para os países que deles necessitem. A UNIDO aciona outra agência da ONU, o PNUD – Programa das Nações Unidas para o Desenvolvimento. Esse programa tenta desenvolver a capacidade produtiva dos países que não dispõem de tecnologia avançada, principalmente com o melhor aproveitamento dos recursos naturais e humanos de cada região. Sua sede é em Viena.

OMS (Organização Mundial de Saúde) – Também conhecida internacionalmente por WHO – *World Health Organization*, a OMS dá apoio à administração pública dos países-membros na execução de suas políticas sanitárias. Dirige e coordena programas especiais de melhoria da saúde pública, como combate a epidemias, o estabelecimento de padrões internacionais de remédios e vacinas. Dedica-se ainda a pesquisas médicas. Tem sua sede em Genebra.

UPU (União Postal Universal) – É agência imprescindível para o setor de sua atuação, pois os serviços postais colocam o mundo todo em comunicação. Está sediada em Berna, na Suíça. Seus principais objetivos são a unificação e uniformização dos serviços postais, a adoção de maquinaria e demais instalações técnicas para o aprimoramento e desenvolvimento dos serviços e solução de conflitos.

UIT (União Internacional das Telecomunicações) – Sediada em Genebra, essa agência promove a colaboração internacional no campo das telecomunicações, visando a torná-las mais fáceis, eficientes e livres, úteis e acessíveis aos usuários. Tem muito paralelismo e analogia com a UPU, pois o ramo do serviço é o das comunicações. Sua importância e utilidade podem ser notadas pelo fato de ter antecedido à própria ONU. Foi fundada por uma convenção em Paris, em 1865, com o nome de UTI – União Telegráfica Internacional, Em 1932, a UTI foi transformada na atual UIT, posteriormente incorporada à ONU, mas com vida bem independente, a exemplo das demais agências.

15. RELAÇÕES DIPLOMÁTICAS

15.1. A Convenção de Viena sobre Relações Diplomáticas
15.2. O pessoal da embaixada
15.3. Funções diplomáticas
15.4. A *persona non grata*
15.5. Privilégios e imunidades diplomáticos
15.6. Órgãos de relações entre Estados

15.1. A Convenção de Viena sobre Relações Diplomáticas

Ao se falar em relações internacionais, assenta-se principalmente em duas importantes convenções patrocinadas pela ONU, realizadas em Viena, uma denominada "Convenção de Viena sobre Relações Diplomáticas", de 1961, e "Convenção de Viena sobre Relações Consulares", de 1963. Essas duas convenções transformaram num Código de Direito Internacional as práticas e costumes que já eram observados há séculos, com algumas disposições estabelecidas em outras convenções anteriores. Essas convenções tiveram a participação do Brasil e de quase todos os países-membros da ONU, mas são observadas mesmo pelos poucos países que não integram esse organismo internacional.

Ambas se transformaram em leis nacionais na maioria dos países. No sistema legislativo brasileiro, uma convenção internacional pode se transformar em lei nacional, graças a dois decretos: um decreto legislativo, pelo qual o Congresso Nacional aprova a convenção e um decreto do Poder Executivo, pelo qual este promulga a convenção no país. Foi o que aconteceu com a Convenção de Viena sobre Relações Diplomáticas, de 1961, que foi aprovada pelo Decreto Legislativo 103/64 e promulgada pelo Decreto 56.435/65.

O preâmbulo da Convenção expõe as razões do diploma legal, declarando que vem atender aos objetivos da ONU e os propósitos e princípios da Convenção visam à manutenção da paz e da segurança internacionais e desenvolvimento das relações de amizade entre todos os países, dentro do princípio de igualdade soberana dos Estados. Para tanto, haveria necessidade de normas uniformes e estáveis que regulamentassem as relações entre os Estados, as formas de contato entre eles, como um se faria representar perante o outro, que privilégios e segurança teriam os diplomatas de um país em outro. Assim, um diplomata é a pessoa que representa oficialmente um país perante outro; o país que envia um diplomata é chamado de "acreditante" e o país que o recebe, de "acreditado".

Dois anos depois, em 1963, foi realizada na mesma cidade a Convenção de Viena sobre Relações Consulares, regulamentando, destarte, de forma bem ampla, as relações entre Estados. Malgrado sejam embaixada e consulado órgãos de relacionamento entre países, há sensíveis diferenças entre ambos. A embaixada é mais um órgão de representação de um governo perante outro, defendendo os interesses do país.

O consulado defende mais os interesses dos cidadãos encontrados no país acreditado e seu relacionamento é essencialmente com o governo deste país. Embaixada só existe uma, localizada na capital do país acreditado e seu relacionamento é essencialmente com o governo deste país. O consulado pode ser instalado em várias cidades em que houver maior concentração de seus nacionais. Há consulados instalados em São Paulo, Rio e outras cidades do Brasil e não em Brasília. Por outro lado, as embaixadas estão todas em Brasília.

15.2. O pessoal da embaixada

Muitas pessoas trabalham numa missão diplomática, ou seja, na embaixada de um país estrangeiro no Brasil. Nem é conveniente que um brasileiro trabalhe na embaixada de um país estrangeiro no Brasil. Se ele assim fizer, não poderá reclamar direitos trabalhistas, pois a embaixada não está sujeita à jurisdição brasileira. Assim, se a embaixada não fizer registro na carteira profissional, não recolher à Seguridade Social ou atrasar os pagamentos, esse funcionário terá que reclamar seus direitos perante a Justiça do país que o empregou. Um Estado não pode processar outro, porque vigora no Direito Internacional, como na Carta da ONU e na Convenção de Viena, o princípio de igualdade entre Estados. A jurisdição, vale dizer, o poder de julgar, deve estar entre as partes e acima delas, e os Estados são partes iguais, não podendo, pois, ter poderes jurisdicionais sobre o outro: *Par in parem non habet jurisdictionem* (Entre partes iguais não há jurisdição).

Como há muitas pessoas a serviço da diplomacia, ou seja, fazendo parte da missão diplomática, houve por bem a Convenção de Viena definir esse pessoal. Apesar desse esforço, que se vê logo no artigo 12 da Convenção de Viena, reinam, ainda, várias dúvidas, em vista da dificuldade terminológica de cada país, não havendo uniformidade de sentido das palavras.

Os vocábulos e expressões utilizados na Convenção de Viena geraram longas discussões. A expressão "membros da família" não é fácil de ser entendida. O Direito de Família difere de país para país; a maioridade é atingida em idades diferentes, segundo o Código Civil de cada país. Falando em terminologia, é conveniente desde já esclarecer que o Estado que se faz representar em outro é chamado de "acreditante" e o Estado em que estiver instalada a embaixada, de "acreditado". Vejamos então como o Direito Internacional considera certas expressões utilizadas na diplomacia:

MISSÃO DIPLOMÁTICA

É o órgão de representação oficial e permanente do governo de um país em outro, tendo o mesmo sentido de embaixada ou "delegação diplomática". Às vezes, pode ser uma delegação *ad hoc* e efêmera, mesmo havendo já uma embaixada permanente. Se a missão for permanente é chamada de ordinária; se for transitória, de extraordinária.

CHEFE DA MISSÃO

É o embaixador; a autoridade máxima na missão. Sob o ponto de vista legal, é a pessoa que apresenta as credenciais para agir como Chefe da Missão, nomeada pelo país acreditante. O chefe da missão é considerado como tendo assumido as suas funções no Estado acreditado no momento em que tenha entregado suas credenciais; ou então tenha comunicado sua chegada e apresentado as cópias figuradas de suas credenciais ao Ministro das Relações Exteriores, ou Ministro em que se tenha convindo, de acordo com a prática observada no Estado acreditado. Essa prática deverá ser aplicada de modo uniforme. Há três classes de chefe da missão:

I – Embaixador ou núncio acreditado perante chefes de Estado ou chefes de missão de categoria equivalente.
II – Enviado, ministro ou internúncio acreditados perante chefes de Estado.
III – Encarregado de negócio, acreditado perante ministros das relações exteriores.

MEMBROS DA MISSÃO

São todos os que trabalham na embaixada, isto é, o chefe da missão e os membros do pessoal da missão.

MEMBROS DO PESSOAL DA MISSÃO

São todos os que trabalham na embaixada, menos o chefe da missão.

MEMBROS DO PESSOAL DIPLOMÁTICO

É uma expressão confusa, mas que a prática vem substituindo por "agentes diplomáticos", também previstos na Convenção de Viena. São todas as pessoas que tiverem a qualidade de diplomata, como o chefe da missão, ministros, adidos. Alguns países consideram "agentes diplomáticos" o pessoal de carreira, e "membros do pessoal diplomático" os diplomatas que não façam parte do quadro de funcionários do ministério das relações exteriores de seu país.

MEMBROS DO PESSOAL ADMINISTRATIVO E TÉCNICO

São os que exercem funções administrativas, como secretário da embaixada, secretárias, arquivistas, agentes de segurança. Eles não são diplomatas. Entre o pessoal técnico, figuram operadores de rádio, militares, economistas, tradutores, enfermeiros, e outros que exerçam funções profissionais específicas.

MEMBROS DO PESSOAL DE SERVIÇO

É o pessoal da manutenção e serviço doméstico: porteiros, faxineiras, mecânicos, cafeteiros, etc.

CRIADO PARTICULAR

É a pessoa de serviços domésticos para os membros da missão, como um mordomo, um jardineiro, uma empregada doméstica. Não são funcionários públicos, ou seja, do Estado, mas particulares dos agentes diplomáticos.

LOCAIS DA MISSÃO

São os imóveis ocupados pelo Estado, seja adquirido pelo Estado acreditante ou alugado. Inclui-se também a residência do embaixador, caso não resida na própria embaixada.

15.3. Funções diplomáticas

No momento em que o embaixador entrega suas credenciais, terá assumido suas funções, passando a falar em nome de seu governo. Por outro lado, deixa de exercer suas funções de diversas formas, tais como: poderá se destituído pelo seu governo, poderá ser retirado do país em que está servindo, mas oficialmente terminarão suas funções no momento em que o embaixador acreditante notificar o Estado acreditado.

Além das funções de representação, cabe a de proteção a ser dada a seus nacionais que se encontram no país acreditado. A embaixada do Uruguai, por exemplo, poderá diligenciar junto ao governo brasileiro se um cidadão uruguaio for prejudicado injustamente por autoridades brasileiras, ou se for vítima de um crime. Consiste essa proteção ainda em facilitar a entrada e saída de seus nacionais no território do país acreditado. Embora tais funções sejam mais apropriadas aos agentes consulares, cabe também à embaixada velar pelos interesses dos súditos de seu país.

Outra função diplomática é a da observação. A embaixada deve inteirar-se por todos os meios lícitos das condições existentes e da evolução dos acontecimentos no Estado acreditante e informar a este respeito o governo do Estado acreditante. Não se trata de espionagem ou investigações de um país, mas do levantamento de informações de todo tipo: não só de caráter internacional, mas também político, econômico, administrativo e até militar. É com base nas informações fornecidas pela sua embaixada que o governo do país acreditante planeja seu relacionamento com o país acreditado. Para exercer a observação em um país, o Estado acreditante costuma manter até mesmo técnicos especializados, denominados "adidos", como por exemplo, adidos culturais, adidos militares, etc.

A quarta função de importância a ser exercida pela embaixada é a de promover relações amistosas e desenvolver relações econômicas, culturais e científicas entre o Estado acreditante e o Estado acreditado. Na verdade, a função principal da missão diplomática é representar seu país perante outro; as outras funções consideram-se como dependentes e acessórias. Desenvolver relações amistosas, é parte integrante dos deveres de representação. A missão diplomática não é estática, aguardando ocasiões em que seja chamada a agir, mas deve fomentar as relações amistosas e desenvolver relações econômicas, culturais e científicas entre o Estado acreditante e o Estado acreditado.

Insta ainda fazer referência ao exercício das funções consulares pela missão diplomática, caso não haja consulado em um país, ou quando as ocasiões se oferecerem.

15.4. A *persona non grata*

Essa expressão, mundialmente conhecida, designa um membro da missão diplomática que seja vetado pelo país acreditado. Pode haver muitas razões para que um membro do corpo diplomático não seja aprovado pelo país ao qual deveria servir. Pode ele já estar no país acreditado e perder a confiança do país que o aceitou ou, então, pode ser vetado quando o país for notificado de sua vinda. Não está obrigado o Estado acreditado a justificar o motivo pelo qual considera o agente diplomático de outro país como *persona non grata*. Geralmente essa notificação é confidencial, por não haver interesse de ambos os países na divulgação desse tipo de incidente. É comum a forma verbal.

O contrário dessa declaração é *agrément*, expressão também universal. É a aprovação do Estado acreditado à pessoa indicada pelo Estado acreditante para representá-lo. Antes de enviar um embaixador (chefe de missão) a outro país, um Estado deve consultar o país de destino para saber se aceita seu agente diplomático. O país de destino pode aceitar o diplomata indicado, ou seja, dar o seu *agrément*; essa palavra do idioma francês significa aceitação, aprovação, consentimento. O fato de um Estado não conceder o *agrément* equivale a uma consideração de *persona non grata*. Igualmente, não está o Estado acreditado na obrigação de revelar o motivo da recusa do *agrément*.

Que razões podem levar o Estado acreditado a considerar *persona non grata* o agente diplomático de outro país? Segundo o artigo 41 da Convenção de Viena, há normas impostas ao comportamento dos agentes diplomáticos e a transgressão delas poderá provocar reação do Estado acreditado. Todos os dotados de privilégios e imunidades deverão respeitar as leis e os regulamentos do Estado acreditado e não se imiscuir nos assuntos internos desse Estado. Os locais da missão não devem ser utilizados de maneira incompatível com as funções da missão, tais como são expostas na Convenção de Viena, em outras normas de Direito Internacional ou em acordos especiais em vigor entre o acreditante e o acreditado.

15.5. Privilégios e imunidades diplomáticos

IMUNIDADE TERRITORIAL

A embaixada e os membros da missão diplomática desfrutam de status especial, regulado pelo Direito Internacional, principalmente pela Convenção de Viena. O local de uma embaixada é considerado território do país dessa embaixada; qualquer pessoa que entrar no recinto de uma embaixada situa-se como se estivesse no país dela, inclusive as autoridades do país acreditado. Assim, se for cometido um crime numa embaixada localizada em Brasília, a polícia brasileira não poderá ocupar-se da questão, nem mesmo entrar nela, a não ser que seja autorizada pelo chefe da missão. Certa ocasião, um oficial de justiça penetrou numa embaixada para entregar uma citação e foi considerado como tendo ultrapassado suas prerrogativas.

Embora a regulamentação seja clara, nem sempre é fácil de ser respeitada a inviolabilidade territorial de uma embaixada. Por ocasião de incêndio num edifício em que estava a embaixada de país africano, os bombeiros tiveram que arrombar a porta para apagar o incêndio. Digamos que um criminoso caçado pela Justiça brasileira penetre numa embaixada; trata-se de um criminoso brasileiro, caçado pela Justiça do Brasil; poderá o Brasil pedir a autorização do embaixador acreditante autorização para apanhá-lo. Por outro lado, a embaixada em que esse criminoso se homiziou poderá prendê-lo e entregá-lo às autoridades brasileiras ou enviá-lo ao seu país para ser julgado, pois invadiu território estrangeiro.

Além de respeitar o local, o Governo do Estado acreditado deve fazê-lo respeitar, adotando as medidas necessárias para protegê-lo contra invasores e evitando perturbações. Ainda que haja mandado judicial de busca, apreensão, penhora, embargos, ou de qualquer outro tipo, as autoridades brasileiras não poderão invadir uma embaixada, penhorar bens, apreender coisas ou documentos. Assim estabelece o artigo 22 da Convenção de Viena e essa Convenção transformou-se em lei nacional. Caso um juiz determine um mandado nesse sentido, estaria desobedecendo a lei de seu país, além do Direito Internacional.

ISENÇÃO TRIBUTÁRIA

Tanto o Estado representado no Brasil, como seu embaixador, estão isentos de impostos e taxas, pois o Governo brasileiro não pode obrigar um Estado estrangeiro a pagar-lhe impostos, mesmo porque, se o Estado acreditante não pagar, não teria o Brasil condições jurídicas para executá-lo. Além disso, esse mesmo Estado poderia, em represália, cobrar impostos do Brasil sobre o imóvel da embaixada brasileira nele. A isenção de impostos é pois privilégio recíproco.

Por outro lado, o Estado acreditante goza também de imunidade de jurisdição; o Brasil não pode processar outro Estado, pois vigora o princípio de igualdade e equidade entre os Estados. Se um Estado fosse processar outro, assumiria um poder superior, rompendo esse princípio de igualdade sacramentado pela ONU. Se não houver imunidade de jurisdição, um Estado poderia executar dívidas de outro Estado, impostos e taxas; poderia despejá-lo, caso o imóvel fosse alugado, intimar o embaixador a depor em processos e até mesmo determinar busca e apreensão de arquivos e examinar toda a documentação da embaixada.

Afrontaria ainda a obrigação do Estado acreditado em garantir a segurança, a liberdade de trabalho da embaixada. Cabe ao Estado acreditado não só garantir a segurança da embaixada, como as facilidades e a tranquilidade necessárias para que o embaixador e o pessoal da embaixada desempenhem suas funções. Naturalmente, os membros da missão diplomática deverão encontrar algumas restrições na liberdade de circulação e trânsito no território do país acreditante, mesmo porque os próprios nacionais também sofrem restrições. Não poderão circular, sem autorização, por locais reservados por segurança nacional, como as instalações militares.

LIBERDADE DE COMUNICAÇÃO

Importante prerrogativa é a da liberdade de comunicação de que deverá gozar a embaixada. O Estado acreditado permitirá e protegerá a livre comunicação da missão diplomática para todos os fins oficiais: com o governo acreditado, como as demais missões diplomáticas ou consulares, ou com o país acreditante. Poderá servir-se de qualquer forma de comunicação, como telefone, mala diplomática, que é inviolável, não podendo ser nem aberta nem retida. Entretanto, os volumes que constituem a mala diplomática deverão conter sinais visíveis que indiquem o seu caráter e só poderão conter documentos diplomáticos e objetivos destinados a uso oficial.

As pessoas que atuarem como correio diplomático, desde que estejam com documentos de identificação como tal e com a mala diplomática caracterizada de acordo com as normas, serão, no desempenho de suas funções, protegidas pelo Estado acreditado; gozarão de inviolabilidade pessoal e não poderão ser presas ou detidas. Não poderá, entretanto, manter uma estação de rádio, sem autorização do país acreditado. No Brasil, porém, os próprios brasileiros necessitariam de uma concessão para manter uma estação de rádio.

A mala direta diplomática vem normalmente por avião e, nesse caso, o comandante da aeronave comercial poderá transportá-la e entregá-la ao representante da embaixada. A mala aérea, desde que esteja identificada e havendo autorização para seu transporte, poderá ser retirada no aeroporto, sem passar pela alfândega.

INVIOLABILIDADE PESSOAL

Outro ponto importante é a inviolabilidade dos agentes diplomáticos no exercício de sua missão. A pessoa do agente diplomático é inviolável, não podendo ser objeto de nenhuma forma de detenção ou prisão. O Estado acreditado irá tratá-lo com o devido respeito e adotará todas as medidas adequadas para impedir qualquer ofensa à sua pessoa, liberdade ou dignidade.

Além da pessoa, a residência particular do agente diplomático goza da mesma inviolabilidade e proteção, inclusive seu carro, documentos e correspondência. O carro do embaixador tem placa especial, identificando-o como carro diplomático.

Da mesma forma que o Estado acreditante, seu agente diplomático gozará de imunidade de jurisdição civil, penal e administrativa do Estado acreditado, não é ele obrigado a prestar depoimento como testemunha, nem estará sujeito à execução. Não ficará isento, porém, se agir como simples cidadão e assumir compromissos pessoais. Por exemplo, se ele alugar em nome próprio e não pagar o aluguel, poderá sofrer ação de despejo; se fizer compras pessoais e não pagar o preço, poderá ser executado. Por outro lado, se não se comportar corretamente no Estado acreditado poderá ser declarado *persona non grata*; disso não está isento.

Outro aspecto em que o agente diplomático iguala-se ao Estado acreditante é quanto à isenção de pagamento de impostos e taxas; deverá agir como cidadão comum. Por exemplo: se compra uma roupa numa loja, não poderá pedir o desconto do imposto. Deverá pagar as taxas dos serviços prestados, como telegramas e demais serviços de correio; deverá pagar pedágio, água e luz. O agente diplomático fica, portanto, apenas isento dos impostos que impliquem uma sujeição ao Estado em que estiver exercendo suas funções. Se comprar um imóvel em nome particular, não pode se subtrair ao pagamento do imposto de transmissão *inter vivos*.

ISENÇÃO ALFANDEGÁRIA

Questão das mais polêmicas é a permissão dada pelo Estado acreditado para a entrada, livre de pagamento, de direitos aduaneiros, taxas e gravames conexos que não constituam despesas de armazenagem, transporte e outras relativas a serviços análogos, dos objetos destinados ao uso da embaixada e do agente diplomático. O que acontecia muito no Brasil é que muitos diplomatas, ao deixarem nosso país, vendiam esses objetos, geralmente automóveis Mercedes Benz. Mesmo com a importação liberada, ainda ocorrem algumas dessas vendas.

A Convenção de Viena não obriga o retorno dessas coisas e nem o direito brasileiro proíbe sua venda no mercado interno. Por isso, os abusos diminuíram, mas continuam. Não há dúvidas quanto às coisas necessárias ao funcionamento da chancelaria, que são bens pertencentes ao patrimônio público do Estado acreditante; para estes fica lógica a isenção. Não teria também lógica o governo estrangeiro vender bens de seu patrimônio no território brasileiro. As críticas, porém, dirigem-se à venda de bens pertencentes ao embaixador e demais membros do corpo diplomático.

Ainda nessa disposição inclui-se a imunidade de inspeção da bagagem pessoal do agente diplomático. Todavia, há exceções para os casos em que existirem motivos sérios para crer que a bagagem contenha objetos cuja importação ou exportação seja proibida e sujeita a exame. Por exemplo, se os cães farejarem cocaína na bagagem de um diplomata, se os sensores do aeroporto indicarem armas de importação proibida.

No caso de saída de agente diplomático do Brasil, ele poderá levar ouro ou obras de arte, cuja exportação porém submete-se a controle. Os privilégios e imunidades estendem-se ainda aos componentes da família do agente diplomático e dos membros do pessoal administrativo e técnico da embaixada. Todavia, é necessário que sejam estrangeiros, vale dizer, em nosso país não poderão ser brasileiros. Essa imunidade refere-se apenas ao exercício de funções diplomáticas e não atos pessoais.

HASTEAMENTO DA BANDEIRA

A embaixada terá o direito de hastear a bandeira no local da missão, bem como o escudo do país. A bandeira e o escudo podem ainda ser usados na residência do embaixador e seu automóvel. A bandeira brasileira também pode ser hasteada em conjunto com a do país acreditante. Quando agentes diplomáticos hospedam-se em hotéis, estes costumam hastear a bandeira do país dele, mas se trata de cortesia do hotel, não estando essa prática prevista no Direito Internacional.

determine um mandado nesse sentido, estaria desobedecendo a lei de seu país, além do Direito Internacional.

ISENÇÃO TRIBUTÁRIA

Tanto o Estado representado no Brasil, como seu embaixador, estão isentos de impostos e taxas, pois o Governo brasileiro não pode obrigar um Estado estrangeiro a pagar-lhe impostos, mesmo porque, se o Estado acreditante não pagar, não teria o Brasil condições jurídicas para executá-lo. Além disso, esse mesmo Estado poderia, em represália, cobrar impostos do Brasil sobre o imóvel da embaixada brasileira nele. A isenção de impostos é pois privilégio recíproco.

Por outro lado, o Estado acreditante goza também de imunidade de jurisdição; o Brasil não pode processar outro Estado, pois vigora o princípio de igualdade e equidade entre os Estados. Se um Estado fosse processar outro, assumiria um poder superior, rompendo esse princípio de igualdade sacramentado pela ONU. Se não houver imunidade de jurisdição, um Estado poderia executar dívidas de outro Estado, impostos e taxas; poderia despejá-lo, caso o imóvel fosse alugado, intimar o embaixador a depor em processos e até mesmo determinar busca e apreensão de arquivos e examinar toda a documentação da embaixada.

Afrontaria ainda a obrigação do Estado acreditado em garantir a segurança, a liberdade de trabalho da embaixada. Cabe ao Estado acreditado não só garantir a segurança da embaixada, como as facilidades e a tranquilidade necessárias para que o embaixador e o pessoal da embaixada desempenhem suas funções. Naturalmente, os membros da missão diplomática deverão encontrar algumas restrições na liberdade de circulação e trânsito no território do país acreditante, mesmo porque os próprios nacionais também sofrem restrições. Não poderão circular, sem autorização, por locais reservados por segurança nacional, como as instalações militares.

LIBERDADE DE COMUNICAÇÃO

Importante prerrogativa é a da liberdade de comunicação de que deverá gozar a embaixada. O Estado acreditado permitirá e protegerá a livre comunicação da missão diplomática para todos os fins oficiais: com o governo acreditado, como as demais missões diplomáticas ou consulares, ou com o país acreditante. Poderá servir-se de qualquer forma de comunicação, como telefone, mala diplomática, que é inviolável, não podendo ser nem aberta nem retida. Entretanto, os volumes que constituem a mala diplomática deverão conter sinais visíveis que indiquem o seu caráter e só poderão conter documentos diplomáticos e objetivos destinados a uso oficial.

As pessoas que atuarem como correio diplomático, desde que estejam com documentos de identificação como tal e com a mala diplomática caracterizada de acordo com as normas, serão, no desempenho de suas funções, protegidas pelo Estado acreditado; gozarão de inviolabilidade pessoal e não poderão ser presas ou detidas. Não poderá, entretanto, manter uma estação de rádio, sem autorização do país acreditado. No Brasil, porém, os próprios brasileiros necessitariam de uma concessão para manter uma estação de rádio.

A mala direta diplomática vem normalmente por avião e, nesse caso, o comandante da aeronave comercial poderá transportá-la e entregá-la ao representante da embaixada. A mala aérea, desde que esteja identificada e havendo autorização para seu transporte, poderá ser retirada no aeroporto, sem passar pela alfândega.

INVIOLABILIDADE PESSOAL

Outro ponto importante é a inviolabilidade dos agentes diplomáticos no exercício de sua missão. A pessoa do agente diplomático é inviolável, não podendo ser objeto de nenhuma forma de detenção ou prisão. O Estado acreditado irá tratá-lo com o devido respeito e adotará todas as medidas adequadas para impedir qualquer ofensa à sua pessoa, liberdade ou dignidade.

15.6. Órgãos de relações entre Estados

Consoante vimos várias vezes, o Direito Internacional Público é o conjunto de normas e princípios disciplinadores das relações entre dois ou mais Estados soberanos. Os Estados, por sua vez, fazem-se representar perante outros, por seus representantes legais, como acontece com as pessoas jurídicas no âmbito nacional. Por essa razão, sempre que se renova o governo de um país, este deve comunicar oficialmente todos os países, mesmo aqueles com os quais não mantenha relações diplomáticas e consulares. Na posse de um governo, os embaixadores de todos os países são convidados a comparecer, o que já representa uma concordância.

Nem sempre é fácil reconhecer o representante legal de um país, pois cada um tem seu regime e suas estruturas peculiares. Além disso, muitos governos assumem o poder por meio de golpes de Estado ou formas não previstas em suas leis ou no Direito Internacional. Contudo, cada caso apresenta aspectos especiais e só analisando-o individualmente podemos interpretá-lo à luz do direito. Iremos pois examinar a questão em condições normais. O Estado deverá ser, naturalmente, representado pelo chefe de estado, mas este difere de acordo com os numerosos regimes adotados. Os regimes mais costumeiros do mundo ocidental são o parlamentarista e o presidencialista; o primeiro tem como chefe de Estado o Primeiro Ministro e o segundo o Presidente da República, como é o caso do Brasil.

A faculdade de representação está regulamentada no artigo 84 de nossa Constituição Federal de 1988, que prevê as atribuições do Presidente da República. Diz o inciso VII que, entre as atribuições do Presidente da República, situa-se a de manter relações com Estados estrangeiros e acreditar seus representantes diplomáticos. É portanto o Presidente da República o representante legal do Brasil e os contatos de nosso país com outros processam-se por intermédio dele. Poderá, contudo, delegar poderes a outras pessoas para representá-lo; o mais direto substituto do Presidente da República é naturalmente o Ministro das Relações Exteriores. Segundo diz esse inciso, entretanto, cabe ao Presidente da República acreditar seus representantes diplomáticos perante outros países.

Como representante legal do Brasil no relacionamento com outros países, participa das convenções internacionais, celebrando os acordos. Praticará ainda os atos unilaterais em nome do Brasil. Os tratados (convenções) internacionais celebrados pelo Brasil ele poderá transformar em leis nacionais, por um decreto por ele promulgado, desde que os tratados contem com o referendo do Congresso Nacional.

Cabe ao Presidente da República declarar guerra, no caso de agressão estrangeira, autorizado pelo Congresso Nacional ou referendado por ele, quando ocorrida no intervalo das sessões legislativas, e, nas mesmas condições, decretar, total ou parcialmente, a mobilização nacional. Cabe a ele, ainda, celebrar a paz, autorizado ou com o referendo do Congresso Nacional. Houve já uma divisão do Direito Internacional em Direito de Guerra e Direito de Paz; é nessas ocasiões que se projeta a Presidência da República, como representante legal do Brasil nas relações entre Estados, ainda que internamente deva contar com o referendo do Congresso Nacional.

É ao Presidente da República que caberá autorizar, nos casos previstos em lei complementar, que forças estrangeiras transitem pelo território nacional ou nele permaneçam temporariamente. A ação do Presidente da República não se resume apenas na autorização, mas também nos entendimentos antecessores da entrada de forças estrangeiras, como legítimo representante do Brasil.

Como exemplo da representação do Brasil no relacionamento com outros países, podemos indicar o MERCOSUL. Anualmente, reúnem-se os chefes de Estado, isto é, Presidentes da República do Brasil, Argentina, Paraguai e Uruguai, em reunião ordinária, cada um, agindo em nome de seu país, como representante legal. Porém, há reuniões setoriais, em que não há presença do Presidente da República que se faz representar por um preposto, como nas reuniões dos Ministros das Relações Exteriores; neste caso o Ministro das Relações Exteriores é um sub-órgão da Presidência da República, representando legalmente o Brasil. Em outros casos, há reuniões de técnicos, sendo estes nomeados pelo Presidente da República para representar o Brasil.

246

16. AS RELAÇÕES CONSULARES

16.1. A Convenção de Viena sobre Relações Consulares
16.2. Classificação dos agentes consulares
16.3. As funções consulares
16.4. Prerrogativas e imunidades do consulado
16.5. Prerrogativas e imunidades do pessoal consular
16.6. Obrigações dos consulares
16.7. Vigência dos privilégios e imunidades

16.1. A Convenção de Viena sobre Relações Consulares

Dois anos após a realização da Convenção de Viena sobre Relações Diplomáticas, reuniram-se quase os mesmos países para concluir nova convenção, desta feita sobre relações consulares. Há muita diferença entre embaixada e consulado, entre embaixador e cônsul, relações diplomáticas e relações consulares. A embaixada representa o Estado perante outro e, como tal, só há uma e localizada na capital do Estado acreditado. O cônsul não representa propriamente o Estado, mas o povo e seus serviços são dedicados a ele. Por isso, há vários consulados num mesmo país e nem sempre na capital. Verdade é que um desempenha, às vezes, funções do outro, mas são casos excepcionais.

Embora essas funções sejam diferentes, há entre elas um certo paralelismo, pois embaixador e cônsul são órgãos de relações entre Estados. É o motivo pelo qual as normas das relações diplomáticas devem ser estendidas às consulares. São bem análogas as duas convenções, tendo como tema primordial garantir prerrogativas e imunidades aos agentes. Tais privilégios e imunidades não se destinam a beneficiar pessoas ou países, mas assegurar o eficaz desempenho das funções consulares.

16.2. Classificação dos agentes consulares

O cônsul é o agente de mais alta posição: é o chefe do consulado, também chamado de repartição consular. Geralmente é um funcionário de carreira, pertencente ao quadro do Ministério das Relações Exteriores de seu país. Há também "cônsules honorários", um tipo de cônsul *ad hoc*, que poderá nem mesmo ser cidadão do Estado que o nomeia, geralmente cidadão do país onde irá servir. É assim possível haver cônsul de um país em São Paulo e outro em Santos; são chamados esses distritos de "jurisdição consular", isto é, um distrito em que funcione repartição consular, distrito de outras, porventura existentes num mesmo país. Os chefes de repartição consular poderão ser de diversas categorias: cônsul-geral, cônsul, vice-cônsul, agente consular.

O cônsul é nomeado pelo país a que pertence o enviado a outro com Carta Precatória ou instrumento similar. Esse instrumento será enviado ao Estado destinatário do cônsul, que dará o *exequatur*; se este Estado não o der, é sinal de que considera o cônsul *persona non grata*, forçando a nomeação de outro. Mesmo após o *exequatur*, poderá este ser retirado, sem que o Estado receptor esteja obrigado a dar explicações.

O cônsul não é, porém, o único funcionário consular, mas vários outros que exerçam funções consulares. Há também o "empregado consular", assim considerado o colaborador interno, utilizado nos serviços administrativos ou técnicos da repartição consular. Há ainda o "pessoal de serviço", o conjunto de pessoas que se ocupam dos serviços domésticos, como limpeza, cozinha, vigilância e outros.

Os funcionários consulares poderão, em país em que não houver embaixada, exercer funções diplomáticas, contando, porém, com a concordância do Estado receptor. Todavia, malgrado conserve as prerrogativas consulares, não terá privilégios e imunidades diplomáticas. Poderá exercer as mesmas funções e nas mesmas condições perante as organizações intergovernamentais.

16.3. As funções consulares

São bem amplas e complexas as funções consulares, mais do que as diplomáticas, tanto que normalmente o consulado tem número maior de funcionários do que a embaixada. São também variadas, dividindo-se em grupos diversos, dos quais faremos abaixo um breve relato:

I – Um dos mais volumosos serviços consulares é o de dar vista e autorização a pessoas, que, do país receptor, pretendem viajar para o país do consulado. Exemplo típico pode ser encontrado no consulado dos EUA em São Paulo, em que, diariamente, formam-se filas enormes para obtenção de visto no passaporte.

II – Age como notário e oficial de registro civil. Por exemplo, se nasce no Brasil uma criança filha de cidadãos franceses, poderá ser registrada no consulado da França, que expedirá a certidão de nascimento. Poderá ainda o consulado realizar casamento, desde que um dos nubentes seja de sua nacionalidade.

III – Fomenta o desenvolvimento de relações comerciais, econômicas, científicas, culturais entre os dois Estados, aprimorando a aproximação entre eles. Divulga obras de autores nacionais no país receptor, promove exposições, concede bolsas de estudo. O consulado dos EUA em São Paulo, por exemplo, mantém vasta biblioteca, atendendo e orientando quem deseja realizar pesquisas, inclusive jurídicas.

IV – A função primordial, contudo, é a de proteger os interesses dos nacionais, pessoas físicas e jurídicas, caso tenham problemas no Estado receptor, prestando-lhes ajuda e assistência, mormente se forem menores ou incapazes. Enfim, o consulado representa seus compatriotas perante as autoridades do país receptor, sem afrontar as leis locais.

V – Acompanha os movimentos de navios e aeronaves, podendo até mesmo exercer inspeção neles, examinar documentos e dar instruções aos comandantes, abrir inquéritos sobre ocorrências havidas na viagem, como algum conflito entre os membros da tripulação, naturalmente, de navios e aviões de sua nacionalidade.

16.4. Prerrogativas e imunidades do consulado

O tema mais importante da Convenção de Viena sobre Relações Consulares é o do Capítulo II, estabelecendo facilidades, privilégios e imunidades relativos às repartições consulares, aos funcionários consulares de carreira e a outros membros da repartição consular. Falemos, a início, das facilidades concedidas à repartição consular, assim entendido o consulado em geral. O consulado deverá contar com todas as facilidades do Estado receptor para desempenhar a contento suas funções. Poderá içar sua bandeira e colocar seu brasão no edifício em que estiver instalado, à porta de entrada, bem como na residência o cônsul. Caso o consulado pretenda adquirir imóvel e acomodações gerais, não deverá encontrar dificuldades, a não ser as legalmente adotadas no país receptor; por exemplo, em Brasília, existem locais em que uma embaixada não poderá adquirir imóveis. Também são invioláveis os arquivos e documentos do consulado.

Os locais consulares, ou seja, os edifícios ou partes dos edifícios e terrenos anexos, que, qualquer que seja o proprietário, sejam utilizados exclusivamente para as finalidades do consulado, serão invioláveis. As autoridades do Estado acreditado não poderão penetrar nesses locais, a não ser com o consentimento do consulado; esse consentimento será presumido em caso de incêndio ou outro sinistro que exija medidas de proteção imediata. As autoridades do país receptor deverão dar proteção e segurança aos locais consulares contra invasão, dano ou perturbação da tranquilidade.

Outra regalia é a isenção fiscal dos locais consulares. Os locais do consulado e a residência do chefe da repartição consular (o cônsul) de que for proprietário o Estado que envia ou pessoa que atue em seu nome, estão isentos de quaisquer impostos e taxas adicionais, regionais e municipais, excetuadas as taxas cobradas em pagamento de serviços específicos prestados; é o caso de fornecimento de água e luz, cujo pagamento não significa imposto, mas preços dos serviços. A isenção não atinge pessoas que tenham contratado com o Estado estrangeiro; por exemplo, se o local consular for um prédio alugado, seu proprietário não está isento de impostos.

Importante prerrogativa é a liberdade de comunicação. A própria inviolabilidade dos arquivos, da correspondência e documentos consulares visam assegurar essa liberdade. O Brasil deverá permitir e proteger a liberdade de comunicações de um consulado estrangeiro para todos os fins oficiais. Ao se comunicar com o governo, com as missões diplomáticas e outras repartições consulares do Estado acreditante, onde quer que estejam, o consulado poderá empregar todos os meios de comunicação apropriados, inclusive correios diplomáticos e consulares, malas diplomáticas e consulares, mensagens em código ou cifra. Todavia, o consulado só poderá instalar e usar uma emissora de rádio com o consentimento do Estado acreditado.

A correspondência consular, considerada "correspondência oficial", é considerada inviolável; a mala consular não pode ser aberta ou retida. A correspondência consular, porém, deverá estar identificada, com sinais exteriores visíveis. Indicadores de seu caráter, e só poderão conter correspondência e documentos oficiais ou objetos destinados exclusivamente a uso oficial.

O correio consular deverá estar munido de documento oficial que ateste sua qualidade e especifique o número de volumes constituindo a mala oficial. Exceto com conhecimento de Estado receptor, a pessoa que fizer o papel de correio não poderá ser nacional do Estado receptor. Por exemplo, um brasileiro não poderá ser correio de Estado estrangeiro. No exercício de suas funções, a pessoa, servindo como correio, gozará de inviolabilidade pessoal e não poderá ser objeto de nenhuma forma de prisão ou detenção.

No momento, porém, em que o correio do consulado tiver entregado a mala ao destinatário, cessam as imunidades. É possível ainda que a mala consular seja confiada ao comandante de um navio ou avião; neste caso, não goza ele de imunidade, mas poderá pedir ao seu consulado o envio de um funcionário consular para retirar a mala do avião ou do navio.

Outra liberdade assegurada ao consulado é a de comunicação com seus nacionais. Por exemplo, os funcionários do consulado da França poderão manter livre comunicação com os franceses no Brasil. Se um francês for preso, por qualquer motivo, devem as autoridades brasileiras avisar o consulado da França e permitir a um funcionário consular manter contato com o preso, a menos que o interessado recuse essa intervenção consular. Nesses aspectos, aplicam-se também as normas de Direito Internacional Privado: as disposições das Convenção de Viena sobre Relações Consulares devem amoldar-se às normas internas, para que as autoridades e a lei do país receptor não sejam desprestigiadas.

Essa necessidade de comunicação ao consulado prevalece também em caso de morte de uma pessoa, a menos que haja alguém responsável pelo assunto. Por exemplo, um casal de alemães está em visita ao Brasil quando falece o marido; a viúva, contudo, poderá pedir auxílio ao consulado. Se, porém, falecerem os dois e não há outra pessoa da família para cuidar do caso, deverão as autoridades brasileiras comunicar o caso ao consulado. Se o casal falecido viajava em companhia de um menor, o consulado deverá ser nomeado tutor ou curador desse menor. A comunicação ao consulado é devida também quando houver um acidente com avião ou navio da nacionalidade do consulado. Como se viu, deve haver liberdade de comunicação entre os porta-vozes de um consulado estrangeiro com seus nacionais, com as autoridades brasileiras, com os demais consulados e com o país do consulado.

16.5. Prerrogativas e imunidades do pessoal consular

O pessoal consular engloba não só os cônsules de várias espécies, mas os diversos funcionários do consulado. Eles todos serão tratados com o devido respeito pelo Brasil, que deverá adotar todas as medidas adequadas para evitar qualquer atentado à sua pessoa, liberdade ou dignidade. Os funcionários consulares não poderão ser detidos ou presos preventivamente, exceto em caso de crime grave ou em decorrência de decisão de autoridade judiciária competente. Não podem ser presos nem submetidos a qualquer outra forma de limitação de sua liberdade pessoal, senão em decorrência de sentença judicial definitiva.

Todavia, os funcionários e empregados consulares serão sujeitos à jurisdição das autoridades judiciárias e administrativas brasileiras apenas quanto aos atos realizados no exercício das funções consulares. Essa imunidade de jurisdição não se aplica aos atos da vida civil de cada funcionário e outros membros do consulado. Assim, se ele celebrou contrato de locação pessoal de um imóvel e não pagar o aluguel, poderá sofrer ação de despejo, pois agiu como cidadão e não como representante de seu país. Se ele tiver desobedecido às leis de trânsito e causado um acidente, não estará imune a um processo. Igualmente se ele praticar um crime em território brasileiro.

Quando se instalar processo penal contra um funcionário consular, este será obrigado a comparecer perante as autoridades competentes. Todavia, as diligências serão conduzidas com as deferências devidas à sua posição oficial, de maneira a que perturbe o menos possível o exercício das funções consulares; excetua-se o caso de ser por um crime grave ou em decorrência de sentença judicial. Em caso de detenção, prisão preventiva de um membro do pessoal consular ou de instauração de processo penal contra o mesmo, se este último for o objeto de tais medidas, as autoridades brasileiras levarão o fato ao conhecimento do Estado a que pertence o detido, por via diplomática.

Os membros de um consulado poderão ser chamados a depor como testemunhas no decorrer de um processo judiciário ou administrativo. Um empregado consular ou um membro do pessoal de serviço não poderá negar-se a depor como testemunha. É um dever que a Convenção de Viena impõe ao Estado a que pertence o consular, a menos que tenha que depor sobre fatos relacionados às suas funções e nem estão obrigados a apresentar documentos consulares. Por outro lado, o Brasil não poderá adotar medidas coercitivas contra o funcionário consular que tiver se recusado a depor; há, pois, uma obrigação sem sanção.

Gozam ainda de isenção tributária; tanto os funcionários como os membros de sua família estarão isentos de quaisquer impostos e taxas, pessoais ou reais. Naturalmente, só os impostos diretos, mas não indiretos. Por exemplo: se um funcionário consular adquire uma mercadoria, pagará o imposto sobre ela, já embutido no preço, mesmo por que não será ele que fará o recolhimento ao Fisco. Se ele adquirir um imóvel em seu nome pessoal, sem ser em nome de seu país, não ficará imune de pagamento, quer de impostos de transmissão, quer sobre a propriedade.

O ponto delicado da questão é o da isenção de impostos e de inspeção alfandegária. O Brasil, de acordo, porém, com as leis e regulamentos que adotar, permitirá a entrada e concederá isenção de quaisquer impostos alfandegários, tributos e despesas conexas, com exceção das despesas de depósito de transporte e serviços análogos, dos objetos de uso pessoal dos membros do corpo consular. Esses objetos são principalmente os artigos destinados ao uso oficial do consulado, os destinados ao uso pessoal dos funcionários consulares e aos membros da família que com ele vivam, inclusive os destinados à sua instalação. Os consulares gozarão ainda dos privilégios e isenções, com relação aos objetos importados quando da primeira instalação.

A bagagem pessoal dos consulares, e dos membros da família que com eles vivam, estará isenta de inspeção alfandegária. Ela só poderá ser inspecionada se houver sérias razões para se supor que contenha objetos diferentes dos permitidos, cuja importação ou exportação for proibida pelas leis e regulamentos de quarentena. Essa inspeção só poderá ser feita na presença do consular ou membro da família. Podemos indicar como exemplo plantas e animais na bagagem do consular, cuja inspeção se torna necessária, não só pelas posturas do Brasil e demais países, como até por organizações internacionais.

A delicadeza dessa isenção reside porém no fato de que a Convenção de Viena não proíbe a venda desses objetos no país receptor, quando o consular sair desse país. O que se nota é que a maioria dos consulares traz um automóvel Mercedes Benz; ao saírem do Brasil, vendem-no a bom preço. No presente momento não está proibida a importação de carros, mas durante anos foi considerada uma forma de introdução indevida de carros de luxo no Brasil, enquanto as autoridades brasileiras sentiam-se inibidas em tomar medidas contra consulares que participavam dessa introdução.

Tratando-se de consulares e membros de suas famílias que com eles vivam, ficarão isentos de todas as obrigações de registro de estrangeiro e de residência. A Lei do Estrangeiro (Lei 6.815/80) exige nos artigos 101 e 102 que o estrangeiro admitido no Brasil, para o exercício de atividade profissional, seja registrado e faça declaração de residência. Essas disposições não atingem os consulares. Não gozam de privilégios, porém, os empregados consulares que não sejam empregados permanentes do Estado acreditante ou que exerçam no Brasil atividade privada de caráter lucrativo, nem tampouco aos membros da família desses empregados. Por exemplo, uma empregada doméstica da casa de um cônsul ou até de um consulado não poderá invocar seu emprego para obtenção de privilégios.

Aliás, um funcionário nessas condições fica a descoberto de direitos reservados no Brasil. Por exemplo: um brasileiro funcionário de um consulado ou embaixada fica privado de benefícios previstos pelo Direito do Trabalho ou Previdenciário. Não podem exigir 2/3 de empregados brasileiros. O Brasil não pode exigir que o Estado acreditado recolha as taxas da Seguridade Social, por estar imune dessas obrigações, nem pode exigir o recolhimento do FGTS.

Se o consulado não pagar o salário do empregado ou dispensá-lo sem pagamento das verbas da rescisão do contrato de trabalho, o empregado não terá direito a reclamação, ante a imunidade de jurisdição do consulado. Poderia reclamar direitos perante a lei e a justiça do país a quem presta seus serviços.

16.6. Obrigações dos consulares

Se a Convenção de Viena impõe aos países acreditantes a concessão de facilidades, privilégios e imunidades, todas as pessoas beneficiadas por esses privilégios e imunidades deverão respeitar as leis e regulamentos do Estado receptor. Terão igualmente o dever de não se imiscuir nos assuntos internos desse Estado. Os locais consulares não podem ser utilizados de maneira incompatível com o exercício das funções consulares. Poderá um consulado permitir que seja localizado no local em que estiver instalado, o escritório de outros organismos e agências, mas estes não deverão fazer parte do consulado e o local por eles ocupado deve ficar separado dos serviços consulares.

Os membros do consulado deverão cumprir todas as obrigações impostas pelas leis e regulamentos do Estado receptor relativas ao seguro de responsabilidade civil por danos causados a terceiros pela utilização de qualquer veículo, navio ou aeronave. Assim sendo, para dirigir veículos no Brasil, os consulares deverão submeter-se às leis do país: ter carteira de motorista e obedecer às leis de trânsito, pois serão responsabilizados em caso de acidente. Normalmente, os motoristas de veículos do consulado ou do cônsul são brasileiros e no caso de acidente, quem comparecerá ao processo será o motorista, que não goza de imunidade de jurisdição.

Outra obrigação imposta ao pessoal consular é a de não exercer no país em que se encontram, qualquer atividade remunerada. Caso eles a exerçam, a sanção prevista será a perda de imunidades, privilégios e prerrogativas consulares. Esses serviços são prestados por pessoas da nacionalidade do Estado enviante ou do Estado receptor. Por exemplo: o consulado dos EUA em São Paulo tem um volumoso quadro de pessoal. Muitos são brasileiros; estes estão desprovidos de imunidades e privilégios. Há, porém, muitos norte-americanos; estes não poderão exercer, em proveito próprio, nenhuma atividade profissional ou comercial no Brasil. Se a exercer, será em caráter particular e perderão imunidades e prerrogativas; deverão pagar imposto de renda, recolhimento à Seguridade Social e caso transgridam normas internas, não estarão isentos de processo perante a jurisdição nacional. O mesmo acontecerá com os membros de sua família.

16.7. Vigência dos privilégios e imunidades

Todo membro do consulado gozará dos privilégios e imunidades previstos na Convenção de Viena desde o momento em que entre no Brasil, para chegar a seu posto, ou se ele já se encontrar neste território, desde o momento em que assumir suas funções no consulado. Os membros da família de um consular que com ele vivam, assim como os membros de seu pessoal privado, gozarão dos privilégios e imunidades previstos na Convenção de Viena, a partir da última das seguintes datas:

– aquela a partir da qual o membro do consulado entre no território do Brasil para chegar a seu posto, ou, se ele já se encontrar neste território, desde o momento em que assumir suas funções no consulado;

– a data de sua entrada no território brasileiro ou a data em que se tornaram membros da referida família ou do referido pessoal privado.

A vigência dessas prerrogativas terá, porém, um fim. Terminam elas quando terminarem as funções do membro do consulado, e, em consequência, dos membros de sua família e de seu pessoal privado. A data do término dessas funções recai no momento em que o consular sair do território nacional ou na expiração de um prazo razoável que lhe será concedido para esse fim.

Quanto aos familiares e aos membros do pessoal privado, seus privilégios e imunidades cessarão no momento em que deixarem de ser membros do consulado, ou de estar a serviço dele. Entretanto, se estas pessoas se dispuserem a deixar o Brasil dentro de prazo razoável, seus privilégios e imunidades subsistirão até o momento da partida delas. Contudo, no que concerne aos atos praticados por um funcionário consular ou um empregado consular no exercício de suas funções, a imunidade de jurisdição subsistirá indefinidamente.

No caso de morte de um consular, os membros de sua família que com ele tenham vivido continuarão a gozar dos privilégios e imunidades que lhes correspondiam. Estas deverão cessar apenas no momento em que se retirarem do território brasileiro, ou na expiração de um prazo razoável que lhes será concedido para esse fim.

17. DIREITO INTERNACIONAL DO TRABALHO

17.1. Conceito
17.2. OIT – Organização Internacional do Trabalho
17.3. Proteção ao trabalho do menor
17.4. Descanso semanal remunerado
17.5. Proteção salarial
17.6. Comitê de Liberdade Sindical
17.7. Comissão de Peritos
17.8. Proteção ao trabalho da mulher
17.9. Discriminação contra a mulher
17.10. Vigência e aplicação do DIT no Brasil
17.11. Término da relação de trabalho por iniciativa do empregador

17.1. Conceito

O Direito Internacional aplica-se a todos os ramos do direito e é natural que haja também o Direito Internacional do Trabalho, como há o Direito Penal Internacional e outros. A justiça social, a valorização do trabalho, as boas relações entre empregados e empregadores, não são problemas peculiares ao Brasil e qualquer outro país, mas universais. Necessário por isso se torna o intercâmbio entre todos os países e a adoção de normas uniformes sobre o Direito do Trabalho, harmonizando esse ramo do direito, a fim de obter a elevação das condições de vida do trabalhador e a harmonia entre o desenvolvimento tecnológico e econômico e o progresso social, com vistas à paz e à harmonia interna e externa dos países.

Com esse escopo, formaram-se inúmeras organizações internacionais, públicas e privadas, avultando a OIT – ORGANIZAÇÃO INTERNACIONAL DO TRABALHO, da qual falaremos constantemente. É sob a égide dessa organização de direito público que se elaboraram inúmeras convenções internacionais, de caráter multilateral ou bilateral, formando a base do Direito Internacional do Trabalho, incorporando-se a ele as declarações, recomendações e resoluções do órgão fundamental.

O Direito Internacional do Trabalho diferencia-se dos demais ramos do Direito Internacional sob vários aspectos. As convenções (ou tratados) dependem de ratificação dos Estados, e as relações desse âmbito não se realizam apenas entre Estados mas entre muitas organizações e, às vezes, entre a OIT e um país. Embora formada por Estados, a OIT congrega ainda representantes de empregados e empregadores. Suas recomendações formam direito e a simples ratificação é suficiente para incorporar um tratado internacional ao direito interno de um país.

O Direito Internacional do Trabalho é um ramo do direito público, mais precisamente do Direito Internacional Público, embora, em nossa opinião, o Direito do Trabalho seja um ramo do direito privado, pois regula as relações entre empregados e empregadores, e ambos são pessoas privadas. Se a legislação básica consta de tratados internacionais celebrados entre Estados, é evidente o caráter publicístico do Direito Internacional do Trabalho, embora no plano interno a natureza seja diferente.

Dentro desse espírito, constitui documento básico do Direito Internacional do Trabalho a Declaração Universal dos Direitos do Homem, que previu para o cidadão o direito à segurança social, ao trabalho, à livre escolha do emprego, à isonomia salarial, proteção contra o desemprego, condições justas e favoráveis de trabalho, remuneração justa e digna, à liberdade sindical, repouso e lazer, férias, aposentadoria e outros de conteúdo social.

Por seu turno, a "Declaração de Filadélfia", promovida pela OIT em 1944, confirmou os fundamentos do Direito Internacional do Trabalho, já proclamados há muitos anos. Condenou as discriminações; alertou contra os perigos do desenvolvimento material com sacrifício dos seres humanos, a chaga do desemprego e das más condições de trabalho, à exploração de mulheres e menores.

17.2. OIT – Organização Internacional do Trabalho

É uma organização internacional de direito público, formada por Estados, vinculada à ONU, mas com personalidade jurídica própria e independência nas suas ações. Foi criada pelo Tratado de Paz de Versalhes, em 1919, e no mesmo ano realizou sua primeira convenção, a de número 1, da qual falamos no estudo do Descanso Semanal Remunerado. Foi constituída, a princípio, de 29 países fundadores e mais treze aderentes. Hoje possui, em média, 180 países membros, praticamente quase todos os países do mundo. Como pessoa jurídica, tem capacidade para contratar, adquirir bens móveis e deles dispor, e comparecer em juízo. É o órgão máximo do Direito Internacional do Trabalho. Malgrado faça parte da ONU, goza de completa independência.

Os problemas de sua competência são todos os que compõem o Direito do Trabalho, entre os quais podemos ressaltar os que são aqui tratados, como a proteção do trabalho da mulher e do menor, contratação de mão de obra, luta contra o desemprego, proteção salarial, previdência social, liberdade sindical. Para defenderem esses direitos, os representantes da OIT desfrutam de imunidade de jurisdição. Esses privilégios lhes conferem segurança e independência para o exercício de suas funções. Os Estados assumem obrigações que os vinculam à OIT, quando eles a ela se filiam e quando ratificam a convenção. A estrutura da OIT compõe-se de três órgãos:

– Conferência Internacional do Trabalho – CIT;
– Conselho de Administração – CA;
– Repartição Internacional do Trabalho – RIT.

A CIT – Conferência Internacional do Trabalho é o órgão supremo da OIT, e equivale à assembleia-geral, cabendo-lhe elaborar as normas reguladoras do Direito Internacional do Trabalho, graças a dois tipos de atos: convenções e recomendações. Tem portanto atividades francamente normativas. Apesar de ser a OIT uma organização de direito público, cada Estado-membro é representado por um representante do governo, outro dos empregados, outro dos patrões.

Os outros dois órgãos são de natureza interna. O Conselho de Administração administra a OIT; organiza e prepara as reuniões, inclusive da CIT. É constituída de 28 representantes de governo, 14 de trabalhadores e 14 de empregadores. A RIT é a secretaria técnico-administrativa, dirigida por um diretor nomeado pelo Conselho de Administração.

As principais funções da OIT são de natureza normativa. A atividade normativa consta de convenções e recomendações. As convenções são tratados internacionais plurilaterais, promo-

265

vidos pela OIT, em que os países tomam deliberações, adotam normas a serem observadas por eles. Essas normas devem ser submetidas à aprovação pelos poderes internos competentes de cada país, em seguida procede-se à ratificação da convenção realizada. Ratificada a convenção, esta se incorpora ao direito interno do país ratificante e, desde então, a OIT poderá exigir o cumprimento de suas normas. Constituem as convenções da OIT, já ratificadas, o que a moderna teoria do direito chama de "fontes formais" de direito, um ato jurídico capaz de produzir efeitos. São tratados-leis, pois formulam regras e princípios para reger relações trabalhistas internacionais.

As recomendações não são tratados, mas atos unilaterais emanados de uma organização internacional especializada. Não há necessidade, por isso, de ratificação. A recomendação não é uma norma impositiva; não vincula os Estados a ela. Apenas sugerem aos países para que estes as adotem, por representar uma louvável evolução. Cabe aos países acatarem ou não essas sugestões, transformando-as em leis nacionais. São as chamadas "fontes materiais de direito", por serem as inspiradoras da criação das normas jurídicas. Constituem a matéria sobre a qual o legislador amolda o direito e a lei. As recomendações são apresentadas aos governos dos países-membros e estes tomam a decisão que julgarem conveniente.

Tanto as convenções como as recomendações são atualizadas graças às revisões. Processam-se as revisões das normas pelo mesmo processo pelo qual tenham sido elas elaboradas. Se for uma convenção, será realizada nova convenção, permanecendo então obrigados de acordo com a antiga. Os Estados que não tiverem ratificado a antiga, não mais poderão ratificá-la, só podendo aderir à nova convenção.

As recomendações independem de ratificação, ficando a cargo dos Estados-membros transformar ou não as novas recomendações em leis nacionais. As revisões não são muito frequentes, razão pela qual as normas da OIT são bem estáveis. Aliás, a atividade normativa da OIT quase que cessou, porquanto tudo o que devia ser normatizado, já o foi por quase duas centenas de convenções e outro tanto de recomendações. Só lhe resta acompanhar a aplicação das decisões e proceder à revisão quando a evolução das relações de trabalho se fazem necessárias. Assim por exemplo, o trabalho infantil teve diversas convenções que o protegeram, mas em 1999 houve uma nova denominada *Convenção sobre as Piores Formas de Trabalho Infantil.*

17.3. Proteção ao trabalho do menor

Pari passu com a proteção ao trabalho da mulher, a Convenção de Berna, de 1942, proibiu o trabalho manual de menores na indústria e limitou o horário deles a dez horas diárias. No mesmo ano da fundação da OIT, em 1919, realizou-se em Washington a Convenção número 6, denominada *Convenção sobre o Trabalho Noturno de Menores (indústria).* Como indústria também foram incluídos a construção civil e transportes. Nessas atividades ficou proibido empregar durante a noite pessoas menores de 18 anos. Excetua-se o caso de uma empresa em que só trabalhem membros de uma família. Ficaram livres dessa proibição as indústrias que são obrigadas a funcionar dia e noite, desde que os menores sejam maiores de 16 anos.

A Convenção entende por noite um período de 11 horas consecutivas, que medeia entre 10 da noite e 5 da manhã. Entretanto, no caso de padarias, que costumam iniciar suas atividades muito cedo, o período noturno poderá mediar entre as nove da noite e às 4 horas da manhã. Nos países tropicais, em que o trabalho diurno é mais penoso do que o noturno, o período de repouso noturno poderá ser inferior a 11 horas, desde que seja compensado o descanso durante o dia. Nos casos excepcionais, de força maior, poderão trabalhar menores entre 16 a 18 anos.

O problema do trabalho do menor agravou-se tanto que novas formas de exploração do trabalho infantil foram surgindo e exigindo novas medidas. Por essa razão, surgiram a Convenção 138 e a Recomendação 146, aprovadas pelo Decreto Legislativo 179 de 1999 e promulgada pelo Decreto 4.134/2002. Outras normas foram criadas depois: a Convenção 182 e a Recomendação 190, ratificadas em 2007. Foi denominada *Convenção sobre as Piores*

Formas de Trabalho Infantil. Procura coibir as formas mais torpes da exploração do menor, como a escravidão, o cativeiro, venda de menores, trabalho compulsório, uso de crianças na produção de pornografia, prostituição infantil e tráfico de drogas. Parece radicalização do problema, mas basta ler os jornais para se constatar que tudo isso ocorre e se vulgariza no Brasil e no resto do mundo.

17.4. Descanso semanal remunerado

A Convenção número 1 da OIT, a primeira realizada, logo no primeiro ano da fundação, regulamentou a duração do trabalho, estatuindo, como regra, a jornada normal de 8 horas de trabalho e a semana de 48 horas, para a área industrial. A Convenção número 30, de 1930, estendeu essa norma também para o comércio e os escritórios, excetuando hospitais, hotéis, restaurantes, café e teatros. As convenções de Berna haviam restringido a jornada de trabalho da mulher e do menor, quer maior, quer mulher, quer homem. Poderá a jornada ser prorrogada até 10 horas, desde que a duração semanal não exceda de 48 horas semanais. Esse critério mantém-se ainda hoje e está inserido em nossa CLT.

Por outro lado, a Convenção 14, de 1921, estabeleceu o descanso dos trabalhadores em indústria, construção e transporte por um período mínimo de 24 horas para cada 7 dias de trabalho. O dia de repouso deverá cair num dia tradicionalmente reservado ao repouso, como o domingo, no Brasil. Por seu turno, a Convenção 106, de 1957, estendeu esse critério aos estabelecimentos comerciais, escritórios e serviços administrativos.

17.5. Proteção salarial

O salário é a primordial motivação para o trabalho e muitas medidas foram tomadas pela OIT para valorizá-lo. A principal delas foi a Convenção 95, de 1949, especificamente sobre a proteção do salário. Essa Convenção foi ratificada pelo Brasil, incorporando-se portanto em nosso direito interno. Contudo, disposições dessa convenção já estão expressas em outras leis, como a CLT e leis complementares. O artigo 1º define o que seja salário, considerado como a remuneração a ser paga pelo empregador ao empregado, em virtude de um contrato de trabalho, por serviços que o empregado tenha prestado ou venha a prestar.

O salário deve ser pago em dinheiro, em moeda de curso legal. Poderá porém ser em cheque. A Convenção não previu o depósito em conta-corrente bancária, como hoje é costumeiro, mas não o proibiu. O pagamento em mercadorias é permitido, desde que seja parcial e as mercadorias entregues devem ser para o uso do empregado e de sua família e lhe traga benefícios, proibindo-se, portanto, coisas que possam prejudicá-lo, como bebidas alcoólicas.

Também não pode ser camuflado o pagamento em mercadorias, forçando o empregado a comprá-las nas lojas do empregador. No caso do empregador ter lojas onde vende seus produtos, como é o caso de muitas indústrias alimentícias de São Paulo, o empregado poderá comprá-las por sua iniciativa, descontando o preço no salário. Não poderá porém ser forçado a essas compras e o preço não deverá propiciar lucro ao empregador.

Não poderá haver descontos em salários, a não ser os previstos em lei, como os da Seguridade Social. Poderá ainda ser descontado algum adiantamento de salário com autorização do empregado. Não poderá porém ser descontada taxa de colocação de agências de emprego ou taxas de serviços dessa natureza. Não poderá o empregador pagar a terceiros dívidas do empregado, com desconto em seu salário. O salário é um bem impenhorável.

O pagamento do salário deve ser efetuado em dia útil, em que o empregado tenha que se dirigir ao trabalho e deve ser no local em que executa sua atividade, sem forçar o empregado a deslocar-se para recebê-lo. Não previu a lei o pagamento em conta-corrente bancária, mas não julgamos que essa prática afronte a Convenção 95/49. O uso do cheque pode dispensar o empregado de idas ao banco. Só o empregado pode receber seu salário, não podendo alguém atravessar esse recebimento, nem o empregador poderá interferir nas formas de aplicação do salário pelo empregado. O pagamento será feito em intervalos regulares de tal forma que o empregado não fique em dúvidas quanto ao dia e local de pagamento. No tocante ao salário, o empregado deverá estar sempre bem informado sobre todos os pormenores.

Caso delicado perante o nosso direito é no que tange à falência da empresa empregadora, ou liquidação judicial ou extrajudicial, conforme o caso, ou recuperação da empresa. Pelo artigo 10 da Convenção 95/49, os créditos trabalhistas deverão ser privilegiados, ou seja, pagos antes dos demais tipos de crédito. Realmente, esses pagamentos são garantidos pela lei de Recuperação de Empresas (Lei 11.101, de 2005), mas, na prática, os empregados sempre foram prejudicados pela antiga Lei Falimentar, mas quanto à nova, devemos esperar algum tempo para ver se é obedecida.

17.6. Comitê de Liberdade Sindical

Um dos direitos dos trabalhadores reconhecidos pela OIT é o da sindicalização, de organizar-se em torno de uma entidade que tutelasse seus interesses. A liberdade de associação, garantida aos trabalhadores, era também defendida na ONU, tendo ambas promovido uma convenção em 1948, na cidade de San Francisco, que tomou o número 87 da OIT, em decorrência da qual constituíram em 1950 um órgão para tratar do assunto.

Esse órgão, denominado *Comissão ONU-OIT de Investigação e Conciliação em Matéria de Liberdade Sindical*, foi criado a fim de examinar os casos de supostas infrações aos direitos sindicais que lhe sejam submetidos, determinar os fatos, e examinar a situação com o governo interessado, com a finalidade de lograr uma solução por via de acordo. Procura a comissão salvaguardar assim a liberdade sindical, até mesmo em países não participantes da Convenção 87, que foi completada pela Convenção 98, de 1949, a respeito do direito de sindicalização e de negociação coletiva.

Posteriormente, a OIT criou outro órgão permanente, de âmbito mais prático e restrito, o *Comitê de Liberdade Sindical*, em 1951. É constituído de nove membros, escolhido pelo Conselho de Administração, sendo três representantes do governo, três dos trabalhadores e três dos empregadores. Agem, entretanto, com independência. Recebe e examina as queixas e reclamações sobre violação de direitos sindicais, geralmente apresentadas por organizações sindicais. Da mesma forma como faz o Comitê de Peritos, o Comitê de Liberdade Sindical aplica o sistema de "contatos diretos", desde que haja concordância do governo interessado. Se um dos componentes do Comitê for do país em que a infração ocorreu, não poderá ele participar das sindicâncias. As reuniões são confidenciais, mas quando as decisões do Comitê não forem consideradas, dará ela publicidade internacional. Poderá ainda submeter a desobediência à Comissão ONU-OIT de Investigação e Conciliação, da qual já falamos, ampliando a questão ao nível da ONU.

17.7. Comissão de Peritos

Visando a exercer um acompanhamento permanente e um controle regular da observação das normas estabelecidas pela OIT, esta criou, em 1926, a *Comissão de Peritos na Aplicação de Convenções e Recomendações*. Essa comissão é composta de vinte membros, de nacionalidades diferentes, eleitos pelo Conselho de Administração. Diversos brasileiros já integraram essa comissão, como os professores Cesarino Júnior e Arnaldo Sussekind. Os membros são juristas de renome na área do Direito do Trabalho. São considerados independentes e não representantes do governo de seu país. Procura assim a Comissão de Peritos observar o critério de imparcialidade e objetividade, porquanto examina o mérito das questões submetidas à sua análise.

Embora não seja um tribunal, a Comissão de Peritos exerce funções de natureza judicial. Interpreta os casos de infração a normas internacionais do trabalho sob o ponto de vista jurídico. Esses procedimentos contenciosos são abertos mediante representação de países-membros, das organizações de trabalhadores ou dos empregadores, por outros órgãos da OIT ou mesmo pela própria iniciativa da Comissão de Peritos. A conclusão é encaminhada à Conferência para que esta adote as medidas necessárias.

A Comissão de Peritos reúne-se ordinariamente uma vez por ano. Utiliza-se de vasto documentário, como os relatórios entregues pelos governos sobre a aplicação das normas, repertórios de inspeção, decisões dos tribunais do trabalho, manifestação de organizações de trabalhadores e de empregadores.

Pelo "controle de eficácia", a Comissão de Peritos procura obter o mais efetivo cumprimento das normas internacionais, tanto no que tange à harmonia entre o direito nacional e as convenções ratificadas pelos Estados, como à sua efetiva aplicação prática. Pelo "controle da legalidade" constata e releva as infrações das normas internacionais. Desta forma, visa à correta aplicação legal e prática das normas internacionais no direito interno de cada país. Presta assim uma assessoria aos Estados e à própria OIT para fazer com que sejam cumpridas sem dificuldades pelos Estados as obrigações decorrentes das convenções e das recomendações da OIT, e na medida do possível, introduzam as normas das convenções em sua lei interna.

O serviço é distribuído entre os membros; cada um se encarrega de um determinado número de convenções, contando com a assessoria de funcionários especializados. Realiza o estudo do caso e elabora o relatório que será apresentado em plenário, para ser aprovado; as aprovações são decididas por consenso. O direito aplicado não se constitui apenas da convenção sobre o assunto tratado, mas de outras convenções e diplomas jurídicos maiores, como o Pacto da ONU, a Carta e regulamentação interna da OIT. O processo não tem a natureza de uma contenda judicial. Havendo uma queixa ou verificado o não cumprimento das obrigações por um Estado, é enviada a "demanda direta" sobre a questão ao referido Estado. A Comissão procura ainda manter contato com o Estado infrator, aconselhando-o e propondo medidas saneadoras: é a atividade assessora.

Passam pelo exame da Comissão de Peritos as comunicações e relatórios enviados pelos Estados à OIT. São de diversos tipos esses documentos, cujo envio é previsto no regimento da OIT: há comunicações de caráter informativo sobre a observância de certas normas constitucionais; comunicações declaratórias, referentes a obrigações assumidas ou à aplicação de convenções ratificadas.

Há os relatórios sobre a aplicação de convenções, ou relatório a respeito das normas sobre o mesmo tema. Pode assim a OIT averiguar como suas convenções e recomendações estejam sendo observadas em todos os países, oferecendo-se a oportunidade de planejar a uniformização do Direito do Trabalho. Aliás, o Direito do Trabalho apresenta, se não uniformidade, pelo menos semelhança entre todos os países.

17.8. Proteção ao trabalho da mulher

A Revolução Industrial, no século XIX, provocou intenso desenvolvimento tecnológico, material e econômico, mas trouxe, em consequência, penosas condições de trabalho, afetando principalmente as mulheres e os menores. Mesmo antes da criação da OIT, movimentos se notaram em combate a esse aspecto e, como consequência, em 1905, foi realizada a Convenção de Berna (Suíça), exatamente para a discussão desse problema. Foram tomadas resoluções unânimes pelos países participantes, sob aplausos mundiais.

Na Convenção de Berna foi decidido o acordo para a proibição do trabalho noturno das mulheres na indústria e com fósforo branco, uma substância tóxica. No ano seguinte, em 1906, nova Convenção de Berna, em nível diplomático, reiterou aquelas proibições e estabeleceu normas para a sua ratificação. As duas convenções foram ratificadas pela maior parte dos países signatários. Uma terceira Convenção de Berna, em 1913, foi realizada, a fim de ampliar as resoluções das anteriores, adotando a proibição de menores na indústria e restringido a jornada de trabalho das mulheres e menores para dez horas diárias. Infelizmente, estourou a Guerra Mundial de 1914-1918, impedindo a concretização dessas medidas, pois não foi ratificada essa convenção.

Muitos juristas consideram a Convenção de Berna como o nascedouro do Direito Internacional do Trabalho, por ter estabelecido as primeiras normas internacionais nesse campo do direito. Começou, portanto, o Direito Internacional do Trabalho com a preocupação de proteger o trabalho da mulher. A Declaração de Filadélfia inspirou, junto com as convenções de Berna, várias outras convenções, já sob a organização da OIT, criada em 1919, culminando com a principal delas, a de 1979, para a eliminação de todas as formas de discriminação contra a mulher.

A primeira delas, de número 45, realizada em 1935, em Genebra, proibiu o emprego de mulheres nos trabalhos subterrâneos das minas; poderia exercer atividades não manuais, como uma assistente social, uma enfermeira. Em 1948, realizou-se a Convenção 89, em São Francisco, para adotar a proibição do trabalho noturno das mulheres em indústrias, considerando como indústrias uma vasta gama de empresas. Incluíram nessa classificação as minas, pedreiras, atividades extrativas de qualquer natureza, as empresas de construção civil. Integram propriamente as indústrias as empresas nas quais os produtos são manufaturados, alterados, limpos, reparados, decorados, acabados, preparados para a venda, destruídos ou demolidos, ou nas quais as matérias sofrem uma transformação, compreendidas as empresas de construção de navios, de produção, de transformação e de transmissão de eletricidade e de força motriz em geral.

A restrição ao trabalho noturno da mulher abrange o período de onze horas consecutivas, podendo haver um intervalo, mas respeitando sete horas consecutivas. A noite deve ser entendida no período das dez da noite às sete da manhã. Essa questão poderá ser modificada, desde que haja acordo promovido por autoridades do país e a organização de empregados e empregadores. É admitida ainda exceção em caso de força maior quando em uma empresa aconteça interrupção de exploração impossível de prever e que não seja de caráter periódico.

Outra exceção é no caso em que o trabalho se faça com matéria-prima ou materiais em elaboração, que sejam suscetíveis de alteração rápida, quando esse trabalho noturno é necessário para salvar tais materiais de perda inevitável. Poderá ainda o governo de um país suspender temporariamente a interdição em casos extremamente graves e de interesse nacional, após consultar as organizações de patrões e empregados, devendo ser informada a OIT sobre esse caso excepcional. É possível também haver a redução de horário noturno em duas horas, caso circunstâncias excepcionais exigirem; ou então, em países muito quentes, em que seja menos penoso o trabalho noturno do que o diurno, desde que seja concedido repouso equitativo durante do dia.

Não se aplica essa proibição para mulheres que não sejam, atingidas pelo trabalho noturno, como é o caso de médicas e enfermeiras de um hospital ou de uma empresa, telefonistas, executivas ou que exerçam direção de empresa, desde que não executem trabalho manual.

AMPARO À MATERNIDADE

Eis questão que mereceu sempre a atenção da OIT, tanto que a Convenção 103, de 1952, realizada em Genebra, chamou-se *Convenção sobre o Amparo à Maternidade*. A proteção prevista por essa convenção atinge as mulheres empregadas em trabalhos não industriais e agrícolas, inclusive as mulheres assalariadas que trabalhem em domicílio. Atinge ainda empregadas domésticas e empregadas das empresas agrícolas. Como na maioria dos casos, a empresa familiar, em que trabalhem só membros da família, tem liberdade para adotar sistema diferente. Por exemplo: a empregada é esposa do dono e nessa empresa só trabalham os filhos de ambos; a obrigação de proteger a maternidade dessa empresa é do marido, que é o dono da empresa, mais do que a própria empresa. Se ele explora seus familiares, será problema do Direito de Família e não do Direito do Trabalho.

O principal direito é o da licença-maternidade, adquirido pela mulher empregada, ao apresentar atestado médico indicando a data provável de seu parto. Essa licença remunerada é de seis semanas após o parto, podendo ser antecipada, começando antes do parto. Pode ser prorrogado esse período se ocorrer alguma doença. Durante o período de licença, continuará gozando a mulher de sua remuneração e da assistência médica, antes, durante e depois do parto.

A assistência médica abrangerá assistência pré-natal, assistência durante e após o parto, com hospitalização quando necessária, a livre escolha do médico e a livre escolha entre um estabelecimento público ou privado. Essas disposições da Convenção 103, de 1952, foram estabelecidas há mais de 40 anos e no sistema brasileiro atual encontram dificuldades de aplicação. O que estabeleceu, contudo, a Convenção é que o custo das prestações não sejam custeadas pelo empregador, senão passará ele a discriminar a mulher grávida. As prestações em espécie e a assistência médica serão concedidas quer nos moldes de um sistema de seguro obrigatório, quer mediante pagamentos efetuados por fundos públicos. Em ambos os casos serão concedidos de pleno direito a todas as mulheres que preencham as condições estipuladas.

Terá a mulher o direito de amamentar seu filho, interrompendo seu trabalho com essa finalidade durante um ou vários períodos, cuja duração será fixada pela legislação nacional. As interrupções do trabalho para fins de aleitamento devem ser computadas na duração do trabalho e remuneradas como tais nos casos em que a questão seja regulamentada pela legislação nacional ou de acordo com a Convenção; nos casos em questão, quando forem regulamentados por convenções coletivas, as condições serão estipuladas de acordo com a convenção coletiva pertinente.

17.9. Discriminação contra a mulher

Sobre esse sério problema, a ser desmantelado pelo Direito Internacional do Trabalho, desde o início dos movimentos operários, levantaram-se vozes, muitas das quais caladas à força. Em muitas convenções essa questão foi ventilada, a partir das Convenções de Berna, das quais já falamos. O ponto máximo das medidas antidiscriminatórias, entretanto, foi a Convenção sobre Eliminação de Todas as Formas de Discriminação contra a Mulher, realizada em 1979, englobando manifestações expostas em vários diplomas legais. Essa Convenção invocou a Carta das Nações Unidas e a Declaração Universal dos Direitos do Homem e inúmeras convenções internacionais, não apenas de Direito Internacional do Trabalho, como de outros motivos.

Considerou que a Carta das Nações Unidas reafirma a fé nos direitos fundamentais do homem, na dignidade e no valor da pessoa humana e na igualdade de direitos do homem e da mulher, enquanto que a Declaração Universal dos Direitos do Homem reafirma o princípio da não discriminação e proclama que todos os seres humanos nascem livres em dignidade e direitos e que toda pessoa pode invocar todos os direitos e liberdades proclamadas nessa declaração, sem distinção alguma, inclusive de sexo. Observou as convenções internacionais, resoluções, declarações e recomendações, concluídas sob os auspícios da ONU e pelos organismos especializados em favor da igualdade de direito entre o homem e a mulher. Apesar de todos esses instrumentos, a mulher continua, ainda hoje, sendo objeto de grandes discriminações.

A discriminação contra a mulher viola os princípios da igualdade de direitos e do respeito à dignidade humana, dificulta a participação da mulher, nas mesmas condições que o homem, na vida política, social, econômica e cultural de seu país, constitui um obstáculo ao aumento do bem-estar da sociedade e da família e dificulta o pleno desenvolvimento das potencialidades da mulher para prestar serviços ao seu país e à humanidade. Por outro lado, em situação de pobreza, a mulher tem um acesso mínimo à alimentação, à saúde, à educação, à capacitação e às oportunidades de emprego, assim como a satisfação de outras necessidades.

Entretanto, a participação máxima da mulher, em igualdade de condições com o homem, em todos os campos, é indispensável para o desenvolvimento pleno e completo de um país, o bem-estar do mundo e a causa da paz. Os países convencionados têm presente a grande contribuição da mulher ao bem-estar da família e ao desenvolvimento da sociedade, até agora não plenamente reconhecida, a importância social da maternidade e a função dos pais na família e na educação dos filhos, e conscientes de que o papel da mulher na procriação não deve ser responsabilidade compartilhada entre os homens e mulheres e a sociedade como um conjunto. Por todas essas razões, os países convencionados decidiram estabelecer a proibição de discriminações em todos os campos e não somente no do trabalho. Essa convenção foi aprovada pelo Congresso Nacional, pelo Decreto Legislativo 93/83 e ratificada pelo Brasil em 1984, transformando-se em lei nacional, nos moldes de nosso processo legislativo.

O texto do tratado considera como discriminação toda distinção, exclusão ou restrições baseadas no sexo e que tenha por objeto ou resultado prejudicar ou anular o reconhecimento, gozo ou exercício pela mulher, independentemente do seu estado civil, dos direitos humanos e liberdades fundamentais nos campos políticos, econômico, social, cultural e civil ou em qualquer outro campo. Essa discriminação contra a mulher, em todas as suas formas, foi condenada pelos países convencionados e concertaram eles adotar as medidas necessárias para eliminar essa discriminação.

Entre essas medidas, seriam desenvolvidos esforços para que as normas e princípios fossem incluídos na constituição de todos os países. É assim um meio mais elevado e amplo de combate à discriminação. Nesse aspecto, a Constituição Federal de 1988 declarou no artigo 5º-I que

(...) homens e mulheres são iguais em direitos e obrigações.

Serão adotadas ainda medidas legislativas e de outro caráter, adequadas, com as sanções cabíveis que proíbam todas as discriminações contra a mulher. Também nesse aspecto a legislação brasileira pôs em prática as decisões internacionais em várias leis, indo nossa CLT mais além, dedicando um capítulo à "Proteção ao Trabalho da Mulher". Caso a legislação interna contenha discriminações contra a mulher, deverão ser derrogadas. Comprometeram-se os países convencionados a estabelecer a proteção jurídica dos direitos da mulher numa base de igualdade com os do homem e garantir, por meio dos tribunais nacionais competentes e de outras instituições públicas, a proteção efetiva da mulher contra todo ato de discriminação.

O artigo 11 da Convenção focaliza particularmente a área do trabalho, preconizando a adoção de todas as medidas apropriadas para eliminar a discriminação contra a mulher na esfera do emprego a fim de assegurar, em condições de igualdade entre homem e mulher, os mesmos direitos. São os principais:

A – direito ao trabalho como direito inalienável de todo ser humano;

B – o direito às mesmas oportunidades de emprego, inclusive a aplicação dos mesmos critérios de seleção em questões de emprego;

C – o direito de escolher livremente profissão e emprego, o direito à promoção e à estabilidade no emprego e a todos os benefícios e outras condições de serviço, e o direito ao acesso à formação e atualização profissionais, incluindo aprendizagem, formação profissional superior e treinamento periódico.

Direito de magna importância e bastante levantado é o da isonomia salarial, inclusive benefícios, e igualdade de tratamento relativa a um trabalho de igual valor, assim como igualdade de tratamento com respeito à avaliação da qualidade de trabalho. O princípio da isonomia salarial entre o homem e a mulher já tinha sido estabelecido, porém, pela Convenção 100, de 1951, dispondo sobre a igualdade de remuneração entre a mão de obra masculina e feminina. Entretanto, a Convenção de que estamos tratando reiterou esse princípio em termos mais amplos e provocou nova convenção da OIT, a de número 156, de 1981, concernente à igualdade de oportunidades e de tratamento entre trabalhadores e trabalhadoras.

No aspecto social, a Convenção estabeleceu os direitos já consagrados à seguridade social, particularmente em casos de aposentadoria, desemprego, doença, invalidez, velhice ou outra incapacidade para trabalhar, bem como o direito a férias pagas, o direito à proteção da saúde e à segurança nas condições de trabalho, inclusive a salvaguarda da função de reprodução. Foi incluído entre esses direitos, em igualdade de condições entre homens e mulheres, o acesso a serviços médicos, inclusive os referentes ao planejamento familiar.

A fim de impedir a discriminação contra a mulher por razões de casamento ou maternidade e assegurar a efetividade de seu "direito a trabalhar", os Estados partícipes à Convenção comprometeram-se a tomar medidas adequadas para proibir, sob sanções, a demissão de por motivos de gravidez ou licença-maternidade e a discriminação nas demissões motivadas por estado civil.

Comprometeram-se ainda a implantar a licença-maternidade, com salário pago ou benefícios sociais comparáveis, sem perda do emprego anterior, antiguidade ou benefícios sociais. Também deverão os Estados estimular o fornecimento de serviços sociais de apoio necessários para permitir que os pais combinem as obrigações para com a família com as responsabilidades do trabalho e a participação na vida pública, especialmente mediante o fomento da criação e desenvolvimento de uma rede de serviços destinados ao cuidado das crianças. Inclui-se igualmente a proteção especial às mulheres durante a gravidez nos tipos de trabalho comprovadamente prejudiciais para elas.

17.10. Vigência e aplicação do DIT no Brasil

As normas internacionais do Direito do Trabalho constam principalmente das convenções e das recomendações da OIT. Para que uma convenção internacional passe a constituir norma interna do Brasil, necessário se torna que seja ela aprovada pelo Congresso Nacional, por um decreto legislativo e promulgada por decreto do Poder Executivo. Todavia, não se procede assim com as convenções da OIT; essas convenções deverão ser realmente aprovadas pelo Congresso Nacional, mas em seguida deverá ser ratificada pelo Brasil junto à OIT. Essa dupla competência para celebrar tratados internacionais dos dois poderes, Executivo e Legislativo, está prevista no artigo 84 da Constituição Federal de 1988:

> *Compete privativamente ao Presidente da República:*
> *VIII – celebrar tratados, convenções e atos internacionais sujeitos a referendo do Congresso Nacional.*

Há muita imprecisão nesse artigo: tratado e convenção são sinônimos perfeitos e ambos são atos internacionais. Consoante a moderna dogmática do Direito Internacional, os atos internacionais são de três modalidades: ato unilateral, convenções ou tratados, e atos emanados de organizações internacionais. Ao teor do artigo 84, a convenção é celebrada pelo Presidente da República, que é o representante legal do Brasil, podendo ele delegar poderes a outras pessoas. Por outro lado, a convenção celebrada pelo Poder Executivo dependerá do referendo do Poder Legislativo e, dando este seu beneplácito, novo ato do Poder Executivo completará a convenção: é a ratificação na OIT. Desde que aprovada pelo Congresso nacional, e ratificada pelo Brasil, a convenção da OIT incorpora-se ao direito nacional e revoga qualquer norma interna em contrário. A partir da ratificação, qualquer lei que a contrariar será inconstitucional, devido à primazia do tratado internacional.

Aprovada pelo Congresso Nacional, não há necessidade de sanção do Presidente da República, a não ser que queira este regulamentar a convenção como lei nacional. Caso essa convenção ofenda a Magna Carta, caberá a qualquer interessado interpor recurso ao STF, que decidirá sobre a inconstitucionalidade da convenção. Por outro lado, cabe também ao STF decidir sobre a possível constitucionalidade de alguma lei que afronte a convenção da OIT, pois o tratado internacional tem maior força do que a lei interna.

Tratando-se de recomendação, o Poder Executivo poderá transformá-la em lei, não havendo necessidade de ratificação. A recomendação não tem força obrigante, razão por que não vigorará no país, se não for transformada em lei.

17.11. Término da relação de trabalho por iniciativa do empregador

A Convenção da OIT que maior celeuma provocou no Brasil parece ter sido a 158, a que foi dado o nome de TÉRMINO DA RELAÇÃO DE TRABALHO POR INICIATIVA DO EMPREGADOR. Ela foi realizada em 1982 e tinha sido aprovada no Brasil dez anos depois pelo Decreto Legislativo 68/92. Não tinha sido, entretanto, ratificada e por isso não teria ainda validade em nosso país. A ratificação deu-se apenas em 5.1.95.

Porém, o Decreto 1.855, de 10.4.96, promulgou esta convenção, transformando-a em lei nacional.

A própria Convenção 158 previu que os países iriam colocá-la em prática por meio de legislação nacional ou convenção coletiva de trabalho. Refere-se à despedida de empregado, vale dizer, quando o empregador dá fim ao contrato de trabalho, colocando o empregado em disponibilidade. Essa questão está, porém, prevista na CLT, existindo, portanto, legislação nacional sobre essa questão e diversas convenções coletivas de trabalho já tinham sido celebradas. Não haveria razão para controvérsias.

O ponto fundamental da Convenção 158 está no artigo 4º:

> *Não se dará término à relação de empregado de um trabalhador, a menos que exista para isso uma causa justificada relacionada com sua capacidade ou seu comportamento ou baseada nas necessidades de funcionamento da empresa, estabelecimento ou serviço.*

Como se vê, procura a OIT sensibilizar os empregadores quanto à inconveniência de demissões em massa ou sem justo motivo, ou como fala essa convenção, "sem justa causa". Realmente, a degola de empregados ou de empregos vinha-se tornando comum antes de 1982, como se via no Brasil, principalmente na indústria automobilística.

O artigo 52 procurou ser mais preciso, indicando certas razões que não deveriam constituir causa justa para a resilição do contrato de trabalho por iniciativa do empregador. Algumas dessas razões já tinham sido expostas por outras convenções, mas foram nesta especificamente apontadas. Aponta ainda os motivos decorrentes da discriminação, como raça, cor, sexo, estado civil, gravidez ou auxílio-maternidade, responsabilidade por motivos familiares, e ausência por causa de doença. Condena também as razões ideológicas, como credo religioso, convicções políticas ou nacionalidade.

A Convenção 158 aceita a dispensa do empregado em decorrência de comportamento inadequado, no artigo 72, mas deverá ser dado ao empregado a possibilidade de se defender antecipadamente das acusações feitas contra ele. Essa obrigatoriedade, porém, já consta do artigo 494 da CLT, no caso de ser o empregado um detentor de estabilidade ou garantia de emprego. O artigo 72 da Convenção 158 não especifica, porém, como deverá ser feita essa defesa. Devemos então esperar pelas decisões de nossos tribunais para formarmos jurisprudência.

O ponto crítico da Convenção 158 é a resilição do contrato de trabalho pelo empregador por "necessidade de funcionamento da empresa, estabelecimento ou serviço", conforme fala o artigo 4°, ou "motivos econômicos, tecnológicos, estruturais ou análogos" referidos no artigo 13. O nosso direito não previu todos esses fatores como justo motivo para a dispensa do empregado. Não diz, contudo, a Convenção que, por esses motivos, seja a dispensa isenta de indenização. Concluímos então pela possibilidade de resilição do contrato de trabalho por iniciativa do empregador, dentro, porém, das normas internas do país. No caso do Brasil, poderá haver o término da relação de trabalho por iniciativa do empregador por *"necessidades de funcionamento da empresa, estabelecimento ou serviço"*, ou *"por motivos econômicos, tecnológicos, estruturais ou análogos"*.

Outro aspecto causador de controvérsias é a disposição do artigo 13: quando o empregador prever término da relação de trabalho por motivos econômicos, tecnológicos, estruturais ou análogos, deverá dar a devida informação pertinente aos representantes dos trabalhadores, em tempo oportuno, incluindo os motivos dos términos previstos, o número e categorias dos trabalhadores que poderiam ser afetados pelos mesmos e o período durante o qual seriam efetuados esses términos. Essa mesma notificação deverá ser feita à autoridade competente, no nosso caso do DRT.

Não previu, entretanto, a Convenção as possíveis sanções ao empregador que omitir essas comunicações. Harmonizando a Convenção com nosso direito, ante a transgressão a essa norma, resta ao empregador optar por duas soluções: ou reconduzir o empregado ao serviço ou pagar a ele indenização pela dispensa sem justa causa. Como nosso ordenamento jurídico não permite a dispensa sem justa causa, a não ser com o pagamento da indenização, nosso parecer é o de que esse artigo ficou esvaziado pela nossa legislação.

Que a Convenção 158 está em plena eficácia no Brasil, nem se pode discutir. Por via de dúvidas, restou ela aprovada pelo Congresso Nacional, graças ao Decreto Legislativo 68/92 e foi promulgada pelo Decreto 1.855 do Poder Executivo, em 10.4.96. No final do mês de abril de 1996, contudo, muitos empregados foram dispensados e no início de maio milhares de processos entraram na Justiça do Trabalho pedindo reintegração no emprego. Duas empresas ocuparam as atenções.

Uma delas fechou sua fábrica em São Paulo, dispensando 1.500 empregados. Alegando razões tecnológicas, em vista de tecidos importados serem vendidos a preço bem inferior, pois a fábrica necessitaria de reformular toda sua maquinaria e seus métodos de trabalho para baratear a produção.

Outra empresa, que era concordatária, confessou sua insolvência, dispensando todos os empregados. A decisão judicial obrigou-as à recondução dos empregados, quando ambas já tinham suspendido as atividades. Essas decisões contrastam, ao nosso ver, com a Convenção 158.

Vem agora um novo aspecto, apontado pelo artigo 10. Se a Justiça do Trabalho chegar à conclusão de que o término do contrato é injustificado, poderá optar pela recondução do empregado ou pelo pagamento de indenização. Ante todas as considerações expendidas, a decisão judicial, ao que parece, afronta a Convenção 158 e adotou a pior solução. Nestes casos, as empresas já tinham pagado a indenização e, portanto, não houve opção, pois foram obrigadas a um *bis in idem*.

Por tudo que foi exposto, chegamos à conclusão geral de que:

A – está em vigor no Brasil a Convenção 158 da OIT sobre o término da relação de trabalho por iniciativa do empregador;

B – essa Convenção é compatível com o preexistente direito positivo brasileiro;

C – a Convenção revoga as disposições porventura existentes, que lhe sejam contrárias;

D – pela nova legislação, o empregador não pode dispensar o empregado sem motivação válida;

E – constituem motivos válidos para a dispensa:

1. necessidades de funcionamento da empresa, estabelecimento ou serviço;

2. motivos econômicos, tecnológicos, estruturais ou análogos.

F – quando o empregador prevê demissões pelos motivos acima, deverá comunicá-los previamente aos representantes dos trabalhadores e à autoridade competente;

G – nossa CLT, nos artigos 477 e 482 não aponta os motivos retro-citados como válidos para a dispensa do empregado sem pagamento de indenização estabelecida pela lei, o que não constitui afronta à Convenção 158.

18. BID – BANCO INTERAMERICANO DE DESENVOLVIMENTO

18.1. Categoria do BID
18.2. Funções básicas
18.3. A organização financeira
18.4. Política operativa básica
18.5. Os objetivos estratégicos

18.1. Categoria do BID

É uma instituição regional de financiamento aos países-membros, com a mobilização de recursos financeiros e sua aplicação em projetos de desenvolvimento econômico e social. Sendo banco de desenvolvimento econômico e social, seu objetivo é o de contribuir para a celebração do progresso individual e coletivo de países em via de desenvolvimento. É pois uma instituição financeira pública, internacional e de caráter regional. É pública porquanto financia o crédito público dos países, ou seja, em projetos governamentais e foi constituído por países.

É internacional, por mobilizar capitais de vários países, para aplicá-los em outros; é regional, uma vez que financia projetos de uma só região: a América, e é formado só por países americanos. O próprio nome revela sua categoria, sua natureza; se é um banco, é uma instituição financeira, isto é, arrebanha capitais; exerce, pois, a intermediação de recursos financeiros. Ao dizer "interamericano", situa-se no âmbito de uma região, mais precisamente da Organização dos Estados Americanos – OEA, compreendendo todos os países da América, desde os grandes, como os EUA, o Brasil e Canadá, como os pequenos como os do Caribe. O termo "desenvolvimento" dá-nos a ideia de fomento ao progresso.

Nasceu o BID em uma reunião da OEA em San Salvador, no ano de 1960 e no mesmo ano iniciava suas operações, financiando um projeto para fornecimento de água potável no Peru. Seguiram-se inúmeros financiamentos, mas daremos como exemplo uma operação situado perto de nós: a ampliação da Faculdade de

Direito da Universidade de São Paulo. Há muitos anos, o Governo do Estado de São Paulo desapropriou uma área atrás da Faculdade de Direito, e permaneceu esse terreno utilizado como estacionamento de veículos. Um financiamento do BID permitiu à USP construir um majestoso edifício, dando à Faculdade de Direito sugestiva ampliação de suas instalações. Outro exemplo bem próximo foi o financiamento concedido para a duplicação da Rodovia Fernão Dias, ligando São Paulo a Belo Horizonte, que foi iniciada, mas depois se deteve por razões internas.

18.2. Funções básicas

O art. 1º do Ato Constitutivo do BID enumera as suas funções básicas:

1. Promover a inversão de capitais públicos e privados, com vistas ao desenvolvimento econômico e social dos países-membros.

2. Utilizar o próprio capital, os fundos obtidos nos mercados financeiros e demais recursos disponíveis, para o funcionamento dos países-membros, dando aos projetos mais eficácia para o crescimento econômico.

3. Estimular as inversões privadas em projetos, empresas e atividades de efetiva contribuição ao desenvolvimento econômico, e complementar as inversões privadas quando não houver capitais particulares disponíveis e em condições razoáveis.

4. Cooperar com os países-membros na orientação da política de desenvolvimento para melhor utilização de seus recursos, de maneira compatível com os objetivos de maior complementação de suas economias e da promoção do crescimento ordenado do comércio exterior.

5. Prover assistência técnica para a preparação, financiamento e execução de planos e projetos de desenvolvimento, incluindo o estudo de prioridades e a formação de propostas sobre projetos específicos.

A análise dessas funções dá ideia da sua complexidade e faz do BID um promotor de inversões públicas e privadas, dando assistência técnica aos projetos de inversão destinados a incrementar a existência de capital reprodutivo e social e, por conseguinte, o fluxo de mercadorias e serviços associados com esses projetos. Outra tarefa relaciona-se com a assistência técnica, orientada para facilitar a transferência de conhecimentos técnicos e experiências em diferentes campos com o fim de complementar e melhorar a capacidade técnica e operativa dos mutuários do BID.

A complexidade dessas funções obrigou o BID a realizar análise permanente para definir os problemas, condições, exigências e prioridades de desenvolvimento em cada país americano e a capacidade financeira e técnica deles, para atendê-los adequadamente. Essas circunstâncias levam o BID a prestar atenção mais aos países de menor grau de desenvolvimento, às regiões menos favorecidas sob o ponto de vista econômico e social.

Ao atender a essas necessidades, o BID estimula a inversão de recursos públicos e privados, mediante a coordenação das disposições dos países beneficiados; ao colocar ao acesso de seus membros os recursos do BID, este procura obter recursos também no mercado interno do país em que o projeto estiver sendo executado. Ao mesmo tempo em que concede um empréstimo, estimula a inversão local.

O BID só financia projetos e programas técnica e financeiramente viáveis e que tenham relação direta com o processo de desenvolvimento econômico do país mutuário. Nesse sentido leva em conta a prioridade do projeto e considera cada país um caso especial e cada projeto peculiar a esse país. Para tanto, realiza estudo das necessidades de cada país e elabora o "Programa de Atividades" para o futuro, projetando a solução dos problemas regionais. Aproveita-se ainda das análises elaboradas por outras organizações internacionais, como o FMI e o BIRD. Considera também o efeito multiplicador do projeto financiado sobre a economia do país, no que tange à contribuição do projeto para o aumento da produtividade e o impacto na melhoria das condições sociais, e na balança de pagamentos.

18.3. A organização financeira

A fim de poder financiar projetos de desenvolvimento, o BID procura formar fundos provenientes das mais variadas fontes, geralmente dos próprios países-membros. Seu ato constitutivo aponta, em princípio, três fontes básicas:

1. recursos ordinários de capital;
2. recursos inter-regionais de capital;
3. recursos do fundo para operações especiais.

Além desses recursos básicos de um banco de fomento, o BID pode apelar para outras fontes adicionais para o financiamento de suas operações. O BID é como se fosse uma S/A, com seu capital formado por inversões de todos os países-membros, como acontece com o FMI e o BIRD.

O capital, contudo, é mais usado como garantia ou emergências, necessitando o BID de fontes extras de recursos, como o Fundo para Operações Especiais. O capital do BID é pois formado pelos "Recursos Ordinários de Capital". O primeiro é de valores já integrados ao capital e o segundo é um "capital exigível", um recurso extra a ser concedido em créditos.

O "Fundo para Operações Especiais" origina-se de contribuições especiais de países-membros, para empréstimos e em termos que permitam fazer frente a circunstâncias especiais de determinados países e projetos, e dentro do objeto e funções do banco. Atende a setores socioeconômicos mais deprimidos e carentes de recursos. Para tanto, o Fundo recorre ao mercado de capitais para conseguir a maioria de seus recursos. Além disso, procura trazer para sua administração alguns fundos especiais estabelecidos por governos e organismos especializados, ou então no sistema de fideicomisso.

18.4. Política operativa básica

As operações de empréstimos e de garantias do BID são definidas segundo os recursos utilizados. Destarte, há operações ordinárias, em que são aplicados os recursos ordinários de capital; operações com recursos inter-regionais em que se empregam os fundos do capital interregional; e operações especiais, financiadas com recursos do Fundo para Operações Especiais. Além desses financiamentos, sob condições especiais derivadas de acordos de fideicomisso, o BID financia operações com recursos distintos das três fontes retromencionadas. Poderá ainda dar garantia a empréstimos contraídos por qualquer país-membro.

A política básica do BID leva em consideração certos critérios e exige muitas formalidades. É preciso que o país solicitante apresente proposta bem minuciosa e esclarecedora para ser examinada pelos analistas. Deverá demonstrar ter capacidade legal para contratar com o BID; capacidade técnica para executar por sua conta e seus contratados as obras do projeto, mantendo-as adequadamente; mais ainda, deverá ter capacidade administrativa para mandar, manter e operar o projeto; e dar garantias de cumprimento das obrigações contraídas. Necessário se torna a demonstração de que o projeto seja prioritário para as necessidades do país, não devendo, pois, haver projetos mais importantes e viáveis.

Ao avaliar os pedidos de financiamentos, leva ainda o BID em conta o efeito "multiplicador" do projeto sobre a economia nacional, vale dizer, o grau em que o projeto contribuirá para aumentar a produção e a produtividade. Verá se o financiamento ou a garantia causarão impacto na melhoria das condições sociais, auxílio na eliminação de obstáculos ao progresso do país, na balança de pagamentos, e se oferece oportunidade para a substituição de importações e aumento das exportações, a adoção de inovações e técnicas que melhorem a produtividade.

Além da concessão de empréstimos e garantias a outros empréstimos, o BID presta assistência e assessoramento técnicos a países solicitantes e mesmo a empresas privadas. Essa assistência consta da preparação, financiamento e execução de planos e projetos de desenvolvimento, incluindo os estudos de prioridades e preparação de propostas e treinamento de pessoal por meio de seminários e outras iniciativas similares. A assistência técnica é uma modalidade de financiamento, tendo por objeto facilitar a transferência de conhecimentos técnicos e experiências qualificadas, tendo em mira complementar e favorecer a capacidade técnica dos países em desenvolvimento.

A cooperação técnica consiste basicamente no financiamento de atividades e estudos, assessoramento ou adestramento que são executadas pelas instituições receptoras do auxílio ou por consultores individuais ou empresas consultoras especializadas, que transmitam para os beneficiários os conhecimentos e experiências especializadas. Essa contribuição deve fazer com que o beneficiário possa assimilar novos conhecimentos e lhe permitam melhorar a capacidade para executar projetos similares.

A cooperação técnica não é apenas a concessão de recursos financeiros, como um empréstimo, mas o financiamento de serviços para a execução de atividades específicas a serem continuadas pelo beneficiário. Visa à melhoria da produtividade e ao aprimoramento dos conhecimentos especializados. Os jornais paulistas anunciam frequentemente a realização de seminários patrocinados ou apoiados pelo BID, como os estudos do MERCOSUL, realizados recentemente em São Paulo. Exemplo ainda de cooperação técnica foi a doação de quinze milhões de dólares para o Brasil desenvolver a prática da arbitragem e da mediação da resolução de conflitos.

18.5. Os objetivos estratégicos

Muitos são os objetivos estratégicos do BID, citando-se, entre os principais, o objetivo global econômico e social, a mobilização de recursos, a promoção das exportações, a planificação econômica, a infraestrutura econômica e social, a integração regional. Empenha-se o BID em que os países interamericanos possam elevar a taxa de crescimento econômico, lograr canalização maior de capitais privados e públicos para uma região, e que, na execução de projetos prioritários, sejam beneficiados grupos sociais marginalizados. Amplia desta maneira a participação coletiva no processo de desenvolvimento econômico e social. Visa mais aos países americanos de menor desenvolvimento e de mercados limitados, como ainda às regiões pouco desenvolvidas, localizadas em países mais avançados.

Reconhece o BID que o esforço principal na mobilização de recursos destinados ao financiamento do desenvolvimento originam-se dos próprios países americanos. Contudo, os objetivos não se resumem em seus recursos apenas, mas procuram obter recursos de fontes externas, como os acordos de fideicomisso, ou com financiamentos paralelos ou complementares, de fontes variadas: privadas, públicas e internacionais. Igualmente, o BID, em sua ação catalítica, procura mobilizar recursos internos no país favorecido e ajudá-lo nessa mobilização, complementando sua ação com o país beneficiário, para iniciar ou ampliar melhorias institucionais que aumentem sua capacidade de absorver os financiamentos concedidos.

Assim como faz a IFC – *International Finance Corporation*, o BID fomenta os investimentos privados, de acordo com o Governo do país beneficiado, participando do capital de empresas que contribuam para o desenvolvimento do país.

Outro objetivo estratégico é o incremento das exportações, como fonte de ingresso de divisas para financiar as importações e outros projetos. Os financiamentos podem ainda estimular as exportações ou a produção de mercadorias manufaturadas ou semifaturadas destinadas à exportação.

A planificação econômica dos países americanos é de importância primordial para o BID. Por isso, presta colaboração financeira e técnica ao Governo para melhorar a eficiência de suas técnicas de planificação. Outorga-lhe assistência técnica para os projetos governamentais em todos os setores, principalmente os produtivos, como a agricultura, a indústria, a silvicultura, a mineração, o turismo, o transporte, as telecomunicações e a energia. Afora os setores produtivos, merecem também a atenção do BID os setores de infraestrutura social, como saúde, educação, ciência e tecnologia e conhecimentos técnicos.

Impresso por :

Graphium
gráfica e editora

Tel.:11 2769-9056